新常态下的中国经济大趋势

The Trend of
China's Economy under the New Normal

北京市委党校马克思主义理论研究中心／著

经济管理出版社
ECONOMY & MANAGEMENT PUBLISHING HOUSE

图书在版编目（CIP）数据

新常态下的中国经济大趋势/北京市委党校马克思主义理论研究中心著 . —北京：经济管理出版社，2015.12

ISBN 978-7-5096-4112-5

Ⅰ.①新…　Ⅱ.①北…　Ⅲ.①中国经济—经济发展趋势—研究　Ⅳ.①F123.2

中国版本图书馆 CIP 数据核字（2015）第 292490 号

组稿编辑：王　琼
责任编辑：王　琼
责任印制：司东翔
责任校对：车立佳

出版发行：经济管理出版社
　　　　　（北京市海淀区北蜂窝 8 号中雅大厦 A 座 11 层　100038）
网　　　址：www. E-mp. com. cn
电　　　话：（010）51915602
印　　　刷：北京京华虎彩印刷有限公司
经　　　销：新华书店
开　　　本：720mm×1000mm/16
印　　　张：14. 75
字　　　数：248 千字
版　　　次：2015 年 12 月第 1 版　　2015 年 12 月第 1 次印刷
书　　　号：ISBN 978-7-5096-4112-5
定　　　价：48. 00 元

序　言

　　1997 年亚洲发生金融危机，韩国和东盟国家的货币对外大幅度贬值，对中国经济造成负面影响，中国 GDP 增速由 1996 年的 10.1% 下滑至 1998 年的 7.8%。当时中国政府对外宣布人民币不贬值，着力深化改革、扩大对外开放和内需，以推进经济增长。相应地，在需求方面，中国采取扩大基础设施投资和解决银行不良资产的果断措施；在供给方面，实施大部制、压缩过剩产能、国有企业 3 年脱困和推进房地产业发展的改革政策，并在 2001 年加入 WTO。经过 1998~2001 年 8% 左右的经济稳步增长阶段后，特别是在 1999~2000 年期间中国经济分别增长 7.6% 和 8.4%，消费对经济增长的贡献率分别高达 87.1% 和 78.2%，中国经济增长重新发力。2002 年中国经济增长 9.1%，2003~2007 年经济增长皆在 10% 以上，其中 2007 年经济增长高达 14.2%，形成了一个 1996~2007 年长达 12 年的"U"型反转周期。①

　　2008 年美国爆发次贷危机，引发国际金融海啸，导致全球经济增长由 2006~2007 年的 5.5% 与 5.7%，下滑到 2009 年的 0.0%（零增长）。之后，世界经济增长开始恢复，2012~2014 年基本稳定在 3.4% 的水平上。② 由此，国际经济理论界针对欧美国家应对经济危机的做法，提出了新常态的供给之策，以构筑经济下降期的"L"型底部。理论界认为在经济危机初期，政府采取救助大型金融机构和实体企业的做法是必要的，但扩大需求的宏观经济政策，不仅带有政府债务危机的后果，如希腊乃至"欧猪"其他三国（爱尔兰、西班牙和意大利）在 2010 年出现了债务危机，而且不利于市场出清和优化供给结

---

① 中华人民共和国国家统计局．中国统计摘要（2015）[M]．中国统计出版社，2015：24，37．
② 中华人民共和国国家统计局．中国统计摘要（2015）[M]．中国统计出版社，2015：173．

构。因而在经济危机中要实现经济稳增长，就必须采取新古典主义的供给之策，包括采取减税、限薪、削富、低利率、创业创新和再工业化的政策，以淘汰僵尸企业，通过优化供给和差异化供给的方式，形成新的供求均衡。

中国经济在 2008 年国际经济危机中也遭受严重挫折。2007 年中国 GDP 增长 14.2%，投资增长 24.8%，消费增长 18.2%，出口增长 26.0%，2014 年相应指标分别降为 7.4%、15.3%、12.0% 和 0.6%，至 2015 年 1~9 月相应指标进一步分别降至 6.9%、10.3%、10.5% 和 -5.9%。[①] 总体经济下行压力很大，原有靠投资和工业品出口拉动经济的模式难以为继，中国经济进入构筑"L"型底部的新常态。新常态下，中国经济能否实现 7% 左右的、中高质量水平的稳定增长，能否再次实现"U"型反转周期，是在理论和实践中亟待解决的重大问题。

党的十八届五中全会提出要树立创新、协调、绿色、开放和共享的发展理念，坚持平衡、包容和可持续发展，厚植发展优势，采取综合政策措施，调动各方面积极性，实现全面建成小康社会的发展目标。依据这种发展理念和发展方向，中国需要立足现实经济的新变化、新条件和新要求，放眼长期发展大趋势和阶段性特点，转换经济增长的动力、方式、结构，适度扩大总需求和强化供给侧结构性改革，努力探索推进经济中高速增长和达到中高端水平的新认识、新思路和新方法，构筑好"L"型底部，就有可能再现"U"型反转周期，这是中国经济长期发展的大趋势。

北京市委党校马克思主义理论研究中心（以下简称中心），有一支研究马克思主义经济学的专职队伍，对新常态下中国经济发展的大趋势做了较为深入的研究。研究视角主要集中在理论思考、城镇化建设和产业发展三个方面，并联系首都经济发展实践，说明运用供给侧的调控理论和深化改革之策，利用"互联网+"运作模式和智能化发展手段，充分挖掘消费潜力，提升城镇化建设水平，促进工农业生产与服务业融合发展，构建以创新发展为主旋律和以服务业为主导的新型产业结构，中国经济就能够顶住下行压力，形成"U"型反转大趋势。中心将这些理论研究新成果梳理汇总形成本书，以方便有关领导和理论工作者以及关注中国经济发展的广大读者阅读，并恳请广大读者提出宝贵

---

① 中华人民共和国国家统计局. 中国统计摘要（2015）[M]. 中国统计出版社，2015：24，37；民营智库. 2015 年三季度宏观经济分析 [J]. 民银智库研究，2015（7）：4-6.

意见和建议，支持中心更好地开展学术研究。

　　本书是中心集体智慧的结晶。在本书撰写出版过程中，有幸得到有关领导和学者的大力帮助。特别值得一提的是：北京市委党校常务副校长王民忠同志和副校长韩久根同志，为本书的资助出版提供了很大帮助；经济管理出版社的张世贤社长和王琼编辑为本书的出版做了精心安排和细致的编辑工作。在此，对这些同志表示衷心地感谢！

朱晓青

2015 年 11 月

目　录

上　篇

新常态下中国经济的理论思考

论中国经济发展新常态的理论演进和实践基础

曾宪植[①]

本题目所要研究的是党中央为什么要提出经济发展新常态的理念，有什么样的理论演进和实践基础。为了叙述方便起见，我们先谈以习总书记为首的党中央提出新常态的背景，然后再分析其理论上的演进和设计，探讨新常态理论在中国经济已经进入新的发展阶段，正在进行深刻的方式转变和结构调整过程中的现实意义和实践基础。

一、新常态提出的背景

习总书记第一次提及"新常态"是在2014年5月考察河南的行程中。当时，他说："中国发展仍处于重要战略机遇期，我们要增强信心，从当前中国经济发展的阶段性特征出发，适应新常态，保持战略上的平常心态。"6个月后，习近平在北京2014年亚太经合组织（APEC）工商领导人峰会开幕式上，又从速度、结构和动力三个方面系统阐述了"新常态"。

习总书记提出"新常态"，是党中央对当前中国经济形势的科学研判，也是对国际、国内对中国经济增长的担忧所做出的积极回应。

先从国际上看，近20年来，特别是国际金融危机爆发以后，中国经济高速增长，一直是国际经济的"火车头"，一旦其呈现不断下滑的趋势，就会引起国际社会的强烈反应，有担心，有悲观，甚至还有唱衰。中国经济会不会

---

① 曾宪植：北京市委党校经济学教研部教授。

"硬着陆"？中国经济能不能持续健康发展？中国将如何应对？中国经济形势会给全球带来什么影响？会像一些人说的那样，中国经济这架飞机的增长引擎已经耗尽了燃料，将会一头撞在地上吗？这既是对中国经济发展的担忧，也是对新的中央领导集体的执政能力的拷问。诚然，中国经济在世界经济发展中的作用是非常显著的，每年增量相当于贡献了一个中等发达国家的经济规模，是世界经济增长的重要动力。中国经济的增长为世界经济提供了巨大的需求，创造了更多市场机遇、投资机遇和增长机遇。许多国家的经济增长都与中国经济的兴衰形成了紧密的联系。德国经济学家米谢艾尔·麦克唐纳等根据国际货币基金组织的数据，编制出一个有趣的"40个依赖中国的国家"名单，名单中列出的不光有发展中国家，也包括一些重量级发达国家。这些国家对华出口份额都超过其出口总量的15%。而且，这个名单正变得越来越长。鉴于此，中国党和政府有必要把我们的主动意识和底线思维"亮"出来，向世界说明：经济已经进入新的发展阶段，正在进行深刻的方式转变和结构调整。在这个不断爬坡过坎、攻坚克难的时期，必然伴随调整的阵痛、成长的烦恼。通过这样一个时期，中国经济将进入一个新的发展"常态"，将产生新的、更大的发展动力，必将继续推动世界经济的发展。就是在调整时期，中国作为一个负责任的大国也还将为世界做出贡献。这些贡献源自于中国自身稳增长、调结构、促改革、惠民生的政策措施。

　　再从国内看，经济下行的压力让人们的神经变得脆弱。习惯于高增长的人们，不要说7%，就是8%已经足以使其产生心理上的恐慌了。然而，世界各国经济发展的规律告诉我们：经济结构的调整，往往是在经济增长由高速向相对较低速的下行区间内才能得以有效实施。经济增长由超高速降至较高速的区间，市场上紧绷的关系才有可能松弛下来，实现"脱钩"、"解扣"，结构性改革才便于实施，资源的重组、结构调整才能进行并趋于合理。道理虽然如此，可是经济运行从来就不"单纯"。在现实社会中，特别是在中国当前的条件下，"GDP"增长还是作为政绩考核的主要指标，经济运行状况与各级官员的政绩息息相关，影响着相关官员的仕途。因此，几乎没有哪位领导喜欢在自己的任期内出现经济的下行，加之"四万亿元"的后续影响，国内希望中央再次出台刺激性措施的呼声渐高。"四万亿元"是指2008年全球金融危机爆发后，党中央为了保住经济不至于随着世界经济的不断萧条而出现大幅度持续下滑所采取的"救市"措施。当时适逢中国经济进入调整期，经济出现由2007

年的 14. 16%下降到 2008 年的 9. 63%的大幅下滑，党中央推出了"四万亿元"的强刺激措施，遏制了下滑，使经济保持了增长势态。当时出台"四万亿元"是为了应对全球金融危机，是不得已而采取的措施，但是同时也助长了人们对刺激性措施的依赖性。事实上，当全球金融危机爆发时，没有四万亿元投资托底，中国经济难逃萧条命运，但是在强大行政干预下形成的巨额投资，对中国经济的拉动作用只能是一时的。在短期发挥效用的同时，也给未来发展留下了如地方政府债务风险加剧、影子银行泛滥以及大规模产能过剩等隐患，形成一个个雷区，迟滞了中国经济转型和调整的步伐。如果再来一个"四万亿元"，中国经济如何承受！因此，党中央必须让全党在思想观念上进行一次彻底的转变，摆脱与传统的发展模式相适应的、旧的以增长速度为核心的发展意识，树立新的、与新的发展常态相适应的发展理念。让大家充分认识到中国经济的减速，是中国经济自身调整的需要，是趋势性和长期性的，以"调整"换"速度"，以"结构"换"增长"。

二、新常态的理论演进和设计

这我们还要从 2012 年说起。2012 年对于中国经济发展来说是关键的一年。在这一年里，经济增长速度快速下滑，从 2011 年的 9. 3%掉到了 7. 7%，突破了 8%的心理防线。2013 年初，面对巨大的经济下行压力，是否出台新的刺激性措施摆在了中国最高决策者面前，它就像一块试金石一样检验着中国新一代领导人的意志和决心。出台新的刺激性措施，则表示维持旧的发展模式，对经济发展来说就像打了一剂"强心剂"，会出现经济增速的反弹，形成一串串的繁荣数字，而从长期来看无异于是"抱薪救火"，会加剧中国经济的结构性矛盾，错过改革发展的良机，甚至会陷入"中等收入陷阱"；不出台新的刺激性措施则要加快改革，涉入改革的"深水区"，绝不能犯颠覆性错误，尽快形成新的发展动力，以避免经济进一步下行和可能出现的"硬着陆"风险。在这样一个选择面前，当时上任 3 个月的李克强总理旗帜鲜明地做出了抉择，提出：政府不再推出刺激经济的政策，要逐步缩减国家主导的投资行为；去杠杆化，以大幅削减债务，降低借贷与产出比；推行经济结构改革，以短痛换取长期的可持续发展。做出这样的抉择是需要勇气的，这意味着中国改革将进入"深水区"，实行新的改革措施，以转变经济增长方式，获取经济长期持续增长的新活力，打造"中国经济升级版"。这一抉择被国外舆论称为"克强经济学"。

"中国经济升级版"，这是新一届党中央对中国经济新常态的最初表述。在之后的 2013 年 9 月 13 日，李克强总理在大连召开的夏季达沃斯论坛上致辞，进一步提出，中国经济发展的奇迹已进入提质增效的"第二季"，并详细说明对中国经济发展的看法与主张，被称为"克强经济学"的官方版。在这个"官方版"中，李总理认为：第一，相信市场的力量。通过转变政府职能，推进结构性改革，深化中国的市场化进程。第二，坚持改革开放。再次强调要以壮士断腕的勇气排除阻力，推动中国的改革进程。第三，在宏观政策上更加注重长远。这事实上意味着过去宏观经济一旦出现波动就出台短期刺激政策的做法已经遭到摒弃。第四，中国经济已经从高速增长阶段进入中高速增长阶段。中国经济未来的增长更应该注重质量和效益。李克强总理在夏季达沃斯论坛上对其经济学主张进行的系统阐述，一方面是回应外界对中国经济的担忧，明确中国经济政策的宏观走向；另一方面也是为即将召开的党的十八届三中全会全面深化改革决议的出台做思想准备和理论铺垫，促进人们看清中国经济所处阶段以及未来的发展战略走向。2013 年 11 月 9 日中共十八届三中全会在北京举行，11 月 12 日审议通过了《中共中央关于全面深化改革若干重大问题的决定》，确定用全面深化改革促进社会经济进一步发展。与此同时，党中央对经济形势做出了重要判断，提出中国经济目前正处在经济增长速度换挡期、结构调整阵痛期、前期刺激政策消化期三期叠加的关键阶段。所谓"增长速度换挡期"，就是中国经济已处于从高速换挡到中高速的发展时期；所谓"结构调整阵痛期"，就是说结构调整刻不容缓，不调就不能实现进一步的发展；所谓"前期刺激政策消化期"，主要是指在全球金融危机爆发初期，中国实施了一揽子经济刺激计划，现在这些政策还处于消化期。基于上述判断，党中央进一步提出经济增长的合理区间，就是既不冲出"上限"，又不滑出"下限"。"上限"是防止通货膨胀，"下限"是稳增长、保就业。

基于三期叠加的判断，2014 年 5 月，习总书记在考察河南的行程中第一次正式提及"新常态"。5 月 11 日新华社在《习近平在河南考察时强调，深化改革发挥优势创新思路统筹兼顾，确保经济持续健康发展社会和谐稳定》中报道："习近平指出，中国发展仍处于重要战略机遇期，我们要增强信心，从当前中国经济发展的阶段性特征出发，适应新常态，保持战略上的平常心态。

在战术上要高度重视和防范各种风险，早作谋划，未雨绸缪，及时采取应对措施，尽可能减少其负面影响。"6个月后，习近平作为中国最高领导人在11月9日北京2014年亚太经合组织（APEC）工商领导人峰会开幕式上，向包括130多家跨国公司领导人在内的世界工商领袖们发表了题为《谋求持久发展 共筑亚太梦想》的主旨演讲，首次系统阐述了新常态。他指出："中国经济呈现出新常态，新常态将给中国带来新的发展机遇。"习近平认为中国经济的新常态有几个主要特点：①速度，"从高速增长转为中高速增长"；②结构，"经济结构不断优化升级"；③动力，"从要素驱动、投资驱动转向创新驱动"。随后，《人民日报》的一系列文章对"新常态"进行了深入的探讨和分析。《人民日报》一篇题为《经济发展迈入新阶段》的评论员文章，更是将"中高速、优结构、新动力、多挑战"视作新常态下的主要特征，认为中国经济必然从高速增长转向中高速增长，从结构不合理转向结构优化，从要素投入驱动转向创新驱动，从隐含风险转向面临多种挑战。其后，12月在中央经济工作会议上，党中央首次明确了"经济发展新常态"的九大趋势性变化，提出"认识新常态，适应新常态，引领新常态，是当前和今后一个时期中国经济发展的大逻辑"。2015年7月20日，中共中央政治局会议研究关于制定国民经济和社会发展第十三个五年规划的建议，会议强调，"十三五"时期，中国发展的环境、条件、任务、要求等都发生了新的变化，认识新常态、适应新常态、引领新常态，保持经济社会持续健康发展，必须有新理念、新思路、新举措。

通过以上对理论演进的梳理不难看出，我们对"新常态"的认识，是一个渐进的过程，大致经历了三个阶段，在每个阶段都有相应的理论设计。第一个阶段是中共十八届三中全会前，可以称为酝酿阶段。中共"十八大"之后，新一届中央领导集体面临着经济下滑的严峻形势，化解人们对中国经济发展的猜测和担忧是当时的主要任务。"克强经济学"就是党中央对当时经济形势做出的判断和从经济学角度的解释。李总理明确提出不再出台新的刺激性措施，一方面表示了新一届中央领导集体彻底抛弃旧的发展模式、全面深化改革、打造中国经济"升级版"的信心；另一方面也表现出新政府彻底摒弃不切合当前中国经济发展实际的凯恩斯主义的经济刺激理论，不再盲目追求经济增长高速度的决心。

第二个阶段是党的十八届三中全会召开到2015年的中央经济工作会议，这也是提出阶段。党的十八届三中全会的召开，标志着中国全面深化改革的开始。在经济改革方面，我们将充分发挥市场在资源配置上的决定性作用。这对于进一步明确改革的市场取向，更好地发挥市场作用，激发市场活力，提高资源配置效力具有重大意义，同时也预示着中国经济发展要打破旧的束缚，形成新的发展常态。与之相适应，党中央对经济发展阶段做了研判，提出了我们现在正处在"三期叠加"这样一个新旧交替的关键阶段，从理论上阐述了过渡时期任务的艰巨性。2014 年 5 月，习总书记在考察河南的行程中第一次正式提及"新常态"，是要告诫全党："中国发展要进入一个新的发展时期，形成一种新的发展态势，大家要适应新常态，保持战略上的平常心态。"而 6 个月后的 11 月 9 日，习近平在 2014 年亚太经合组织（APEC）工商领导人峰会开幕式上的讲话，系统地阐述了"新常态"在速度、结构和动力上的特征，使"新常态"鲜活地呈现在我们的面前。其后，12 月在中央经济工作会议上，党中央明确了"经济发展新常态"的九大趋势性变化，使"新常态"丰满了起来，逐渐确立了理论框架。

第三个阶段是中央经济工作会议召开至今，是发展阶段。在这一阶段，党中央不断完善对经济发展新常态的科学判断，从理论上分析新常态的趋势性特征，要求全党认识新常态、适应新常态、引领新常态。2015 年 7 月 16～18 日习总书记在吉林调研时强调，要适应和把握中国经济发展进入新常态的趋势性特征，保持战略定力，增强发展自信，坚持变中求新、变中求进、变中突破。7 月 20 日，中共中央政治局会议研究关于制定国民经济和社会发展第十三个五年规划的建议，强调，"十三五"时期，中国发展的环境、条件、任务、要求等都发生了新的变化，认识新常态、适应新常态、引领新常态，保持经济社会持续健康发展，必须有新理念、新思路、新举措。发展理念是发展行动的先导，是发展思路、发展方向、发展着力点的集中体现。要认真总结经验、深入分析问题，把发展理念梳理好、讲清楚，以发展理念转变引领发展方式转变，以发展方式转变推动发展质量和效益提升，为"十三五"时期中国经济社会发展指好道、领好航。

由此可见，关于新常态的重要论述、对中国社会经济发展的阶段性和趋势性的重大判断，以及由此产生的全面深化改革的重要部署，都表明了党中央对经济建设规律的把握更加成熟，对科学发展的认识更加自觉。

三、"新常态"的现实意义

我们如何看待新常态？从党中央对新常态的表述来看，新常态既是一种新思维、新理念、新理论，也是中国经济发展未来的理想趋势和要达到的一个新的目标。

从现实意义看，中共"十八大"明确提出了"两个一百年"的奋斗目标，即在中国共产党成立一百年时全面建成小康社会，在新中国成立一百年时建成富强、民主、文明、和谐的社会主义现代化国家。党的"十八大"后，习近平总书记进一步提出了实现中华民族伟大复兴的中国梦。"两个一百年"的奋斗目标、中华民族伟大复兴的中国梦，鼓舞人心，集中体现了广大人民群众的意愿。要实现这样一个宏伟的目标，形成经济发展的"新常态"是必要条件。新常态之"新"，意味着不同以往；新常态之"常"，意味着相对稳定，表现为经济上的适度性、和谐性和持续性。转入新常态，意味着中国经济发展的条件和环境已经或即将发生诸多重大转变，正在告别由于长期发展而逐渐表现出不平衡、不协调、不可持续的粗放型增长模式。

中国经济新常态的形成必然要经过一个艰难的过渡期。在这一过渡期，机会与挑战并存。

放眼国际，世界经济复苏缓慢，不确定性有增无减。新的国际经济格局正在逐渐形成，在经济复苏中的世界主要经济体正在重塑国家实力，一场新的全方位综合国力竞争正在全球展开。中国与世界经济的互相联系和影响日益加深，有利于中国利用好经济全球化带来的机遇，更好地利用外部资金、技术、资源和全球市场。为此，中国的经济增长必须要从原来的依靠大规模资源要素投入的粗放型增长，向依靠技术进步、提升生产力的增长模式转变，必须依靠技术进步、依靠创新创造出新的投资机会、新的产品，开创出新的市场，带动新的消费以及制造业的重新崛起。从世界经济发展整个大的周期来看，目前正处在两个技术革命之间的技术竞争阶段，世界经济必须依靠新的技术才能走出现在的泥潭。在这场竞争中，每个国家的发展都如逆水行舟，不进则退。如果不能抓住机遇、把握主动，中国就可能拉大同世界先进水平国家之间的差距，也难以在这场竞争中掌握主动。

再看国内，改革开放前30年，中国经济年均增速高达9.8%，经济不仅高速增长，而且保持了长期、持续、平稳的发展。经过 30 年的辉煌发展，2010年中国经济总量超越日本，成为仅次于美国的世界第二大经济体，步入了中等收入国家行列，具备了经济社会加快发展转型的各项基础条件。为此，选择科学的发展方式，建立完善的体制机制，就能更上一层楼，形成经济发展的新常态。然而，新旧经济动力的转换，在短时期会加大经济下行压力，困难肯定比预料的多，中国结构调整的阵痛仍在持续，考验着政府的宏观调控能力。因此，宏观调控迫切需要在稳增长和调结构中寻求平衡，找出最佳结合点，从而实现比预想好的结果。

四、"新常态"的实践基础

从实践基础角度看，中国只有形成经济发展的"新常态"，才能跨越"中等收入陷阱"。正如 2014 年 11 月 10 日习近平在出席亚太经合组织领导人同工商咨询理事会代表对话会时强调的，对中国而言，"中等收入陷阱"是肯定要过去的，关键是什么时候迈过去、迈过去以后如何更好地向前发展。我们有信心在改革发展与稳定之间以及在稳增长、调结构、惠民生、促改革之间找到平衡点，使中国经济行稳致远。那么，什么是"中等收入陷阱"？从各国经济发展的规律来看，每一个国家在经济发展的过程中，都存在着一个经济发展的转换期。通常情况下，在一个国家经济发展中，最初利用自身的人口、资源、环境、市场等禀赋优势，经济会出现一个快速增长期，由于原有的经济规模较小，经济增长速度能保持在一个较高的水平上。经过一个相当长的时期以后，这个国家经济达到了一定的规模，开始步入中等收入行列。这时，经济发展的禀赋优势逐渐减弱，原有的经济发展均衡会被打破，前期经济快速增长积累的各种矛盾也会凸显出来，旧的经济发展方式和结构难以支持经济的发展。这时，这个国家必须进行经济发展方式的转变和经济结构的调整，解决发展中的各种矛盾和问题，形成新的发展常态，否则将落入发展停滞的陷阱。为此，世界银行在 2006 年《东亚经济发展报告》中将这种现象称为"中等收入陷阱"。世界银行报告认为，"中等收入陷阱"是当一个国家人均国民收入达到 4000美元左右的中等水平后，由于不能顺利实现经济发展方式的转变，导致经济增长动力不足，最终出现经济停滞的一种状态。世界银行按人均 GDP 高低把各国分为低收入阶段、中低收入阶段、中高收入阶段和高收入阶段四类。按

2012年各方面数据折算，大体是1000美元以下为低收入阶段，1000~4000美元（包含1000美元）为中低收入阶段，4000~12500美元（包含4000美元）为中高收入阶段，12500美元以上（包含12500美元）则为高收入阶段。2010年中国人均国内生产总值达到4400美元，按照世界银行的标准，中国已经进入了中高等收入国家的行列，进入了如何跨过"中等收入陷阱"的关键期。的确，在经历了30多年的经济高速增长后，中国劳动力成本日趋上升，居民高储蓄愿望开始发生变化，科技创新迫切性增大，外需拉动作用逐步减弱，工业规模扩张难以持续，资源环境硬约束强化，收入分配差距扩大，经济增速开始放缓。鉴于此，中国能否成功实现经济转型，继续保持经济平稳较快的增长，顺利进入高收入国家行列，目前已成为国内外共同关注的焦点，也是党中央迫切需要解决的问题。

诚然，"中等收入陷阱"把许多发展中国家挡在了高收入发达国家门槛外，根据世界银行统计，在拉美和加勒比地区的33个经济体中，85%的国家属于长期被挡在"门槛"之外的中等收入经济体，且"滞留"的平均时间长达37年。为此，有学者也将"中等收入陷阱"称为"拉美陷阱"。这正像李克强总理所讲的那样，这一阶段"既是中等收入国家向中等发达国家迈进的重要阶段，又是矛盾增多、爬坡过坎的关键阶段"。然而，陷入"中等收入陷阱"并不是必然的，在亚洲，日本、韩国、新加坡等国都成功跨过了"中等收入陷阱"。以日本和韩国为例，日本在1972年国民收入接近3000美元，到1984年突破1万美元；韩国1987年超过3000美元，1995年达到了11469美元。这些国家也曾滑到"中等收入陷阱"的边缘，但是它们迅速地转变了经济发展方式，调整了经济结构，缓解了社会矛盾，从"陷阱魔咒"中摆脱出来，跨入高收入国家，日本花了大约12年，韩国则只用了8年。

中国作为世界第二大经济体能不能成功跨过"中等收入陷阱"，全世界都在关注。2011年3月22日，亚洲开发银行行长黑田东彦表示，30多年成功的经济改革使中国跃居为世界第二大经济体，但目前面临的挑战是如何在避免陷入"中等收入陷阱"的同时，保持可持续发展。2015年4月24日，中国财政部部长楼继伟在清华大学举行的"清华中国经济高层讲坛"上更为直接地提醒大家，"中国在未来的5年或10年，有50%以上的可能性会滑入'中等收入陷阱'"。他称，现在中国关键的任务是要跨过"中等收入陷阱"，实现6.5%~7%的经济增长速度，这就要求中国在未来的5~7年做好全方位改革，解决市场中仍然存在的扭曲。也就是说，中国要在未来的一段时间内，通过改革，尽快形成经济发展的"新常态"，跨过"中等收入陷阱"，实现经济发展的持续稳定。只有这样，才能实现我们"两个一百年"和中华民族伟大复兴的宏伟目标。

如何成功跨越"中等收入陷阱"实现新常态？习近平同志在多次讲话中，形象地将这个"跨越"比喻为"腾笼换鸟"和"凤凰涅槃"。所谓"腾笼换鸟"就是加快结构调整，培育和引进新兴产业，在腾挪空间中转型升级，实现展翅高飞；所谓"凤凰涅槃"就是要拿出浴火重生的勇气和决心，实施创新驱动，抢占新产业和新技术的制高点，未来鹏程万里。中国经过30多年的改革开放，经济迅猛发展，奠定了强大的经济基础，已经充分具备了"腾笼换鸟"和"凤凰涅槃"的条件。我们可以从人才基础、资本实力和技术创新三个方面来看。

首先看人才基础。国家人力资源和社会保障部每年发布的《人力资源社会保障事业发展统计公报》的数据显示，截至2010年底，中国人才资源总量达到1.2亿人，占人力资源总量的比重达到11.1%。其中，企业经营管理人才资源2979.8万人，专业技术人才资源5550.4万人（具有专业技术职称的企业经营管理人才资源交叉统计在其中），高技能人才资源2863.3万人，农村实用人才资源1048.6万人。中国现在每年毕业的大学生就达到了700多万人。由于人才济济，目前中国已成为第一科技人力资源大国，研发人员总量已超过美国，居世界第一位。2013年中国科技人力资源总量达到7105万人，每万人口中科技人力资源数为522人。不仅如此，近年来，中国与国际接轨，出现了"留学潮"，这为中国培养了大批国际化人才，截至2014年末，中国留学回国人员总数达180.96万人，有72%的留学人员学成后选择回国发展，仅2014年就达到36.48万人。为了更好地引进和使用人才，中国近年来实施了一系列重大人才工程和科技人才计划，如面向国外引进人才的"千人计划"，面向国内培养人才的"万人计划"等，加强了中国高层次创新创业人才队伍建设。截至2014年，"千人计划"分10批引进4180名海外高层次人才回国创新创业；"万人计划"专门面向国内遴选高层次人才，注重培养一线创新人才和青年科技人才，造就了一批世界水平的科学家、科技领军人才、工程师和创新团队。人才的大量涌现为中国推动结构性改革，培育和引进新兴产业，不断提高全要素生产率，以人才红利对冲人口红利的消失提供了基础性条件。

其次看资本实力。改革开放30多年，中国积累了雄厚的金融资产，形成了不容小觑的资本实力。国家外汇管理局2014年12月公布的中国对外金融资产的情况显示，截至当年9月末，中国对外金融资产有62880亿美元。在对外金融资产中，中国对外直接投资6648亿美元、证券投资2593亿美元、其他投资14179亿美元、储备资产39460亿美元。2015年1月，中国人民银行发布2014年金融统计数据报告：2014年人民币存款余额为113.86万亿元，全国城乡居民储蓄存款余额为49.9万亿元。另外，联合国贸发组织2015年9月8日发布的《2015世界投资报告（中文版）》中显示，大量国际资本涌入中国，仅2014年，流入中国的外国直接投资（FDI）就多达1290亿美元，同比增长4%，中国首次超过美国成为全球最大的外资流入国。随着中国国力的强大，人民币国际地位也在不断提高，国际化正在加速。世界银行金融电讯协会（SWIFT）2015年5月9日发布的报告显示，人民币稳居全球第5大支付货币，较2012年初排名提高14位；市场占有率达到2.18%，是2012年初的8.7倍；而且目前人民币已经超越欧元和日元，成为仅次于美元的国际贸易第二大融资货币。这表明中国已经具备了走出国门、用技术输出带动产能输出、实现全球布局的经济实力。

最后看技术创新。近年来，对中国的科技创新实力，国内外颇有微词，一些学者以中国近代以来没有影响世界的顶级发明，国内没有诺贝尔奖自然科学方面的获奖者来贬低中国的科技创新能力。而事实上，中国科技创新能力已有了日新月异的提高。以实用技术为例，中国用30年走完了发达国家200年的工业化进程，积累和自主研发了大量的制造技术。2013年，时任美国能源部部长朱棣文不得不承认：中国在高铁、电动汽车、超级计算机、可再生能源、清洁煤利用、高压输电和核能七大领域已经领先于美国，而且中国技术创新潜力巨大。从专利申请的情况来看，世界五大知识产权局，即欧洲专利局、日本特许厅、韩国特许厅、中国国家知识产权局和美国专利商标局，每年处理着世界80%的专利申请，承担着95%专利合作条约的履行工作。从2012年以来，五局每年联合发布统计报告。2015年初发布的统计报告显示：2014年五局共收到231万件发明专利申请，其中最多的是中国，高达92.8万件，占比超过40%；其次是美国，为57.9万件；日本、欧洲、韩国分别是32.6万件、27.4万件和21万件。这是中国连续第四年居于发明专利申请量第一的位置。与2013年相比，中国的增速也是最高的，达到12.5%。美、日、欧、韩的增速分别是 1.3%、-0.7%、3.1% 和 2.8%。2014 年，五局发明专利的授权共 95.6 万件，其中最多的是美国，为 30.1 万件，占 31%；其次是中国，为 23.3 万件；日本、韩国、欧洲分别是 22.7 万件、13 万件和 6.5 万件。中国的增速为 12.3%，最高；美、日、韩、欧的增速分别是 8.2%、-18.0%、1.9% 和 -3.1%。再以基础研究的学术论文的质量和数量来看，中国也已名列前茅。位于英国伦敦的以全世界最权威及最有名望的学术杂志《自然》为核心的自然出版集团，根据全球 68 家一流科技期刊发表论文的统计情况，对 2014 年进行了国别排名，中国仅次于美国，排在第二位，以下依次是德国、日本、英国、法国、加拿大、西班牙、瑞士、韩国，超级大国苏联的继承者俄罗斯都不在前十之中。科技水平和技术创新能力的不断提高，为中国产业向中高端迈进提供了强大的动力。

更为可喜的是，在中国现有的实力和国情基础上，党中央适时推出了促进经济转型、产业升级，加速新常态形成的"一带一路"、"中国制造 2025"、"互联网+"、"加快推进生态文明建设"、"扩大内需"等战略性措施。李克强总理在政府工作报告中，更是将保持中高速增长和迈向中高端水平作为我们形成经济新常态的"双目标"，坚持做到稳政策，稳预期和促改革，调结构的"双结合"，把打造大众创业、万众创新和增加公共产品、公共服务作为促进新常态形成的"双引擎"，这些战略和措施的实施必将为中国新常态的形成奠定坚实的实践基础。

2015 年是中国"十二五"规划的收官年，"十三五"规划即将启动。"十三五"规划是中国形成"新常态"的关键时期，调结构、转方式、促创新的任务仍然非常艰巨。规划好"十三五"时期的国民经济和社会发展，必须适应和把握中国经济发展进入新常态的趋势性特征，保持战略定力，增强发展自信。中国的"十三五"规划从 2016～2020 年将是不寻常的 5 年，既是按照党的十八大要求，到 2020 年全面建成小康社会，国内生产总值和人均国民收入比 2010 年再翻一番，从而实现国民收入倍增计划的关键 5 年；也是按照党的十八届三中全会《决定》精神，经过经济社会各领域的全面深化改革，社会主义市场经济体制更加完善，各方面制度更加定型、更加成熟的 5 年。从中国的外部环境看，由于中国与发展中国家竞争的传统劳动密集型领域仍然在延续，而在资本和技术密集型领域对发达国家的竞争与替代已经全面开始。"十三五"规划的这 5 年中，伴随着中国经济持续成长和竞争力增强，中国与发达国家、发展中国家以及周边国家的关系均将持续变化，中国有可能迎来改革开放以来最严峻的国际环境，中国将不得不在技术、资本密集型产品和劳动密集型产品出口方面，同时面临发达国家和后起的新兴经济体的双重夹击与复杂挑战。因此，到"十三五"规划结束时，中国必须建立结构合理、充满活力、环境友好、分配公平、民生幸福的国民经济与社会发展体系，形成和谐、稳定、持续、合理的经济发展新常态。

中国经济新常态下的问题、方向与出路

王 昊①

一、中国经济发展的"新常态"

2014 年 5 月，在河南考察时，习近平总书记第一次提出"新常态"的概念。他说："中国发展仍处于重要战略机遇期，我们要增强信心，从当前中国经济发展的阶段性特征出发，适应新常态，保持战略上的平常心态。"新常态是经济发展过程中一个阶段相对稳定的状态，这个"相对稳定的状态"主要表现在三个方面，即经济发展的速度、经济结构、经济发展的驱动力。

（一）速度：从高速增长转向中高速增长

1. 对速度的理解

通过对中国经济增长问题的研究可以发现，中国经济发展的理论和实践有两大特征：一是受国家发展战略、政策的影响很大。例如，国家制定的五年规划、政府工作报告、各种改革开放政策等对中国现实经济发展和理论研究有着很强的指导意义。二是国家经济发展战略和发展思路的制定基本都是以解决上个周期表现突出的问题为中心。如果把"五年规划"看作是一个经济周期，那么中国经济发展的战略规划和思路的形成莫不是以政治、社会、经济、文化、生态等各方面现实问题为中心展开的。例如，"六五"规划突出速度和比例问题，"七五"规划强调适度增长问题，"八五"规划强调经济效益和产品

---

① 王昊：北京市委党校经济学教研部副教授，经济学博士。

质量问题，"九五"规划关注经济增长方式转变和经济增长质量，"十五"规划关注区域经济发展，"十一五"规划注重经济发展方式转变，等等。

自新中国成立以来，中国政府一直非常重视经济发展的速度。但在改革开放前，中国经济发展在速度上走了许多弯路，可谓是"欲速则不达"。1955年，中国国民生产总值占世界国民生产总值的4.7%，1980年则下降到2.5%；1960年中国国民生产总值与日本相当，1980年日本国民生产总值已经是中国的4倍。何以如此？从经济角度分析，主要是计划经济体制抑制了人们通过自己的劳动来获取物质财富的积极性；国家经济发展战略过于强调"生产资料优先"导致经济发展严重不平衡。

改革开放以来，中国政府同样强调速度。但在重视速度的同时，对增长质量的重视一直贯穿经济发展过程的始终，只不过在不同时期有不同的表现。

这些质量方面的要求和标准在不同的历史发展时期有不同的内涵。"六五"规划时期，对经济增长速度的理解主要是速度、比例和效益的关系问题，这种比例关系更多地表现为积累和消费、两大部类、农轻重及其内部的比例合理与否。"七五"规划时期，不仅提出了"适度的经济增长率"的概念，而且依据马克思主义理论建立起数学模型，还根据历史数据提炼出最佳适度经济增长区间并进行预测，开始从产品质量和要素质量角度研究经济增长问题。"八五"规划时期，针对20世纪80年代出现的各种产品质量、企业管理及比例、结构和效益问题，强调要更加重视经济增长的质量和经济效益。从产品质量、经济结构、经济效果等各个角度研究经济增长质量问题的学者明显增加。可以这样概括，"七五"规划和"八五"规划时期，关于"适度经济增长"的研究形成了一个阶段性的"高潮"。"九五"规划时期，具有全局意义的"两个根本转变"战略和指导思想的提出，让学术界关于经济增长质量和增长方式的研究迅速升温。"十五"规划时期，构建衡量经济增长质量指标体系的研究逐渐增加和丰富。党的"十七大"提出"转变经济发展方式"，让学术界对经济增长方式的研究又进入一个新阶段。"十一五"和"十二五"规划时期，研究"经济转型"、"转变经济发展方式"的学者迅速增加。学术界对经济增长质量的研究视角更加丰富，研究内容更加深入，研究方法更加多样化。

总体看来，计划经济阶段的产品短缺时期，人们更加关注社会物质财富的增长和生活水平的提高，在经济增长标准上十分强调量的迅速扩张；而到了市场经济阶段的产品过剩时期，人们不仅关注社会财富的增长和生活水平的提高，还关注其生活的品位和质量，关注其所生活的环境问题，在经济增长标准上就不只是有量的标准，更有质的要求，如要求有好的社会环境、好的生态环境等。总之，随着经济社会的发展，人们的认识水平也在不断进步，对经济增长质量的要求和标准也在不断改善和提高。

2. 预测速度的方法

学者们预测速度的方法，可以用以下三句话来概括：

第一句话是"以过去预测未来"。用过去的历史数据和经验，推测未来的"适度增长"水平。这是我们预测速度最常见的方法，几乎所有的预测方法都建立在已有的数据基础上。

第二句话是"以承载力预测未来"。不管是短线产品的约束，还是通胀水平、就业水平的压力，都可视为是承载力，以承载力为界限，预测未来经济增长的幅度。这种方法逻辑严谨，很有说服力，但预测结果往往最不准确。

第三句话是"以外国预测中国"。中国正在走的道路，发达国家已经走过，探讨相似阶段发达国家经济增长数据，可以作为中国经济增长速度的参考。例如，熊映梧、孟庆琳、吴国华对适度经济增长的研究，就充分借鉴了国外的历史数据①。学者对 1991~2000 年适度 GDP 增长率的预测详见表 1。

表 1　　学者对 1991~2000 年适度 GDP 增长率的预测值一览

提出者	预测依据	预测值
王积业（1990）	战略目标和社会需求	6%
熊映梧、孟庆琳、吴国华（1990）	中国历史数据和世界各国相关数据的对比分析	7%~8%
汪海波（1990）	历史经验	最佳 7%；区间：5%~9%
包锡盛（1990）	历史数据：积累能力和"瓶颈"产业限制；客观需要：消费增长	5.6%~8.4%
汤为本（1991）	历史数据，积累率支撑	6%
靳新中（1991）	短线产业约束，就业约束	0.94%~6%

---

① 熊映梧，孟庆琳，吴国华 . "适度经济增长"的理论与对策 [J]. 经济问题，1990（12）.

提出者	预测依据	预测值
谷书堂、刘迎秋（1993）	历史数据：上限是最大值，下限为均值	8.1%~10.9%
朱建元（1994）	以经济增长对物价水平的影响程度以及对通货膨胀的可承受程度来判断适度经济增长率的高限。经济增长对价格水平影响存在正负两种效应，其分界点为增长速度5%~6%。分界点之下，经济增长对价格水平具有负效应；分界点之上，经济增长对价格水平具有正效应	①良性区（0~3%）。②中性区（4%~6%），正负1%。③温性区（7%~10%），价格正1%~3%。④恶性区（11%以上），价格正3.5%以上
张连城（1999）	历史数据的均值为趋势线，上下浮动2个百分点。2000年之后的未来20年，5年规划为一个周期，每个周期下降0.5个百分点	1998~2000年：7.8%~11.8%；2001~2020年：5.5%~11%

注：张连城教授的论文发表于1999年，文中对2001~2020年的适度增长速度进行了预测。其他学者主要针对20世纪90年代进行预测。

3. 速度面临的挑战

为什么关注速度？党的"十八大"报告中明确提出"在发展平衡性、协调性、可持续性明显增强的基础上，实现国内生产总值和城乡居民人均收入比2010年翻一番"的宏伟目标。根据历史数据，实现第一个目标即"国内生产总值翻一番"相对容易一些，而实现第二个目标即"城乡居民人均收入翻一番"难度较大。表2的数据揭示出在速度上我们面临的挑战。

表2　中国城乡居民家庭人均收入增长率趋势

时期	城镇居民家庭人均可支配收入增长率（%）	农村居民家庭人均纯收入增长率（%）	城乡平均增长率（%）	国民总收入增速（%）	财政收入增速（%）
"六五"规划时期均值	4.9	14.2	9.6	10.8	11.9
"七五"规划时期均值	4.5	3.0	3.8	7.9	8.0
"八五"规划时期均值	7.9	4.3	6.1	11.9	16.4
"九五"规划时期均值	5.7	4.8	5.3	8.7	16.5
"十五"规划时期均值	9.6	5.3	7.5	9.9	18.8

续表

时期	城镇居民家庭人均可支配收入增长率（%）	农村居民家庭人均纯收入增长率（%）	城乡平均增长率（%）	国民总收入增速（%）	财政收入增速（%）
"十一五"规划时期均值	9.7	8.9	9.3	11.3	21.5
"十二五"规划时期均值	8.3	10.5	9.4	8.2	16.0
所有周期均值	7.2	7.3	7.3	9.8	15.6

资料来源：根据《中国统计摘要（2014）》第23、57、69页数据计算整理。

马克思的社会总产品公式揭示了一定时期内社会生产的社会总产品的构成，即 $W=C+V+M$，C 代表不变资本转移到新产品中的价值，可以理解为折旧，这部分的比例相对固定；V 代表劳动者的工资和福利；M 代表剩余价值，在现实中分为政府税收和企业利润两个部分。如果把国民总收入看作是社会总产品，那么，可以得出结论，在过去的 30 多年中，劳动者工资和福利的增速不仅比国民总收入低平均 2.5%，更比财政收入低平均 8.3%。实际上，企业的利润增速也要比劳动者的工资福利增速高。这即意味着，在经济增速从高速转向中高速的情况下，劳动者的收入总体上不仅不会降低，可能还有所提高。这提高的份额从何而来？根据上述分析，只能从企业利润和政府税收上来。政府要节约支出，提高行政效率，进行结构性减税，为企业发展创造有利条件；要加强垄断行业的竞争，提高经济运行效率，促进市场平均利润的形成；要加大人力资本投资，提升劳动者的人力资本，提高劳动者工资福利水平。

（二）中国经济结构转型升级的新常态

1. 结构的概念

结构是组成事物的各个部分的搭配、排列和组合。结构中各个组成部分的性质特点、组合搭配、排列顺序等，决定着事物的稳定性和功能发挥程度。

结构可以依据不同的标准进行划分，如依据组成部分功能的不同，可以把一国的社会结构划分成经济、政治、文化、社会等具体几个部分。本文主要研究经济问题，因此侧重分析经济结构。

什么是经济结构？经济结构是经济系统的组成要素或部门的性质状态、构成比例及相互关系。经济结构可以从生产关系、生产力、地域范围等多个角度考察，本文从一国的国民经济整体层面研究经济结构。为了分析的方便，主要从生产关系和生产力角度进行分类，研究偏重于生产力角度。

从生产关系角度划分，主要指各种生产资料所有制即个体、私营、国有、外资等不同经济成分的构成和比例关系。

从生产力角度划分，包括：产业结构，如一、二、三次产业的构成及比例关系，农业、轻工业、重工业的构成及比例关系，消费资料和生产资料的构成及比例关系等；分配结构，如投资与消费的构成及比例关系；需求结构，指投资、消费和进出口之间的构成及比例关系；技术结构，指自主技术和引进技术等的构成和比例关系；要素结构，指劳动密集型、资本密集型、技术密集型等的构成和比例关系；物质生产和非物质生产部门结构，物质生产是指生产实物产品的部门或产业，非物质生产是指提供服务产品的部门或产业。还可以根据具体情况进一步细分为产业结构、产品结构、行业结构、组织结构等。

2. 产业结构面临的压力

（1）农业。"农业、农村、农民"的"三农"问题长久存在。一是城乡收入差距巨大。改革开放以来，中国城乡收入差距最小的时期是 1979～1985 年这 7 年，这段时期农民收入增长最快，城乡差距最小，城乡收入之比大约是 1∶2；之后城乡差距逐步扩大，现阶段城乡收入比大约是 1∶3.2。二是城乡公共服务差距巨大。农村的医疗卫生、义务教育、居民养老、农业科技信息服务、农村金融服务、农业灾害防治、农村水利设施、生态环境保护与建设等公共服务明显不足。三是农业发展严重滞后。根据中国科学院的研究报告，如果以农业增加值比例、农业劳动力比例和农业劳动生产率三项指标计算衡量，2008 年，中国农业水平与英国相差约 150 年，与美国相差 108 年，与韩国相差 36 年。报告同时指出，中国农业劳动生产率比中国工业劳动生产率低约 10 倍，中国农业现代化水平比国家现代化水平低约 10%。① 四是能够反映农民利益的政治组织和社会组织明显不足。

农业现代化的内涵不是一成不变的，而是与时俱进的。20 世纪 50 年代到 21 世纪初，农业现代化大多被理解为"为农业生产发展本身服务的机械化、电气化、水利化和化学化"。2007 年的中央"一号文件"提出了新时期农业现代化的内涵，即"用现代物质条件装备农业，用现代科学技术改造农业，用现代产业体系提升农业，用现代经营形式推进农业，用现代发展理念引领农

---

① 中国科学院报告称中国农业经济水平比美国落后 100 年［N］. 新京报，2012-05-14.

业，用培养新型农民发展农业"。① 农业部市场与经济信息司司长张合成认为，市场化是农业现代化的灵魂，品牌化是农业现代化的标志，信息化是农业现代化的制高点。市场化、品牌化与信息化是农业现代化的三个核心内容。② 中国政府相关部门官员和学术界人士对"农业现代化"的认识和理解是不断深入的。但上述定义更多是从"途径和方法"角度探讨农业现代化的内涵，缺乏明确的最终发展目标和方向的引导。

笔者认为，农业现代化的内涵是：建立在现代生物和信息技术基础上的、拥有完备农业基础设施的生态农业。这一内涵包含三个组成部分：一是农业现代化必须是生态农业；二是农业现代化必须具备完善的农业基础设施；三是农业现代化必须建立在良种化、机械化、信息化和品牌化的现代科技基础之上。

（2）工业。工业的问题集中表现在两个方面：

一方面是产能严重过剩。产能过剩问题在 20 世纪 80 年代就存在，比较全面的过剩是在 20 世纪 90 年代中期，严重过剩是在美国金融危机之后。

改革开放之后，中国生产能力发展很快，从中国进入世界 500 强企业的数量就能充分地显现出来。如表 3 所示，2008 年后，中国公司进入世界 500 强的速度明显加快。

表3　中国历年入围世界500强公司数量

年份	1995	1998	1999	2000	2001	2002	2003	2004	2005	2006
中国内地	3	5	6	9	9	11	15	14	15	19
央企							6	8	10	13
中国香港							1	1	1	1
中国台湾							1	2	2	3

年份	2007	2008	2009	2010	2011	2012	2013	2014	2015
中国内地	22	25	34	42	57	69	85	91	94
央企	16	19	24	30	38	42	44	47	47
中国香港	2	4	3	4	4	4	4	4	5
中国台湾	6	6	6	8	8	6	6	5	7

资料来源：根据《财富》中文网历年数据相关报道整理。

---

① 孔祥智，毛飞. 农业现代化的内涵、主体及推进策略分析 [J]. 农业经济与管理，2013 (2).
② 刘月姣. 市场化、品牌化、信息化：农业现代化的新内涵——访农业部市场与经济信息司长张合成 [J]. 农村工作通讯，2015 (6).

　　这种生产能力的快速增长，让中国的产品生产从过去的普遍短缺，到 1996 年出现了全面的过剩。由于 1997 年东南亚金融危机的爆发，中国连续多年实行积极的财政政策和货币政策，加之 2001 年中国加入世界贸易组织，促使中国的出口在"十五"规划时期保持年均 25.3% 的高速增长，产能全面过剩问题得以缓解。但 2008 年的美国金融危机以及 2009 年的欧债危机爆发，使得中国出口迅速下降，"十一五"规划时期出口平均增速为 12.8%，"十二五"规划时期前 3 年的出口平均增速仅为 8.7%。出口需求的下降，让本已过剩的产能问题变得更加突出。

　　如何化解产能过剩的危机？除了压缩落后产能外，企业间的合并重组和"走出去"战略无疑是较好的途径。

　　以"走出去"战略为例。2000 年 10 月，中央在《"十五"规划建议》中，首次提出了要"实施'走出去'的战略"。"走出去"战略的实施，明显加快了中国对外投资的速度。

　　总部设在北京的亚洲基础设施投资银行（Asian Infrastructure Investment Bank，简称亚投行，AIIB）是一个政府间性质的亚洲区域多边开发机构，重点支持基础设施建设。一定程度上其可以满足亚洲基础设施建设所需要的巨额资金，同时也可以有效发挥中国的生产能力优势。中国经过改革开放以来 30 多年的发展和积累，在基础设施装备制造方面已经形成完整的产业链，在公路、桥梁、隧道、铁路等领域已具备比较先进的工程建造能力。

　　2013 年 9~10 月，习近平主席在出访中亚四国和印度尼西亚、马来西亚期间，首次提出了共同建设"丝绸之路经济带"和"21 世纪海上丝绸之路"的战略倡议。"一带一路"战略是中国加强区域合作、顺应世界经济发展形势、促进各国共同发展的新构想，有利于发挥中国的地缘政治优势，推进多边跨境贸易、交流合作和共同发展。

　　另一方面是自主技术占比不高，自主创新能力不强。

　　2014 年 3 月，科技部所属的中国科学技术发展战略研究院发布了《国家创新指数报告（2013）》。[1] 报告公布了 2012 年有关中国科技创新和研发投入的一系列数据。主要有以下几项：

　　第一，国家创新指数的世界排名。2012 年中国国家创新指数的世界排名

---

[1]　中国科学技术发展战略研究院. 国家创新指数报告（2013）[M]. 科学技术文献出版社，2014.

为第 19 位，比 2011 年上升了一位。①

第二，全社会的研发投入。2012 年中国的全社会研发投入为 10298.4 亿元，在数量上居于世界第 3 位（仅次于美、日），占全球的份额为 11.7%。

但是，这一年中国的研发投入占 GDP 的比重却只有 1.98%，大大低于发达国家的一般水平（3% 左右）。而且，中国最近 20 年的研发投入累计总额还不及美国最近 2 年的累计总额，也不及日本最近 4 年累计总额。

第三，企业的研发投入。2012 年中国企业的研发投入为 13916.8 亿元，占中国全社会研发投入的 74%，占全世界企业研发投入总额的 13%。但是，中国规模以上工业企业的研发投入占其销售收入的比重，却只有 0.77%，大大低于发达国家 2.5%~4% 的一般水平。

第四，研发人员数量。2012 年中国的研发人员数量共计 324.7 万人，居世界第 1 位，占全世界研发人员总数的 29.2%。但是，中国研发人员占就业人员的比重却比较低。2012 年中国每 1 万名就业人员中，仅拥有研发人员 42 人，大大低于发达国家 100 人以上的一般水平。

第五，本国人的发明专利申请量和授权量。2012 年中国的本国人发明专利申请量已居世界第 1 位，占当年全世界发明专利申请总量的 37.9%；中国的本国人发明专利授权量居世界第 2 位，占当年全世界发明专利授权总量的 22.3%。但是，中国每 1 万人口拥有的发明专利量却比较低，2012 年仅为 3.2 件，大大低于发达国家的一般水平（20 件以上）。

第六，科学论文数量和科技进步贡献率。2012 年中国学者发表的科学论文数量已居国际科学论文总量的第 2 位，被引论文数量也居世界的第 4 位。这说明，中国每年的科研成果是不少的。但是，中国的科技进步对经济发展的贡献率却比较低，2012 年只有 52.2%，大大低于发达国家的一般水平（80% 左右）。这说明，中国的科研与经济相结合的程度还不够高。

（3）服务业。中国服务业从新中国成立时就开始滞后，直到今天，纵向对比进步很大，但横向对比仍然滞后。具体表现为"两个滞后"：

第一个滞后是第三产业的产值增速相对于工业产值增速长期滞后。从表 4

---

① 国家创新指数是根据创新资源、知识创造、企业创新、创新绩效、创新环境 5 个一级指标、30 个二级指标综合计算出来的。2012 年国家创新指数的世界排名，居于首位的是美国，居于第 2~10 位的分别是日本、瑞士、韩国、以色列、瑞典、芬兰、荷兰、丹麦、德国，俄罗斯居于第 32 位，印度居于第 39 位。

可知，"六五"、"七五"规划时期，第三产业的产值增速分别为 15.2% 和 9.5%，同时期第二产业的产值增速分别为 10.2% 和 9.1%，两个周期第三产业增速均高于第二产业。但进入 20 世纪 90 年代后，情况就彻底转变了。从"八五"到"十二五"规划时期，第三产业的产值增速每个 5 年周期的均值都低于第二产业。

表 4   三次产业就业增速与产值增速对比

时期	第一产业		第二产业		第三产业	
	就业（%）	产值（%）	就业（%）	产值（%）	就业（%）	产值（%）
"五五"规划时期均值	1.410	2.9	5.354	12.3	6.363	9.2
"六五"规划时期均值	1.354	8.3	6.179	10.2	8.708	15.2
"七五"规划时期均值	4.541	4.2	6.088	9.1	7.600	9.5
"八五"规划时期均值	−1.794	4.2	2.476	17.5	7.125	10.9
"九五"规划时期均值	0.295	3.5	0.727	9.8	3.278	9.5
"十五"规划时期均值	−1.464	3.9	1.898	10.8	3.414	10.5
"十一五"规划时期均值	−3.535	4.5	4.237	12.1	2.358	12.0
"十二五"规划时期均值	−4.700	4.3	2.000	8.7	4.044	8.6

资料来源：根据《中国统计摘要（2014）》第 20、21、23、38 页数据计算整理。

服务业滞后于工业的原因比较复杂，既有符合经济发展规律的内在要求，又有人为干预的现实因素。概括起来，主要原因有四个：一是 GDP 和财政收入作为考核机制的作用；二是税收制度不合理；三是服务业领域仍然存在比较严重的垄断；四是自主创新能力的不足。

第二个滞后是相对于世界服务业的发展水平，我们长期滞后。无论是从产值结构还是就业结构来衡量，中国的服务业发展都长期滞后于世界产业结构的平均水平。如表 5 所示，中国的就业结构为 34.8：29.5：35.7，而世界主要国家的平均水平为 13.8：22.7：63.5，中国就业结构明显滞后于世界主要国家的平均水平。

表 5   世界主要国家就业结构平均水平

国家	年份	第一产业就业占比	第二产业就业占比	第三产业就业占比
巴基斯坦	2013	43.7	21.5	33.2
菲律宾	2012	32.2	15.4	52.5

国家	年份	第一产业就业占比	第二产业就业占比	第三产业就业占比
新加坡	2009	1.1	21.8	77.1
斯里兰卡	2012	39.4	17.7	41.5
泰国	2012	39.6	20.9	39.4
埃及	2011	29.2	23.5	47.1
南非	2011	4.6	24.3	62.2
加拿大	2008	2.4	21.5	76.5
墨西哥	2011	13.4	24.1	61.9
美国	2010	1.6	16.7	81.2
阿根廷	2012	0.6	23.4	75.3
巴西	2011	15.3	21.9	62.7
委内瑞拉	2012	7.7	21.2	70.7
捷克	2012	3.1	38.1	58.8
法国	2012	2.9	21.7	74.9
德国	2012	1.5	28.2	70.2
意大利	2012	3.7	27.8	68.5
荷兰	2011	2.5	15.3	71.5
波兰	2012	12.6	30.4	57.0
俄罗斯联邦	2009	9.7	27.9	62.3
西班牙	2012	4.4	20.7	74.9
土耳其	2012	23.6	26.0	50.4
乌克兰	2012	17.2	20.7	62.1
英国	2012	1.2	18.9	78.9
澳大利亚	2009	3.3	21.1	75.5
新西兰	2009	6.6	20.9	72.5
上述国家	2009~2012 年均值	13.8	22.7	63.5
中国	2011	34.8	29.5	35.7

资料来源：根据《中国统计摘要（2014）》第 175 页数据计算得出。

服务业滞后对就业产生了比较严重的影响，表现为两个方面：

一方面，生产性服务业发展滞后，导致高端劳动力如大学生就业困难，使教育大众化与经济高速增长的不协调进一步加剧。生产性服务业，主要是指为保持工业生产过程的连续性、促进工业技术进步、产业升级和提高生产效率等提供保障服务的服务行业，是与制造业直接相关的配套服务业。中国第三产业落后，主要是生产性服务业落后，特别是知识密集型和技术密集型的生产性服务业，包括研发、设计、技术服务、信息服务、咨询服务等行业发展落后。据统计，2009 年，中国生产性服务业增加值占 GDP 比重仅为 20%，生产性服务业增加值占服务业产值不到 47%；发达国家生产性服务业增加值占 GDP 比重为 43%，生产性服务业增加值占服务业产值约 70%。以服务外包产业为例，主要发包国家和地区为美国、日本和欧洲，其中美国占近一半。印度作为最大的接包国，所承接的服务外包额约占全球服务外包总额的 34%。中国作为承接服务外包的后起者，目前占全球服务外包的份额不足 4%。根据中国物流与采购联合会的数据，中国的运输成本约占中国 GDP 的 18%，比经济发达国家高出一倍。生产性服务业发展的不足，极大地阻碍了高素质脑力劳动者的就业，使得产业发展、经济发展与全国高等教育大众化不协调的矛盾日益突出。这一矛盾，对中国国民经济发展的影响巨大而且持久。

另一方面，生活性服务业发展滞后，阻碍各种低端劳动力就业，例如，阻碍农村劳动力向城市转移，延缓消费结构的升级。相对于实物消费，服务消费会不断增加，将逐步成为消费的主导。在发达国家，服务消费已占消费总额的 70%以上。中国"十一五"规划期间，服务消费大约只占消费总额的 37%，而且城乡发展不均衡，城镇服务消费大约占消费总额的 43%，农村占 33%。中国城市的社区服务业、家庭生活服务业、养老服务业发展严重滞后，大大阻碍了大批农业剩余劳动力向第三产业转移，抑制了城市生活质量的提高和消费结构的转型升级。据报道，西安家政市场上的保姆实际需求量高达 10 万人，但保姆的供给量不足 5 万人。2010 年一名高级月嫂的报价为每月 3000 元左右，特级月嫂为 4000 元。2012 年初级月嫂的报价为 4000 多元，高级、特级月嫂报价为 6000~8000 元。这种情况让城市中那些工作时间不长、刚有孩子的白领阶层，倍感生活的压力。① 另据有关部门调查，中国城市中，单是家庭服务业，就缺少劳动力 2900 万人，其中，养老护理员至少缺 600 万人。养老服务业的潜在产值达万亿元，却尚未开发，原因是没有相应的企业去组织、培训、安排和管理。至于农村的生活服务业，不论是文化生活服务业，还是物质

---

① 边峰 . 西安月嫂月薪近万一人难求　白领阶层望子兴叹 [EB/OL]. 中国新闻网，2012-11-25.

生活服务业，发展都更加落后。

（三）中国经济发展驱动力的新常态

必须转向依靠人力资本、技术创新和管理创新推动经济发展的轨道上来。

1. 依靠国内储蓄、引进外资、借债拉动经济的做法不可持续

中国经济增长对投资的依赖十分突出，但长期依靠高投资来促进经济增长的做法已经积累了许多问题和矛盾，诸如经济增长的高能耗、高污染、高水分、高浪费等，还有地方政府的高负债，许多地方政府已经是"资不抵债"了。这些问题和矛盾需要一段时期的消化吸收，再依靠扩张投资加速经济增长将得不偿失。

通过征收农民土地，政府获得土地的成本是极低的，再转手卖给开发商自然就能获得高额收入，这些收入成为地方财政收入的重要来源。根据有关专家的研究，1987~2002年，地方政府以这种低买高卖的"剪刀差"方式共获得土地收入2万亿元。以2004年为例，地方政府征地，每亩给予农民的补偿费仅0.5万~1.5万元，平均1万元，最高不超过3万元；但地方政府卖给开发商，2004年每亩平均价为20万元。地方政府低价征用农民土地而后高价出售，已成为地方政府1/3的财政收入来源。[①]

地方政府还可以用土地作为抵押品或置换物，通过各种由政府部门控制的融资平台，从银行获取大量贷款。2011年，审计总署关于地方政府债务的调查报告显示，截至2010年底，地方债规模达10.7万亿元。2013年12月30日，审计总署公布了2013年全国政府性债务审计结果，截至2013年6月末，全国政府性债务为30.27万亿元，其中全口径中央政府性债务合计12.38万亿元，全口径地方政府性债务合计17.89万亿元。[②]

地方政府通过卖地和借债来发展经济加快城市化的做法，在带来经济快速发展的同时，也带来了不少问题和隐患。

其一是失地农民问题。中国社科院报告指出，2010年，全国失地农民总数在4000万~5000万人，而且在以每年300万人的速度递增，预估到2030年将增至1.1亿人。[③]另有专家估计，预计到2020年，中国失地农民将突破1亿

---

①　林丕. 要高度重视解决失地农民致贫的问题［J］. 北京行政学院学报，2006（6）.

②　中债资信. 审计署地方债务审计结果解读. 新浪财经，2014-01-02.

③　潘家华，魏后凯. 中国城市发展报告（第4辑）［M］. 社会科学文献出版社，2011.

人，而超过一半以上的失地农民将面临既失地又失业的境况。①

其二是地方经济衰退的系统性风险。大量的政府性债务主要为银行持有，政府债务最终要由银行承担。这里有两种风险，一是一旦银行出现风险，那么地方政府资金链条会迅速断裂；二是政府收入不足以偿还到期债务。无论哪种风险，都可能导致地方经济衰退的系统性风险。截至 2013 年底，全国 31 个省、市、自治区中，只有黑龙江、内蒙古、新疆、西藏、山西、河南、贵州、宁夏的地方贷款债务率低于 60%，有 10 个省市甚至超过了 100%。另外，审计总署报告显示，2012 年，36 个地方政府本级中，有 9 个省会城市政府负有偿还责任的债务率超过 100%，债务率最高的为 219.57%。一些省会城市借新还旧，14 个地方政府负债已逾期 181.70 亿元。②

其三是产业结构不平衡加剧。各个地方加速发展地方经济，引进的都是能够迅速增大 GDP 的大项目、大产业，结果各地产业结构相似度高，重复建设严重。各地的理性发展最终导致整体的"合成谬误"，如今中国大的基础产业的产能普遍过剩，与各地政府的经济行为直接相关。

其四是社会治理滞后。一是城乡差距、地区差距、行业差距、个人收入差距等两极分化趋势明显。二是医疗、失业、养老等社会保障制度还没有完全建立起来。三是生态破坏、环境污染严重。四是有法不依、权钱交易等腐败现象难以遏制。

其五是精神追求缺失。在市场经济条件下，商品本身是由人生产出来的，人们之间交换商品不过是一种所有权的交换，本质上反映的是人与人之间的关系。但在现实社会中，人们生产出来的商品能否卖得出去、卖出价格、最后获得的利润多少都是商品生产无法决定的。人们生产出的商品最终能否交换出去决定着商品生产者的命运，人们之间的所有权关系直接表现为商品之间的关系，能否交换成功取决于商品本身，人是无能为力的。市场经济中人与人的关系被物与物的关系所掩盖，人们因此感到命运被自己生产创造出的外物所主宰的这种现象被马克思称为"商品拜物教"。商品社会由此还会衍生出"货币拜物教"、"钱能通神"、"金钱万能"、"有钱能使鬼推磨"等，一些人所信奉的价值观就是这种现象的反映。

---

① 刘声. 2020 年失地农民数量将超过 1 亿 [N]. 中国青年报，2009-03-13.
② 张恩铨. 地方政府债务与 GDP 增长研究 [J]. 合作经济与科技，2015（2）.

政府行为是一种导向，对社会公众影响巨大。如果政府本身成为一个只关注经济发展的功利性政府，对公众利益、生态利益、优秀的传统文化价值和民族精神需求漠不关心，就必然导致整个社会急功近利，"一切向钱看"，唯"眼前利益"、"自我利益"、"部门利益"、"地区经济利益"之马首是瞻。这种状况对整个国家的社会稳定、经济社会的可持续发展和民族凝聚力的增强都是极大的损害。

2. 资源约束越来越大

劳动力、资本和土地这些生产要素（见表6、表7、表8）对经济增长的制约越来越大。

表6　人口抚养比变化趋势

单位:%

时期	总抚养比	少儿抚养比	老年抚养比
"八五"规划时期均值	50.1	40.9	9.2
"九五"规划时期均值	47.0	37.2	9.8
"十五"规划时期均值	41.2	30.7	10.5
"十一五"规划时期均值	36.9	25.5	11.4
"十二五"规划时期均值	34.9	22.2	12.7

注：少儿是指0~14岁的人口，劳动人口为15~64岁的人口，老年指65岁及以上的人口。

资料来源：中华人民共和国国家统计局. 中国统计摘要（2014）[M]. 中国统计出版社，2014：17.

表7　人口出生率、死亡率、自然生长率趋势

单位:%

时期	出生率	死亡率	自然增长率
"六五"规划时期均值	20.86	6.69	14.17
"七五"规划时期均值	22.15	6.69	15.47
"八五"规划时期均值	18.17	6.61	11.56
"九五"规划时期均值	15.57	6.50	9.08
"十五"规划时期均值	12.67	6.43	6.23
"十一五"规划时期均值	12.04	7.00	5.04
"十二五"规划时期均值	12.04	7.15	4.89

资料来源：中华人民共和国国家统计局. 中国统计摘要（2014）[M]. 中国统计出版社，2014：16.

表8 中国人口年龄结构变化趋势

单位:%

时期	0~14 岁占比	15~64 岁占比	65 岁及以上占比
"八五" 规划时期均值	27.2	66.6	6.2
"九五" 规划时期均值	25.3	68.0	6.7
"十五" 规划时期均值	21.8	70.8	7.4
"十一五" 规划时期均值	18.7	73.0	8.3
"十二五" 规划时期均值	16.5	74.1	9.4

资料来源:中华人民共和国国家统计局.中国统计摘要(2014)[M].中国统计出版社,2014:17.

劳动力在数量上的优势正在逐步减弱,人口红利正渐行渐远。数据分析显示,如果中国的计划生育政策不做适当调整,未来中国的青少年占比将越来越少,老年人占比将越来越多,中国的养老问题将会日益突出。

劳动力的质量迫切需要改善。人力资本是衡量劳动力质量的一种方法。从中国经济发展的实际情况分析,人力资本对经济增长的贡献还受到一些因素的制约:人力资本质量不高、人力资本和物质资本的匹配度不足、人力资本的技能或知识结构和现实经济发展需求匹配度不足等,这些都会制约经济增长的速度和质量。

劳动力质量问题可以从人力资本角度研究和讨论,还可以从人力资源管理角度分析和探讨。既有宏观即整个国家的人力资源管理问题,也有微观即各个组织或企业的人力资源管理问题。即使在现有劳动力数量不变的情况下,只需要加强人力资源的合理流动和配置,就完全能够提升生产效率,促进经济增长。从现实情况看,无论是宏观层面还是微观层面,中国的人力资源管理水平都有很大的提升空间。

就宏观层面来说,阻碍劳动力合理流动和配置的因素大量存在。例如,条块分割的行政管理体制、各种垄断利益势力的存在、城乡二元经济体制等。

就微观层面考察,中国的管理人才非常短缺,管理水平亟待提高。北京师范大学公司治理与企业发展研究中心发布《中国上市公司企业家能力指数(2012)》,用"人力资本"、"战略领导能力"、"关系网络能力"、"企业家社会责任能力"四大评价指标体系,首次全面评估了中国上市公司 CEO 的能力水平,研究发现,2011 年 1939 家上市公司中只有 3 家公司的企业家能力评估合格，中国上市公司企业家能力水平整体偏低，及格率仅为 0.15%。①

二、中国经济社会发展的方向和目标

（一）实现三个转变

2007 年 10 月，党的"十七大"报告提出了经济发展方式转变的问题，当时的提法是要进行"三个转变"：一是由主要依靠投资出口拉动向依靠消费、投资、出口协调拉动转变；二是由主要依靠第二产业带动，向依靠第一、第二、第三产业协调带动转变；三是由主要依靠增加物质消耗向主要依靠科技进步、劳动者素质提高、管理创新转变。

（二）实现收入分配公平

其一，公平概念有一定的主观性。无论是个人公平，还是社会公平，尽管都是经济社会自发演进的客观产物，但它毕竟是一种价值判断，因此，具有一定程度的主观性，不同立场、不同阶层的人，对公平的看法会有一定的差别。

其二，公平概念的内容是不断变化发展的。就个人公平来说，它主要保障人们的贡献权利。随着社会的进步，贡献权利的标准不是一成不变的，例如，工业社会中，由于物质资本相对于人力资本更为稀缺，资本占有量及其对社会的贡献多少是衡量人们贡献的重要标准。而在知识社会中，由于知识取代物质资本而成为最稀缺的生产要素，因此，知识占有量及其对社会的贡献多少就成为衡量人们贡献大小的更为重要的标准。就社会公平来说，它主要保障人们的基本生存需要的权利。这种基本生存需要的标准也要随社会的发展和历史条件的变化而修正。例如，随着社会的发展，贫困线的标准是不断提高的，生存要求的基本物质需要的内涵是趋于丰富的。

其三，公平概念具有历史性和客观性。公平是一个社会历史范畴，对于不同时代不同的人，公平标准会由于其价值取向的差异而产生深刻分歧。公平是一个客观的范畴，一定时代总会有一定的占主导地位的关于公平的理解和认识。例如，在封建社会，公平的基本内涵就是"均贫富"；在计划经济条件

---

① 赵婀娜. 2012 中国上市公司企业家能力指数发布 [N]. 人民日报，2012-12-09.

下，人们强调按劳分配，实际上演变为等级制度加平均主义；在市场经济条件下，主要遵循按要素贡献大小分配的规律，这种公平本身就包含着财产和收入的巨大差异。

在市场经济条件下，公平实际上主要由两组权利组成，第一组叫贡献权利，主要解决微观经济效率问题，可称为个人公平；第二组叫基本权利，主要解决宏观经济效率问题，可称为社会公平。这两组权利相互制约、相互依赖、相互影响、相互作用，成为现代市场经济运行机制中不可缺少的组成部分。

贡献权利的平等是人们占有自己生产的产品的权利和将自己占有的产品用于交换的权利的平等，这种平等是"多劳多得"意义上的平等，即个人生产的多，就应当得到的多；个人可供交换的产品多，从社会交换中所换取的产品也应当多。贡献权利的平等，说到底是人类追求自身利益最大化的一种客观要求。人类社会自诞生以来，就面临着人类需要的无限性和物质资源的稀缺性的矛盾，这一矛盾决定着人们必须追求经济效率。分工和交换既是人们追求经济效率的必然结果，又是人们经济效率得以提高的原因。承认贡献权利平等是个人分工和交换得以发生的基本前提。在交换经济中，人们占有自己生产产品的权利是平等的，人们将自己占有的产品用于交换的权利也是平等的，这种权利的平等激励着人们追求自我利益的最大化。

贡献权利的平等决定着个人的经济效率。而个人经济效率的高低可以说决定着经济体制的更替。效率高的经济体制最终会被人们选择，而效率低的经济体制最终会被人们淘汰，这是社会历史发展的规律。事实上，迄今为止，世界上几乎所有的重要国家都选择了市场经济体制。这是因为，市场经济体制依照贡献权利平等的规则运行，满足了人们追求自我利益最大化的基本需要，从而有效地解决了微观经济效率问题。

贡献权利的平等是市场经济发展的客观要求，本质上保障市场主体应当享有的各项权利。在市场经济条件下，每个人的贡献具体体现为他所拥有的生产要素或其他商品的市场价值。每个人的所得多少与其对社会的贡献是一致的，市场机制是对其所得和贡献的最好评价。因此，所有有利于市场机制充分发挥作用的制度规则，对确保人们的贡献权利都是有利的，这些制度规则就是人们享有的贡献权利。具体说来，贡献权利主要包括以下权利：

其一，人们拥有包括自身劳动力在内的商品的占有权、支配权和让渡权。市场经济顺利发展的前提，一方面是对人们拥有的物质财产的保护，另一方面是让劳动力成为商品。人们除了对自己拥有物质财富的权利不受侵犯外，对自己的产品包括自己的劳动力也享有支配权和让渡权。马克思在分析资本总公式的矛盾时谈到，作为一般等价物的货币要转化为能够增值的资本，其关键就在于劳动力成为商品。这就是说，货币顺利转化为资本的前提就是劳动力要和其他商品一样，其所有者有支配、让渡的权利。"劳动力只有而且只是因为被它自己的所有者即有劳动力的人出售或出卖，才能作为商品出现在市场上。劳动力所有者要把劳动力当作商品出卖，他就必须能够支配它，从而必须是自己的劳动能力、自己人身自由的所有者。劳动力所有者和货币所有者在市场上相遇，彼此作为身份平等的商品所有者发生关系，所不同的只是一个是买者，一个是卖者，因此双方是在法律上平等的人。"①

其二，人们在占有、支配、使用和交换自己产品的过程中，享有"法律面前人人平等"意义上的制度规则上的权利平等。市场经济是交换经济、竞争经济，所有的市场主体应该有一致的制度规则，如准入规则、交易规则、竞争规则等，这些制度规则是确保市场经济正常运行的前提。

总之，在市场经济体制下，对人们贡献的衡量和分配给人们的所得是由市场中的价格等机制共同决定的，这一机制是客观的。在进行衡量和分配的过程中，市场的规则是一致的，大家享有的机会是均等的。在这种体制下，人们最大化自身利益的方式，就是让自己拥有的劳动力或者产品不断增值，并拿到市场上去衡量，让市场决定其价值的大小。市场体制最大程度地满足了人们贡献权利平等的客观要求。

贡献权利的平等还可以反映在市场经济体制对计划体制的替代上。在计划体制下，人们的贡献大小没有也不可能找到一个公平合理的客观尺度来衡量，结果大家只能吃"大锅饭"，搞平均主义。在这种体制下，人们追求贡献权利平等的结果，只能是尽可能让自己干活最少、出力最少。因为在所得相差无几时，投入越多，贡献权利实现得越少。要实现自己利益的最大化，就得想方设法减少劳动投入。显然，计划体制的运行方式和人们的贡献权利平等的客观要求是相悖的。这样，计划体制在运行过程中必然是低效的，而低效的经济体制最终是要被淘汰的。因此，高效率的市场经济体制取代计划经济体制就成为社会经济发展的必然结果。

---

①　马克思. 资本论（第一卷）[M]. 人民出版社，1975：190.

在市场经济条件下，人们追求着贡献权利的平等，而贡献权利的平等又促进经济效率的不断提高。但随着贡献权利平等的进步和经济效率的提高，市场经济机制本身又内在地演化出损害经济效率的一股力量。这股力量使得一部分人基本的生存需要受到侵害，这股力量足够大时，就会发生社会动乱，进而严重损害宏观经济效率。因此，在现代市场经济条件下，个人贡献权利的平等最终又导致一部分人基本权利的丧失，即个人公平又内在地演化出社会公平。社会公平同样是市场经济的客观需要。社会公平就是为了促进微观效率和宏观效率之间的协调和平衡，将社会全体公民划分成不同收入层次的社会群体，采取转移支付、社会保障等具体措施来维护最低收入群体的基本权利。这种基本权利是最低收入群体的人们享有的维持其生存的基本生活需要的权利，本质上是对个人贡献权利平等的一种补充和矫正。

个人在生存意义上基本物质生活需要的平等，是指一种"天赋人权"意义上的平等，即这种基本权利处于人们经济权利的较低层次，是人们生存和发展所必需的最低权利。不管其贡献大小，只要是"自然人"，就天然地享有这种权利。这种最低权利主要指人们维持生存需要的权利。随着市场经济条件的发展，这种最低权利的内容和标准是不断丰富和提高的。例如，在现代市场经济条件下，它就应包括人们的受教育权，因为如果不包括这项基本权利，人们进一步的贡献权利几乎就被剥夺了。

总体说来，一个社会越是能够确保对社会贡献多的人们能够多得，越是能够确保绝大多数人基本权利得到实现，该社会就越是公平。

在现代市场经济条件下，无论是个人公平，还是社会公平，都是依靠竞争规则、交易规则、市场准入规则以及其他各种法律法规这些制度规则来实现的，因此，公平实际上就表现为"规则公平"。

公平中的两种权利本身蕴含着内在的矛盾和冲突。公平的两种权利即贡献权利平等和基本权利平等之间的矛盾，最终表现为个人公平和社会公平之间的矛盾。一方面，一些规则符合个人公平中的贡献权利平等的原则，结果可能损害了一部分人的基本权利，从社会角度看，这就是不公平的。例如，在市场经济条件下，竞争、交易、市场准入等规则可能对任何个人都是平等的，但经济运行的结果却可能导致两极分化，这种两极分化主要表现在：一少部分人占据社会大量资源和财富，同时又有较大规模的贫困、失业人口以及由此引起他们的基本权利难以实现。这种情况从社会角度看又是不公平的。另一方面，一些规则从社会角度看是公平的，但结果可能又侵蚀了个人的贡献权利的平等。例如，从社会公平角度出发，将富裕阶层的财富通过各种方式转移给贫困阶层，在一定"度"的范围内是公平的，但一旦超出这个"度"的范围，就会危及"多劳多得"的个人贡献权利平等原则。

两者的统一在于：公平中的两种权利平等一定程度上是相辅相成的。没有贡献权利平等，基本权利平等就会失去物质基础；缺乏对基本权利的保护，贡献权利平等的作用也得不到最大限度的发挥。总之，在现代市场经济条件下，贡献权利平等不可或缺，社会对基本权利的保障也必不可少。两者相互制约、相互影响、相互依赖、相互作用，共同促进着市场经济的发展。

（三）　实现低碳经济社会

从世界经济的发展方向来看，"低碳经济"是必然趋势。1992 年的《联合国气候变化框架公约》和 1997 年的《京都议定书》对"低碳经济"概念进行了系统的阐述。从国家角度最早提出"低碳经济"的是英国，英国于 2003 年发表了能源白皮书——《人类能源的未来：创建低碳经济》。"低碳经济"实质上是人类经济发展方式的变革，涉及传统的产业结构、工业结构、能源结构及人类传统的生产方式、生活方式和消费方式的转变。根据专家研究，大气污染物与温室气体排放具有同源性、具有同排放介质和减排一致性的特征。[①] 减少大气污染的措施也有利于降低温室气体的排放。温室气体主要包括二氧化碳（CO_2）、甲烷（CH_4）、氧化亚氮（N_2O）、氢氟碳化物（HFC_s）、全氟化碳（PFC_s）、六氟化硫（SF_6）六种气体。非二氧化碳温室气体的浓度致暖与二氧化碳有着固定的函数关系，这样，非二氧化碳的温室气体排放量可以折算成二氧化碳排放当量。因此，人们用二氧化碳的排放量就可以测定温室气体的排放量。

三、如何实现经济社会转型升级

（一）　思想革命

零和观与均胜观。政绩考核机制是"零和"思维的物质基础，但思维具

---

① 田春秀，冯相昭，张曦. 建立大气污染物与温室气体减排统一监管体制 [N]. 中国环境报，2013—12—10.

有能动性，主动建立"均胜"思维，有助于树立正确的"政绩观"，改善官员的经济行为。

从理论上分析，"零和"思维是短期思维，各利益主体为了实现自己的短期利益，对其他利益主体造成的恶劣后果不管不顾；"零和"思维是局部思维，各利益主体只关注自我利益，只要不妨碍自我利益的最大化，对其他利益主体的利益漠不关心；"零和"思维还是静止思维，它在认识上把某一时期的利益看作是一成不变的，竞争的结果必然是"你赢我输或我赢你输"，因而各利益主体在经济竞争中，自我利益永远第一，即使损害别人利益也在所不惜。

"零和"思维曾是导致世界经济危机的根源之一，两次世界大战的爆发均与此有关。第二次世界大战之前，各帝国主义国家纷纷到世界各地抢占原材料和能源供给基地，不断向他国推销自己的产品，对外则高筑关税壁垒。1929～1933年的世界经济危机对帝国主义列强经济影响巨大，危机持续时间长且波及面广，与各国严重的贸易保护主义密切相关。第二次世界大战后，为了避免重蹈覆辙，先后成立了关贸总协定、世界贸易组织等国际组织，其宗旨就是要逐步削减关税和其他贸易壁垒，消除国际贸易中的差别待遇，促进各国商品流动的自由化。

"均胜"思维是一种长期思维，注重长远利益，为实现长远利益宁愿放弃短期利益；"均胜"思维是一种整体思维，整体利益永远高于局部利益；"均胜"思维是动态思维，即把事物发展过程中形成的某种利益看作是动态的、可变的，认为利益主体各方在长期的合作中，会实现各自的最大利益。

"欧盟"的产生和发展是"均胜思维"的典型案例。两次世界大战，德国和法国都是敌对国。两次世界大战对两国人民造成的精神伤害无法估量，对两国经济社会造成的损失巨大。尤其是第二次世界大战，最终导致欧洲霸权结束，形成了以美国为首的资本主义和以苏联为首的社会主义相互对立的两大阵营。为了对抗苏联，降低对美国的依赖，重振往日雄风，法国、德国、意大利、比利时、荷兰、卢森堡走上了联合自强的道路。最初这六个国家成立了欧洲煤钢共同体，后来和欧洲原子能共同体、欧洲经济共同体合并，成为欧洲共同体。欧共体于1993年《马斯特里赫特条约》生效后，正式更名为欧盟。欧盟现有28个成员国，成为影响世界经济政治发展的重要力量。

京津冀目前面临着空气污染、水资源的保护与供给、产业发展定位和经济布局、首都非核心功能的疏解等许多必须共同筹划才能较好解决的问题，客观上要求必须突破"零和"思维，建立"均胜"思维。

（二）政府转型

必须从 GDP 崇拜型政府转向服务型政府。政府要明确自己的职能定位，要由 GDP 崇拜型政府转向党的"十七大"提出的服务型政府。这一转向的前提和关键是改革政绩考核指标体系。不再把 GDP 作为考核政绩的主要指标，而代之以改善"公共服务"，要把就业、教育、卫生、治安、环境以及居民收入、消费差距等作为政府政绩的主要考核指标。在收入分配方面，总的指导思想是不仅要做大"蛋糕"，不断提高人均 GDP，而且要分好"蛋糕"，合理分配，逐步缩小收入差距。[①]

政府要提高财政资金利用效率，实现财政转型。要由片面的"经济建设型财政"、"工业投资型财政"和"出口加工投资型财政"，转变为"公共财政"、"民生财政"。把主要财力用于提高公共服务水平、广义的社会保障水平和改善民生上面。广义的社会保障支出包括医疗、教育、社会保障、公共就业服务四项支出。竞争性领域的经济项目投资要"政府引导，市场主导"，即政府要"以小博大"，以少量的资金撬动巨大的市场资金。充分发挥市场配置资源的决定性作用，采取 PPP、BOT 等模式，引导市场和民间资本进入。要加大对公共服务的财政支出比重，提高基础教育、基本医疗、社会保障、基础研究、公共基础设施等基本公共服务投资占比。把广义的社会保障支出占国家财政支出的比重从目前的 32%，提高到 2020 年的 37% 以上。[②]

政府要深化行政审批制度改革，简政放权，激发市场活力。据报道，2014 年 1~9 月，全国城镇新增就业人数 1082 万人，同比多增 16 万人，提前实现全年城镇新增就业人数 1000 万人的既定目标；第三季度末城镇登记失业率为 4.07%，远低于全年 4.6% 的控制目标。统计数据显示，2014 年前三季度中国 GDP 增长 7.4%。在经济增速下行压力不断加大的情况下，为什么就业目标还能够提前实现？人力资源和社会保障部认为主要有三个原因：一是中国 GDP

---

① 有学者建议，对地方政府的考核指标，应从做大"蛋糕"转变为分好"蛋糕"，把基尼系数作为首要的考核指标。参阅《经济参考报》2010 年 5 月 31 日。

② 根据广义社会保障支出与财政支出占比，2010 年和 2013 年分别为 29.5% 和 31.8%，占比年均增长 0.77%。依此推算，至 2020 年，7 年时间占比可增长 5.39%。即 2020 年，广义社会保障支出在财政支出中的占比应当达到 37% 以上。

基数大，每增长 1%，带动就业的绝对人数就多。二是中国经济结构不断优化，带动就业能力强的第三产业比重扩大，2014 年前三季度服务业增加值的比重继续上升至 46.7%。三是国务院行政审批制度改革的积极作用。国务院持续推进简政放权，减少行政审批事项，实施注册资本登记制度改革，鼓励大学生创业。这些改革举措，极大地激发了大学生等社会群体创业的热情，加速了个体私营经济的发展。国家统计数据显示，2014 年 3～8 月，新登记注册的企业同比增长了 61%。①

政府把市场能够解决的问题交给市场，一方面有助于防止权力膨胀引起的腐败；另一方面可以让政府腾出更多的精力来切实履行"监管者"和"服务者"的职能，扮演好"裁判员"的角色。

政府改革要在"依法行政"上下功夫。李克强总理在出席 2014 天津夏季达沃斯论坛开幕式致辞时强调：中国全面深化改革未有穷期，政府应带头自我革命，开弓没有回头箭。李克强给制度建设开出三张清单——"权力清单"、"责任清单"和"负面清单"。"权力清单"，明确政府该做什么，做到"法无授权不可为"；"负面清单"，明确企业不该干什么，做到"法无禁止皆可为"；"责任清单"，明确政府怎么管市场，做到"法定责任必须为"。②

（三）企业转型

经济转型最终要落实到企业转型上，如果企业不转型，经济转型就是一句空话。企业转型既要重视企业组织结构、生产模式、生产技术、管理方式的转型，更要重视"人"在转型中的重要作用。企业要加强企业创新能力的培育，重视创新人才的培养。中国企业家调查系统 2014 年针对 2446 位企业家的调查数据显示，超过六成的企业家认为"创新人才缺乏"是目前妨碍企业创新工作的最主要因素，排在所有 9 个选项的第一位。③ 技术创新能力强的企业，其转型的适应能力就强，转型相对容易一些；相反，技术创新能力弱的企业，其转型的适应能力就弱，转型就十分困难。企业在转型过程中，要从理念、文化、制度的不断完善中，全面加强对创新人才的激励和培养。

---

① 邱玥. 经济放缓　就业缘何势头不错 [N]. 光明日报，2014-10-26.
② 陈晨. 权力清单、责任清单、负面清单：三张清单看改革 [N]. 光明日报，2014-10-09.
③ 李兰. 完善企业创新环境　推动企业转型升级 [J]. 中国经济报告，2015 (3).

结构调整缘何成为新常态"更本质的特征"

——基于历史唯物主义方法论的理解

张　勇[①]

中国经济经过了 30 多年的高速增长后，在近些年出现了一些新现象，经济增长率和消费价格指数持续下降，双双达到近年来的最低点，同时面临增长速度换挡期、结构调整阵痛期、前期刺激政策消化期"三期"叠加带来的一些新问题。这些新现象、新问题共同构成了中国经济发展的新状态，习近平总书记在 2014 年 5 月考察河南时首次使用新常态的概念来概括这一新状态，7 月在党外人士座谈会上再提新常态，11 月在亚太经合组织工商领导人峰会开幕式上首次全面阐释了中国经济新常态。2014 年底召开的中央经济工作会议强调，"认识新常态，适应新常态，引领新常态，是当前和今后一个时期中国经济发展的大逻辑"。在这样的大逻辑下，研究新常态成为当前理论界关注的热点，很多文献就新常态下经济增长率下降、创新驱动、结构升级、新比较优势、潜在经济风险等展开探讨。众多文献中有一篇引人注目——2015 年 5 月 25 日《人民日报》刊发了《五问中国经济：权威人士谈当前经济形势》一文，该文提出："结构调整是新常态更本质的特征，调结构必然带来阵痛，需求结构、生产结构、企业组织结构、产品结构、商业模式等目前都在进行较大幅度的调整，产业重组加快。同时，部分领域、产业和地区经济风险有所加大。必须看到，结构调整是一个需要不断往前推的过程，也是一个不以人的意志为转移的过程，这一关我们不得不闯过去。结构调整等不得、熬不得，也等不来、熬不起，只能主动调、主动转。早调早转就主动，晚调晚

---

① 张勇：北京市委党校经济学教研部副主任、副教授，经济学博士。

转必然被动。这么多年来，中国经济就是在一次次闯关夺隘中发展壮大的，一年又一年的问题，不可能一马平川、一帆风顺。经济发展总是波浪式前进、螺旋式上升，我们要扭住调结构不放松，不必太纠结于一两个百分点的起落，更不能以焦虑心态稳增长，结果事与愿违。"《五问中国经济：权威人士谈当前经济形势》是一篇引人注目的文献，而"结构调整是新常态更本质的特征"这一论断更是引人注目。这一论断是否合理？如何理解"结构调整是新常态更本质的特征"？本文拟就此进行探讨，试图建立一个具有说服力的解释框架。

一、认知新常态本质特征的认识论基础：历史唯物主义方法论

如何理解和认知中国经济新常态的本质特征？进一步，如何运用合理科学的宏观经济政策引领新常态？这两个问题是当前理论界关注的热点问题，有大量的文献论及于此，如张占斌（2015）认为新常态概念的提出具有重要的理论创新意义，可以说是马克思主义政治经济学的新发展，是中国特色社会主义市场经济理论的新突破，[①] 刘伟（2014）提出应该更精确和科学地实施松紧搭配的政策组合，[②] 余斌、吴振宇（2014）提出增长目标应从速度型向质量型转变，[③] 刘伟、苏剑（2014）提出宏观调控应从需求管理转向供给管理，[④] 贾康（2014）提出应该重视需求管理和供给管理的结合。[⑤] 这些文献提出了一些有价值的观点，但有两点不足：一是中国经济发展新常态是新现象，理论上的分析与认知需要一个过程，因而当前的观点是初步的，在很大程度上是党和国家领导人经济思想的扩展与解释。二是中国经济学研究长期受到西方经济学研究范式的影响，上述文献也未能免俗，无论是从需求管理转向供给管理，还是需求管理和供给管理相结合的观点都有西方经济学供给学派的明显痕迹。要真正把握中国经济新常态的本质特征，既要深入学习领会党和国家领导人的经济思

① 张占斌. 中国经济新常态的趋势性特征及政策取向 [J]. 国家行政学院学报，2015（1）：15.
② 刘伟. 经济"新常态"对宏观调控的新要求 [J]. 上海行政学院学报，2014（5）：4-14.
③ 余斌，吴振宇. 中国经济新常态与宏观调控政策取向 [J]. 改革，2014（11）：17-25.
④ 刘伟，苏剑. "新常态"下的中国宏观调控 [J]. 经济科学，2014（4）：5-13.
⑤ 贾康. 走向"新常态"的宏观调控与改革进行时 [EB/OL]. 人民网，2014-08-25.

想，还要进行深入的理论思考，更要跳出西方经济学研究范式的窠臼，避免"言必称希腊"。

笔者认为，如何理解和认知中国经济新常态的本质特征是一个思想意识与现实如何进行互动的认识论问题；而宏观经济政策更是上层建筑的组成成分，探索适应新常态、引领新常态的宏观经济政策的实质是生产力与生产关系、经济基础与上层建筑之间如何互动的方法论问题。

从上述观点出发，笔者认为，分析和理解中国经济新常态的本质特征应以历史唯物主义的方法论为基础。马克思、恩格斯在《德意志意识形态》中提出了社会存在决定社会意识、生产方式在社会生活中起决定作用的经典命题，第一次系统阐述了历史唯物主义的基本原理和核心观点，指出"这种历史观就在于：从直接的物质生产出发阐述现实的生产过程，把同这种生产方式相联系的、它所产生的交往形式即各个不同阶段上的市民社会理解为整个历史的基础，把市民社会作为国家的活动描述市民社会，同时从市民社会出发阐明意识的所有不同的理论产物和形式，如宗教、哲学、道德等，而且追溯它们产生的过程"，"不是从观念出发来解释实践，而是从物质实践出发来解释各种观念形态"。从历史唯物主义的基本原理出发，对中国经济新常态本质特征的看法属于社会意识的组成部分，科学合理的判断当然要来自当代中国经济发展的现实，也就是源自当代中国的直接的物质生产的现实的生产过程本身。马克思与恩格斯在《德意志意识形态》中进一步指出，"历史的每一阶段都遇到一定的物质结果，一定数量的生产力总和，人对自然以及个人之间历史地形成的关系，都遇到前一代传给后一代的大量生产力、资金和环境，尽管一方面这些生产力、资金和环境为新的一代所改变，但另一方面它们也预先规定新的一代的生活条件，使它得到一定的发展和具有特殊的性质"，"每个个人和每一代所遇到的现成的东西承受下来的生产力、资金和社会交往形式的总和，是哲学家们想象为'实体'和'人的本质'的东西的现实基础，是他们神化了的并与之作斗争的东西的现实基础"。[①] 马克思在《政治经济学批判》的序言中对生产力决定生产关系、经济基础决定上层建筑这一历史唯物主义的基本规律做了更为经典的表述：由一定发展阶段的物质生产力决定的生产关系的总和构成"社会的经济结构"，即"有法律的和政治的上层建筑竖立其上并有一定的社

---

① 马克思，恩格斯. 马克思恩格斯选集［M］. 人民出版社，2012：171–173.

会意识形式与之相适应的现实基础","随着经济基础的变更,全部庞大的上层建筑也或慢或快地发生变革"。① 从历史唯物主义的基本观点出发,不同的生产力发展水平和经济基础才是判断处于某个社会发展阶段的社会经济的本质特征的逻辑起点所在。

由此,结构性特征作为中国经济的本质特征之一,正是从"直接的物质生产出发"的"现实的生产过程"在当代中国的典型体现,更是"一定的物质结果,一定数量的生产力总和,人对自然以及个人之间历史地形成的关系"在当代中国的典型体现,这是我们理解和认知中国经济新常态的客观前提,历史唯物主义的方法论是我们认知和理解中国经济新常态的哲学依据,对新常态本质特征的概括必须要反映结构性问题的客观现实。

二、新旧结构性问题累加:新常态下中国生产力发展状况的最显著特征

结构性特征之所以成为从"直接的物质生产出发"的"现实的生产过程"和"一定的物质结果,一定数量的生产力总和,人对自然以及个人之间历史地形成的关系"在当代中国的典型体现,成为新常态下中国生产力发展状况的本质特征,进而结构调整成为"新常态更本质的特征",是因为结构性特征在当代中国经济发展整体表现中是最为明显的,这体现在传统结构性特征和新型结构性特征在中国当前经济发展时期的共存与累加。

中国经济发展的传统结构性特征主要表现在以下三个方面:

其一,中国经济具有显著二元经济结构特征。中国是世界经济现代化进程中的后来者,虽然在 1978 年改革开放后经历了 30 多年的高速经济增长,经济总量一再超越传统的经济强国,但中国仍然是一个发展中大国,工业化水平和发展进度相对滞后,经济结构具有显著的二元经济结构特征。中国的农业因为手工工具和人力、畜力的大量使用而具有传统农业经济阶段的特征,工业(非农业)因为机器工具和石油电力等动力的使用而具有工业经济阶段的特征。因此,刘易斯(1989)的二元经济理论模型②被中国理论界

---

① 马克思,恩格斯. 马克思恩格斯选集 [M]. 人民出版社,2012:2-3.
② 刘易斯. 二元经济论 [M]. 北京经济学院出版社,1989.

广泛接受，人们倾向于使用工农二元经济结构来描述中国经济的结构性特征。同时，由于中国的农业主要分布在农村，工业（非农业）主要集中在城市，加之中国实施了以城市和农村划分居民户籍的制度，城乡居民收入水平、消费水平和生活水平等都存在巨大差距，因此，理论界又倾向于使用城乡二元经济结构来描述中国经济的结构性特征。理论界一般用比较劳动生产率、二元对比系数、二元反差系数三个指标来衡量工农二元经济结构状况。比较劳动生产率指某个产业部门产值比重同劳动力比重的比值。如果一个国家的国民经济系统不存在结构性特征，其各产业部门的劳动生产率应该基本相等，这实际上是马克思的平均利润率规律在各产业部门的现实体现。具体以农业而言，农业比较劳动生产率越低，意味着农业部门大量的就业无法创造出相应的产值，说明农业的生产效率越低。如果农业部门与非农业部门的比较劳动生产率相差较大，说明该国的国民经济存在二元经济结构。二元对比系数指农业部门与非农业部门比较劳动生产率的比值。二元对比系数越小，说明二元经济结构差异越大；二元对比系数越大，说明二元经济结构差异越小。二元反差系数指农业部门和非农业部门的产值比重与劳动力比重之差的绝对值之和的算术平均数，二元反差系数越小，说明二元经济结构差异越小。二元反差系数理论上的最小值是0，此时的二元经济实际上已经完成结构转化，结构性特征消失。如图1所示，中国农业比较劳动生产率在1978年后虽然有所提高，但总体上仍然非常低，农业贡献的产值比重远远低于所容纳的劳动力的比重。从二元对比系数来看，发达国家的二元对比系数在0.52~0.86，发展中国家则在0.32~0.45（杨治，1985），[①] 中国二元对比系数不但大大低于发达国家的一般水平，也低于发展中国家的一般水平。中国二元反差系数在党的"十六大"后虽然不断下降，2012年也仍然有0.24。这三项指标都体现了中国二元经济结构特征显著的事实。

其二，中国是典型的转型经济体，正处于从传统的计划经济体制向社会主义市场经济体制转型过程中，而体制转型是长期的制度变迁过程，组成中国经济的各部门和要素市场化转型的程度不同，形成了市场经济因素和计划经济因素长期并存的制度化结构特征。

---

① 杨治. 产业经济学 [M]. 中国人民大学出版社，1985：81.

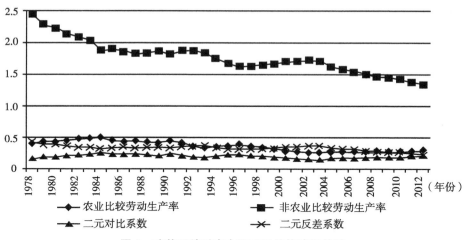

图1　改革开放以来中国二元结构演进状况

资料来源：根据《中国统计年鉴（2013）》相关数据整理得出。①

作为典型的体制转型国家，中国选择了渐进式改革的路径，市场机制逐渐替代计划机制，在转型完成之前，有一个计划机制和市场经济机制并存的阶段，由此导致了经济的结构性特征。具体而言，这种制度化的结构性特征出现的逻辑体现为：在计划机制仍然发挥主导作用的行业、部门和区域，如在煤电油运等基础产业部门，计划经济体制下所特有的一些现象——短缺、软预算约束、投资饥渴、指令经济、行政命令等仍然存在；而在改革较为深入、市场化程度较高的领域，市场机制成为主要的资源配置方式，价格成为最敏感的信号，市场的矛盾更多地体现为有效需求不足的矛盾。于是，"在这个阶段，宏观经济体现出供不应求的部门与有效需求不足的部门并存的结构性特征"（王静，2008）。② 即使2003年中共十六届三中全会做出社会主义市场经济体制框架基本建立的判断后，渐进式转型给中国经济带来的制度化结构特征也仍然明显，因此，"初步建立"的"社会主义市场经济体制"仍需要在各方面进一步加以完善的论断本身也成为对这种制度化结构特征的注脚。吕炜（2004）对这种制度化的结构特征做了简练的概括——总体而言，产品市场化程度高于生

---

① 进行计算时，产值比重使用的是国内生产总值比重，劳动力比重为三次产业就业比重，农业指标使用第一产业指标。

② 王静．转型经济中的宏观调控［M］．上海三联书店，2008：101．

产要素的市场化程度；① 就产品市场而言，农产品市场化程度高于工业品，工业品市场化程度高于服务产品；就要素市场而言，劳动力市场化程度高于土地，土地市场化程度高于资本。渐进式转型给中国经济带来的制度化结构特征一直存在，2012 年中共十八届三中全会提出让市场在资源配置方面"发挥决定性作用"的重要论断，其用意正在于深化市场化改革，淡化制度化结构特征。

其三，中国幅员辽阔，各地区发展水平差异很大，具有明显的区域结构差异。中国的区域结构性特征，表现为东中西部，特别是东西部地区之间存在较大的发展差距，西部地区在整体上落后于全国的发展。中国内地的 31 个省区市被具体划分为 4 个区域，分别是：东部地区，包括北京、天津、河北、山东、浙江、江苏、上海、广东、福建、海南 10 个省市；中部地区，包括山西、安徽、江西、河南、湖北、湖南 6 省；西部地区，包括重庆、陕西、甘肃、云南、四川、贵州、青海、宁夏、内蒙古、广西、新疆、西藏 12 个省区市；东北地区，包括辽宁、吉林、黑龙江 3 省。从经济总量、人口和国土面积等指标看，东部地区所占的国土面积最小，经济总量却最大；西部地区所占的国土面积最大，经济总量却最小；而两者涵养的人口数量却基本持平。东部地区的人均 GDP 水平远远超出其他地区，尤其是远远超过西部地区。

当前，在中国经济进入新常态的背景下，中国生产力发展的基本面有所变化，并将处于持续变化的状态，但结构问题没有淡化，更没有消弭，而是更复杂。首先，原有的结构性问题在新常态下依然存在。2013 年 12 月 25 日，第十二届全国人民代表大会常务委员会第六次会议审议的《十二五规划纲要》实施中期评估报告中明确提到"结构优化升级进展缓慢"，而结构优化升级进展缓慢的表现是"农业生产面临诸多挑战，基础地位还不稳固；产业优化升级进展缓慢；技术进步和人力资本对经济增长的贡献不高；城乡分割、区域分割的体制机制尚未根本破除"。其次，新常态下新的结构性因素已经萌芽。互联网经济等新兴产业与传统产业、新的经济增长点与落后过剩产能之间均存在结构性差异以及人口结构变化，与原有结构性因素叠加，新旧经济发展方式之间的结构性差异初露端倪。最后，新常态下经济增长速度趋缓，经济增长率从

① 吕炜. 体制性约束、经济失衡与财政政策 [J]. 中国社会科学，2004（2）：8.

2010 年的 10.6%持续下滑到 2014 年的 7.4%，达到近年来的最低点，经济政策回旋的弹性空间不足，使得结构调整的现实压力增大。

综上所述，新旧结构性问题累加导致的结构性问题成为新常态下中国生产力发展状况的最显著特征，结构调整成为"新常态更本质的特征"也就成为逻辑和现实的必然，形成逻辑和历史的统一。

三、结构调整：新常态下宏观政策的核心要点

在结构性问题依然显著存在并有新表现的基本国情面前，固然新常态下中国经济会有新动力、新机遇，但对于已经高速增长 30 多年的全球第二大经济体而言，安然度过从高速增长转向中高速增长的新常态，避免剧烈的经济波动，应当成为国家发展战略的底线。因此，结构调整成为"新常态更本质的特征"，宏观经济政策更需坚定结构调整和优化目标不放松，防止结构性问题成为经济波动的诱因，并平稳完成结构调整的战略转型。在"认识新常态，适应新常态，引领新常态"的整个过程中，我们都需要坚定结构调整的观点不动摇。

从历史经验来看，国家战略和经济政策在目标取向上关注结构优化，结构性问题就缓解，忽视结构优化，结构性问题则恶化，这足以为我们当前宏观经济政策的取向提供历史参考。中国二元经济结构状况演进的历史过程就是一个典型映像：每当国家的发展战略侧重于统筹发展，二元经济结构矛盾就趋于缓和；每当国家的发展战略侧重于倾斜式的发展，二元经济结构矛盾就趋于恶化。

中国二元经济结构强度与国家政策取向的互动演进过程总体上可以划分为 6 个阶段（见图 2），呈现出增强—减弱—强化—减弱—增强—（趋向）减弱的演进态势，这足以为宏观调控的目标选择提供历史参考。1952~1977 年是第一阶段，中国二元经济结构差异扩大。中国选择实施了重工业优先发展的"赶超战略"和城乡分割的制度安排，形成城乡二元社会结构。1978~1983 年是第二阶段，中国二元经济结构差异有所改善。在 1978 年中共十一届三中全会以后，家庭联产承包责任制调动了农民积极性，中国二元结构强度有所减弱。1984~1992 年是第三阶段，中国二元经济结构转化减速。家庭联产承包责任制的制度红利减弱，经济体制改革的重点转移到城市，而就业体制改革和劳

图2 1952~2012 年中国二元反差系数演进情况

资料来源：1952~1977 年的数据来自任保平（2004）；① 1978 年以后的数据根据《中国统计年鉴（2013)》相关数据整理得到。

动力市场的建设滞后于商品市场的改革、发育，农业剩余劳动力找不到有效的就业渠道向城市和非农业转移。1993~1996 年是第四阶段，中国二元经济结构转化加速。1992 年中共"十四大"确立了建设中国特色社会主义市场经济的发展路线，"离土不离乡"的乡镇企业成为吸收农村剩余劳动力的重要途径。这一时期，各大城市特别是东南沿海的城市经济快速发展，也吸引了大量农民工进城务工，缩小了二元结构差异。1997~2002 年是第五阶段，中国二元经济结构转化放缓，结构差异甚至有所加强。1997 年发生了亚洲金融危机，宏观经济运行态势也从短缺经济逐步进入了相对过剩，缩小了乡镇企业的发展空间，国有企业"脱困"成为最为优先考虑的目标，旨在限制小水泥厂、小玻璃厂、小炼油厂等"五小"的政策也打击了乡镇企业的生存，同时，乡镇企业由于规模小、技术落后、产品结构雷同、产权不清晰等因素的制约，普遍遭遇效益下滑、亏损增加等问题，对农村剩余劳动力的吸收能力开始下降。另外，"减员增效"的国有企业改革释放出大量的职工，为缓解城市的下岗失业问题，部分城市出台了限制农民工进城的保护性政策，抑制了农村剩余劳动力的转移。2003 年至今是第六阶段，中国二元经济结构转化加速，其变化轨迹再次出现了"拐点"。这一变化的背景是 2003 年中共十六届三中全会提出了

① 任保平．论中国的二元经济结构 [J]．经济与管理研究，2004（5）：3-9.

科学发展观，"三农"问题受到重视，农业生产得到改善，农民收入有所提高，农民工进入城市务工的政策环境也有所宽松，使"三农"问题出现好转迹象。

从宏观经济政策本身的实践来看，单纯强调总量目标、忽视结构优化目标的宏观经济政策在结构化现实面前效果不佳。首先，单纯观察经济总量变动无法有效判断宏观经济形势，可能会导致误判甚至决策失误。这种误判尤其容易发生在制度性结构性特征背景下。在计划经济色彩仍然较为浓厚的部门、行业，其要素供给仍然是行政性垄断的，供不应求还是常态，而这些部门、行业往往分布在产业链的上游；而生产普通产品如消费品的部门、行业，其要素供给、产品销售都已经高度市场化，供大于求是常态。在国民经济系统没有结构性差异的西方发达国家，可以通过总量指标大体上判断宏观经济形势的供过于求、供不应求以及供求均衡三种状态。但在制度性结构性特征显著的中国现实中，真实的宏观形势可能要比上述三种状态复杂得多，很难通过若干总量指标来判断。其次，忽视结构性现实单纯实施针对总量目标的政策会遭遇结构性的反弹，可能损害调控的效果，甚至进一步恶化经济形势。货币政策的实践是这方面的典型个案。在西方成熟市场经济国家，货币政策作为典型的总量性政策承担着调节经济的主要责任，但中国 2008 年实施"从紧"货币政策的主观愿望遭遇来自结构性问题的反弹，降低了货币政策的有效性。"从紧"货币政策实施的效果是信贷总体规模下降和储蓄率升高，由于货币政策影响的全面性，信贷全面收紧的一个后果是中小企业相对于大型企业特别是国有大型企业更难获得及时有效的信贷支持，于是更需要信贷支持的中小企业在"一刀切"的"从紧"的政策环境中更难获得信贷支持、举步维艰，而大型企业特别是国有大型企业所受影响相对较小，导致"该紧的没紧，没紧的却紧了"[①] 的局面，并与美国金融危机引发的国际经济形势变动共同导致结构性反弹，由此带来2008 年上半年全国 6.7 万家规模以上的中小企业倒闭，中国经济面临巨大的增长压力。

---

① 林晖. 货币政策决策的科学性和有效性：基于从紧货币政策的反思 [J]. 北京行政学院学报，2009（4）：10.

四、结论：结构调整是新常态更本质的特征

关于"结构调整是新常态更本质的特征"这一引人注目的论断，我们要从历史唯物主义基本观点出发，运用历史唯物主义的方法论来理解。

第一，理解和认知中国经济新常态的本质特征是一个思想意识与现实如何进行互动的认识论问题，而宏观经济政策更是上层建筑的组成成分，探索适应新常态、引领新常态的宏观经济政策的实质则是生产力与生产关系、经济基础与上层建筑之间如何互动的方法论问题。因此，分析和理解中国经济新常态的本质特征应以历史唯物主义的方法论为基础。

第二，从历史唯物主义的基本观点出发，对中国经济新常态本质特征的看法属于社会意识的组成部分，科学合理的判断来自当代中国经济发展的现实，也就是源自当代中国的直接物质生产的现实生产过程本身，不同的生产力发展水平和经济基础才是判断处于某个社会发展阶段的社会经济的本质特征的逻辑起点所在。因此，传统结构性特征和新型结构性特征在中国当前经济发展时期的共存与累加，导致结构性问题成为新常态下中国生产力发展状况的最显著特征，结构调整成为"新常态更本质的特征"也就成为逻辑和现实的必然，形成逻辑和历史的统一。

第三，结构调整既然是"新常态更本质的特征"，宏观经济政策就不能过分依托西方经济学研究范式，不能照搬西方国家治理"滞胀"问题的药方，而应坚定结构调整和优化目标不放松，防止结构性问题成为经济波动的诱因。

新常态对人民币国际化进程的影响

盖艳梅[①]　施　勇[②]

2014 年 7 月以来，美元指数强势反弹，一路高歌猛进，全年美元指数上涨 12%，涨幅为近 9 年来最大。美联储公布的 2015 年 1 月联邦公开市场委员会（FOMC）的会议纪要继续释放年内升息信号，进一步增强了美元的"魅力"。与美国量化宽松渐行渐远不同，欧洲经济复苏乏力，欧洲央行推出了大规模量化宽松政策，欧元贬值预期加大，并带动各主要货币竞相贬值。在全球货币政策分化、非美元货币普遍面临较大贬值压力的情况下，中国经济进入"三期叠加"的复杂时期，经济增速放缓，经济下行压力较大，进入到了经济发展的新常态。

新常态是本轮金融危机爆发以后，国际上描述发达国家经济与金融状况的一个常用说法。中国进入新常态表明，在未来一段时间，"中高速、优结构、新动力、多挑战"将是中国经济发展的主要特征，"降速度、调结构"的经济发展形势使我们刚刚起步的人民币国际化征程受到了阻碍，在不完全市场经济条件下建立起来的中国金融和货币体系的先天不足凸显，为实体经济出海国际市场的保驾护航能力偏弱，受国际金融市场波动的影响大。

2014 年 2 月中旬以来，人民币在国际市场波动中走贬（人民币的贬值主要是指人民币对美元的汇率），近期更是连续几天逼近跌停线。人民币的贬值带来了中国资本市场的起起落落，对中国尚未完全恢复的实体经济更是沉重的打击，形成了恶性循环。中国作为一个和世界高度融合的主要经济体，在新常

---

① 盖艳梅：北京市委党校经济学教研部副教授，经济学博士。
② 施勇：中国建设银行股份有限公司即墨支行行长。

态的降速和调结构的形势下，如果不正确认识人民币国际化对中国经济发展的意义，就可能减缓人民币迈向国际的步伐，甚至导致已经取得的成果丧失。

一、人民币国际化是市场选择的结果

通常情况下，一国货币国际化需要具备三个条件：一是对货币发行国政治稳定的信心；二是货币发行国拥有深入开放的金融市场；三是出口量占据全球的较大比重。纵观人民币国际化的运行轨迹，它是伴随着中国经济的快速发展开始的。比对上述三个条件，人民币在国际化初始，条件并不是十分充分。其有特殊的发展背景，人民币的国际化是在不完全的市场经济体制中发展起来的。改革开放30多年，中国经济快速崛起，取得了举世瞩目的成就。中国已成为世界第二大经济体，经济总量占全球GDP的12%以上。中国也是世界最大的贸易国，超过22%的贸易使用人民币进行结算。同时，中国也已成为资本净输出国，2014年对外直接投资已突破千亿美元。随着加入WTO后外贸盈余不断上升，人民币在国际交往中的份额不断增大，毋庸置疑，人民币在国际货币体系中扮演着越来越重要的角色。但随着贸易额的不断增长，贸易对人民币的需求也越来越大，人民币升值的压力凸显，而我们实行的是外汇管制，尚未开放资本市场，人民币在国际上被接受的程度较低，因此国内也有了人民币"走出去"的要求，人民币国际化被提上了日程。

2009年是人民币国际化的元年，也是世界经济动荡的一年。2008年的次贷危机使以美元为主导国际货币体系的矛盾激化，美元和欧元相继贬值，使全球金融版图发生了巨大的变化，给各国的经济带来了巨大的打击，世界经济增长乏力。全球更多的人懂得了世界经济不太平的制度根源，以美元为主导的国际货币体系的矛盾难以消除，改革现行的国际货币体系，打破美元独霸世界的格局，建立多元化的货币体系，是国际社会维护自身利益的要求。这就为人民币走向世界提供了机遇，加速了人民币走向世界的步伐，人民币从结算货币向投资货币、储备货币逐步过渡的路线图越来越清晰。

因此，人民币国际化是在经济全球化的条件下，国内和国际市场发展的需要。首先，是中国经济发展、综合实力进一步集中在国际货币领域的反映。中国作为世界第一大贸易出口国、第一大资本输出国，需要一个宽松和完善的外汇交易市场。从历史上看，还没有出现过一个世界经济大国的货币是不可自由兑换、非国际化的。其次，是顺应国际货币体系的变革以及维护国际经济秩序的要求。中国经济总量也位居世界第二，我们既有实力，也有需要和义务参与国际货币体系的变革和改善，稳定世界经济的发展。世界需要中国，人民币需要"走出去"。人民币国际化程度代表着中国的开放程度，也是提升人民币的支付能力、投资能力和储备能力的需要。中国不是世界经济风险之源，而是世界经济增长的动力。

二、新常态对人民币国际化进程的影响

经济的全球化与一体化使全球经济都陷入了新常态下，因此新常态对人民币国际化进程的影响就来自于国际和国内两个方面。

（一）国际影响

第一，原有的国际货币体系或者国际主导货币的成分结构会为人民币的加入设置障碍。

第二，主导货币国家的份额被崛起的人民币所分流和替代，会阻挠人民币国际化。

第三，对国际主导货币怎样适应以及对国际经济金融环境的经验不足也是一种外部障碍。

（二）国内影响

第一，我们对人民币作为国际货币的正确认识还有待于理念更新。

第二，从技术操作方面，人民币国际化之后的货币政策、进出口政策以及产业政策都应该适应新的变化，宏观政策的调整应该有相应能力的提升。

第三，应该充分学习美联储前主席格林斯潘设计的 M3 的提法（M3 指包括欧洲美元在内的货币发行，是 M2 再加上欧洲美元，然而 M3 并不公布，因为数据太大）。

第四，缺少人民币国际化人才来做政策的制定者、监管者以及操作者，甚至还包括人民币操盘手。

三、新常态为人民币国际化营造的机遇

主权货币的国际化是经济实力与国际货币体系变化的产物。

目前，国际货币体系改革虽然没有形成一个统一、长远以及设计良好的改革目标和路径，但却正在以一种合乎自然选择的方式进行，人民币在此过程中面临巨大的机遇。

（一）中国经济实力正迅速发展，人民币国际化具备了一些基本条件

国际经济活动以何种货币计价归根结底取决于国内的经济实力。目前，人民币国际化已经具备了一些基本的条件。一是经济规模、贸易规模的全球占比不断提高，国际影响力大幅增强。经过30多年的改革开放，中国已经成为世界第二大经济体、第一大出口国和第二大进口国。二是大量经常项目顺差、巨额外汇储备、较高的国际投资净头寸、低通货膨胀和汇率渐进升值增强了人民币信誉，受到了国际市场的青睐。三是中国香港离岸市场的快速发展在一定程度上弥补了国内金融改革推进迟缓、资本项目管制的缺陷。

（二）多元化的国际货币使用正成为常态

在这个大趋势下，大力推进人民币国际化不仅是新时期中国金融改革开放与国际化发展的战略任务，也是难得的发展机遇，中国金融业将在推进人民币国际化进程中，更好更快地融入国际金融体系，不断提高金融业的国际化经营管理能力和水平以及抵御国际金融风险的实力和能力。在此背景下，金融改革与发展有两大战略目标：一方面，金融改革的首要目标是服务实体经济。服务实体经济乃金融之本，近一个时期，在实体经济发展步履蹒跚之时，金融业却一花独放。应该看到，若脱离实体经济的扎实稳定发展，短期之间，金融业或许可以出现"繁荣"，但"繁荣"也易成为无源之水。放眼未来，适应经济新常态的金融改革首要任务便是正本清源，明确服务实体经济乃金融之本，必须始终坚持金融业为实体经济服务的发展原则。另一方面，金融业在促进经济结构调整、提升中国经济的质量和效率，提高金融自身防范、抵御、抗击风险的能力等方面肩负重要使命，金融改革应服从和服务于宏观调控的需要和国家的大战略、大目标。

（三）金融改革要求建设与经济大国、贸易大国相匹配的金融大国、金融强国

中国已经成为全球性经济大国，构建一个具有强大资源配置功能的现代金融体系以实现经济大国与金融大国的匹配，是未来整个发展战略的重中之重。所谓金融大国，是指金融机构的服务和网络居于全球领先地位，并具有强大的综合竞争实力，国内金融市场成为国际市场的重要组成部分，拥有国际货币主导权，在国际规则的制定和修订中有足够的话语权。历史上世界强国通常都是金融大国。金融为英国在 17 世纪末的崛起提供了足够的资金，使其成为世界上最强的帝国。19 世纪以后，借助金融业的快速发展，华尔街对提升美国的国际竞争力、支撑长期经济繁荣起到重要的作用。实现人民币国际化不仅是中国成为金融大国的重要标志，也是建设金融大国、金融强国的主要战略任务。人民币的国际化不仅能为中国带来铸币税收入等诸多好处，更重要的是有助于增加中国在国际金融事务中的发言权，提高中国在世界政治经济中的地位。人民币的国际化还有助于推动中国对外贸易的发展，使中国在对外经济往来中拥有更大的主动权。

四、新常态下人民币国际化发展的战略

（一）人民币国际化应稳步推进

从对于人民币国际化程度的分析中我们看出，当前条件下，人民币的国际化程度仍然比较低。根据测算，在 2010 年，人民币的国际化程度仅仅达到了 0.5%，即便美元的国际化在金融危机之后发生明显下降，但是其国际化程度仍然达到了 34.16%，欧元的国际化程度也有 14.36%。应当看到，人民币国际化任重而道远，并非一朝一夕就可以完成。此外，通过人民币国际化的收益和成本分析可以看出，国际化货币虽然可以带来不容忽视的收益，但是随着国际化程度的加深，其带来的风险也日益增加。综合对人民币国际化的实证分析，笔者认为，人民币国际化应当循序渐进。既要看到当前人民币国际化程度很低的现状，又要对人民币长期国际化有所规划，最大化收益的同时，预防可能会发生的风险。循序渐进，走适合中国经济政治情况的人民币国际化之路。

（二）增强中国综合经济实力

从美元、日元、欧元国际化的历史经验可以看出，强大的综合经济实力是一国货币走向国际化的坚实基础。美元霸权货币的地位依赖于两次世界大战建立起的世界经济霸主地位，日元走向国际化的进程得益于其第二次世界大战后迅速发展起来的国民经济，欧元国际化的实现依靠欧盟强大的政治经济实力。所以，人民币要想实现国际化，必须在把握住当前美元、日元、欧元持续走弱的机遇下，保持国内经济稳定快速增长，稳步提高综合经济实力。最新统计数据显示，2014 年中国实现 GDP 63.64 万亿元，位居世界第二；截至当年 12 月，中国的外汇储备已经达到 3.84 万亿美元，远远高于排名第二的日本，稳居世界第一；中国也早在 2009 年成为世界第一大出口国。各方面数据证明，中国作为迅速崛起的经济大国，正在世界经济舞台上扮演着越来越重要的角色，这些都为人民币国际化的实现打下了坚实的基础。然而，中国目前的经济发展依旧面临很多问题，如内需不足、房地产泡沫等，应当妥善处理好这些问题，使得中国经济逆势上扬，给人民币国际化营造一个良好的氛围。

（三）深化金融市场改革

完善的经济金融体系是一国货币成为国际货币不可或缺的条件。日本在推进日元国际化进程中忽视了国内金融市场的建设和金融改革，严重阻碍了日元国际化进程。中国在推进人民币国际化时，必须早日解决金融市场发展不充分的问题，逐步深化国内金融市场改革，争取早日建立一个透明高效、结构合理、机制健全、功能完善、运行安全的金融市场，为人民币国际化提供一个良好的流通环境。加快银行机构的改革，转变经营方式，提高金融产品的创新性和多样性，增强抗风险能力，逐步实现现代公司治理架构；促进证券市场的完善，通过多样化的产品结构分散风险；加强金融市场的基础设施建设，引进更多融资机构，分散风险的同时吸引各类投资者的加入。这些都是中国金融市场亟待解决的问题。

中国金融市场发展滞后，距离发达国家成熟的金融市场还有很大距离，早日完成金融市场的改革是人民币国际化的前提，而人民币国际化的实现也会对金融市场的完善起到一定的推动作用。

（四）人民币资本项目开放应循序渐进

在资本自由流动的条件下，当资本为寻求最佳投资机会而在国际市场上自由流动时，它可以流向生产率最高的领域，使资源得到有效的配置，从而解决一国尤其是发展中国家面临的资本积累能力低和资金供应不足的问题。从这个方面看，资本项目开放是大势所趋。但与此同时，我们也应该清醒地认识到，资本自由流动是一把"双刃剑"，其负面作用也是不容忽视的，资本项目开放将开放国家的资产市场暴露在外部冲击之下，极易诱发金融危机。20世纪80年代，日本开放的资本项目，为国际投机者豪赌日元升值创造了条件，而大量国际投机资金涌入日本股市和房地产市场，不仅导致了日本经济泡沫的快速形成，也加速了日本经济泡沫的快速破灭。

目前，人民币资本项目还不具备完全自由化的条件，如果贸然实现人民币完全可自由兑换，可能会导致外汇储备的急剧波动，对本国利率、汇率产生较大冲击，加大金融、经济的内在不稳定性。从宏观经济角度看，中国有选择的资本管制和适度的金融自由化是有效的、成功的。在1997年亚洲金融危机时，中国实行的人民币资本项目不可自由兑换的政策，确保了中国政府对人民币不贬值的承诺，保持了汇率的稳定，有效地防范了金融危机，促进了中国经济的健康、可持续发展。因此，在当前复杂的国际经济形势下，中国应吸取日本在开放资本项目方面的教训并总结我们自己的经验，循序渐进地开放人民币资本项目。

（五）加强区域货币合作

美国次贷危机引发的全球金融危机再一次向世界证明了金融的脆弱性和经济的一体化。经济贸易错综复杂的深度关联使得金融危机来袭时，没有一个经济体可以在金融风暴中独善其身。反过来讲，加强区域合作，通过区域经济的联系伸展到国际市场，是将人民币推向世界的一个有效途径。中国应该在保证国内经济发展的同时不断加强与周边国家和地区的贸易往来，通过人民币"周边化—区域化—国际化"的方针逐步实现人民币的国际化。

（六）发挥政府的主导和推动作用

政府在一国货币国际化的进程中扮演着重要角色，对此，美元、欧元、日元的国际化进程给我们提供了相应的经验教训。第二次世界大战后，美国的经济霸主地位确立，政府开始有计划地提升美元的国际地位，直至布雷顿森林体系最终确立了美元的国际货币中心地位。欧元的诞生始于欧盟，而欧盟这一区域经济合作组织的建立来自欧洲政治家们政治、经济一体化的设想，这种原动力自然驱使他们不断促成欧元的区域化，直至国际化。反观日本政府，在面对日元国际化的大好局面时采取消极态度，一再阻碍日元的发展，导致日元失去国际化的最佳时机，如今只能作为美元的附属而存在。中国政府应该正视人民币国际化发展的客观要求，根据中国国情制定连续可靠的方针政策，稳步推进人民币国际化。

新常态下推动军民融合深度发展

赵虹君①

经过 30 多年的高速发展，中国进入中高速发展、创新发展、优化发展的新阶段，步入新常态，这符合经济发展规律。军民融合发展产业也跟其他经济产业的发展一样，进入了一个新常态，推进军民融合深度发展成为全面深化国防和军队改革、推进军队建设的重要任务之一。

一、新常态下推动军民融合深度发展的战略意义

党的"十七大"提出，"建立和完善军民结合、寓军于民的武器装备科研生产体系、军队人才培养体系和军队保障体系，坚持勤俭建军，走出一条中国特色军民融合式发展路子"。并进一步强调，"坚持走中国特色军民融合式发展路子，坚持富国和强军相统一，加强军民融合式发展战略规划、体制机制建设、法规建设"。这些论述不仅指明了军民融合式发展的基本方向，而且拓展了军民融合式发展的思路和范围，提出了统筹协调经济建设和国防建设新的改革发展要求。

军民融合既是兴国之举，又是强军之策，关乎国家长远发展和长治久安，关乎中国梦、强军梦的实现。"把军民融合发展上升为国家战略，是我们长期探索经济建设和国防建设协调发展规律的重大成果，是从国家安全和发展规律出发的重大成果，是从国家安全和发展战略全局出发做出的重大决策。"习主

---

① 赵虹君：北京市委党校经济学教研部副教授。

席在十二届全国人大三次会议解放军代表团全体会议上做出的重要论述，深刻阐明了新形势下大力实施军民融合发展战略的重要性、紧迫性，为加快形成全要素、多领域、高效益的军民融合深度发展格局指明了方向。

近年来，在政府调控和市场机制的共同推动下，军民融合式发展驶入快车道，武器装备科研生产军民融合式发展取得重大进展，重大基础设施建设贯彻军事需求成效明显，依托国民教育培养军队人才的格局基本形成，军队有关保障初步融入国家社会化保障体系，国防动员各领域军民融合建设不断加强。

随着新一轮科技革命和产业革命孕育兴起、世界新军事革命加速发展，社会经济形态、技术形态和战争形态深刻演变，军民融合已经成为时代潮流，成为各国综合实力竞争和军事竞争的一种新趋向。军民融合式发展在一些发达国家已施行多年，与它们相比，我们的融合之路有着很深的中国烙印。一个鲜明的特色就是，我们是在社会主义市场经济体制下搞军民融合式发展，既可以发挥社会主义国家集中力量办大事的制度优势，又可以利用市场灵活配置资源，充分调动各方积极性。这也是我们融合发展起步虽晚，却取得显著成绩的一个重要原因。

高效深度的军民融合，对国家安全具有决定性影响。今天国家安全，已不是一枪一炮的安全，也不是一城一池的安全，而是集政治安全、国土安全、军事安全于一体的综合安全。无论是军事安全，还是经济安全，无论是海洋太空安全，还是网络空间安全，不仅靠军队维护，也要靠民众参与。只有全方位、多领域、深层次推进军民融合，才能赢得主动，确保国家安全。因此，实施军民融合发展战略是实现富国强军的战略决策，也是贯彻落实"四个全面"战略布局的重要保障。

新常态下推动军民融合深度发展，是十八届三中全会《决定》对深化国防和军队改革做出的又一重要战略部署，是顺应时代潮流和现实发展的客观要求，是我军根植人民服务人民、军民共建巩固国防和强大军队的内在需要，是实现富国和强军相统一的重要途径。军民融合既是兴国之举，又是强军之策。同心协力做好军民融合深度发展这篇大文章，事关实现中国梦、强军梦，需要我们认清形势，抓住机遇，攻坚克难。

二、军民融合模式的国际借鉴

随着科技产业革命和新军事变革的迅猛发展，国防经济与社会经济、军事技术与民用技术的界限趋于模糊，世界军事强国纷纷打破军民分割、自成体系的格局，更多地利用国家资源和社会力量提升整体防务能力。归纳起来，主要有"军民一体化"、"先军后民"、"以军带民"和"以民掩军"四种模式。美国 90% 以上军品都由民营企业生产，主要路径是"军民一体化"，用 10 年的时间把两个工业体系基本融合为一体，现在是一个典型的"军民一体化"模式的代表国家，美国公司是以民用产品著名的，实际上却是美国最大的，也是全球最主要的军工企业；俄罗斯充分发挥国防工业对国民经济的带动作用，军民两用技术在国防工业中占 70% 以上，俄罗斯是"先军后民"模式，特别是这届普京政府在这方面做了比较大胆的推进；以色列是一个小国，它的军事实力非常强，跟中国在军事方面也有非常好的往来，以色列大力推进军民技术双向转移、军地资源双向利用，大大提高了国民经济平战转换的能力和效率，提高了国防实力与国防潜力，它走的路径是"以军带民"模式；日本是第二次世界大战战败国，它的军事发展受到了联合国的限制，所以是"以民掩军"的模式，它把整个军事工业的构架全部掩盖在民用工业体系里边，但是它的发展还是非常迅速的，一旦进入战争状态，它们目前先进的民用技术和产能都会迅速成为装备能力。

（一）"军民一体化"模式

"军民一体化"模式的主要做法是：通过军方、军工部门和军工企业的调整改革，以及军政部门间和企业间的合作，开启军、民用技术和资源双向转移之门，促进国防建设与经济发展的良性互动。美、英等国推进军民融合的政策和做法，可归纳为这种模式。下面以美国为例分析"军民一体化"模式。

"冷战"期间，为保持世界霸主地位，美国推行"先军后民、以军带民"的政策和军民分离的国防采办制度，逐渐形成了民用和军工几乎是完全分离的两个市场。随着 20 世纪 80 年代新技术革命的兴起，美国政府越来越感到军民分离的代价太高。"冷战"结束后，为了能在国防投入减少的情况下仍然保持军事优势和国防工业的活力，美国提出国防采办扩大利用先进民用技术的军民融合发展战略。美国推行军民融合的主要做法和特点可概括为以下几个方面：

1. 颁布和制定法规政策以及军政部门的协作促进军民融合

美国在国家决策和宏观调控层推行军民融合的机构主要有国会、总统国家科学技术委员会和总统科技政策局等机构。这一层次的机构主要是通过颁布法律和制定相应发展战略来确定军民融合的一些实施措施。美国国会通过每年度的《国防授权法》和制定《联邦采办改革法》等一系列重要法案和政策，鼓励采办民用企业的技术和产品，明确提出要逐步建立一个"无缝"的国家科技工业基础。美国内阁各部之间通过协作，配合国防部的采办改革促进军民融合。美国国防部根据国会的法案和政策，先后出台了《采办改革：变革的命令》、《两用技术：一种为获得经济上能承受得起的前沿技术的国防战略》等一系列采办政策和文件，推进军民融合。在军政部门协同方面，美国形成了跨部门的联合协同机制。为了促进军民用技术的双向转移，美国国防部成立了"技术转移办公室"，隶属于国防研究与工程署，作为军民用技术转移的牵头管理机构，负责与能源部、商务部等部门的协调。核武器的采办，由国防部和能源部共同负责管理，并在两部门之间设立了协调机构——核武器委员会；航空航天技术的采办，设有航空航天技术委员会，负责国防部和宇航局两部门的协调与合作。

2. 实施和管理军民融合的科技计划

如果说美国国家和政府内阁的决策调控层在推行军民融合过程中主要是负责营造政策环境的话，那么，落实和支撑这些军民融合政策的，就是各种军民融合的科技计划以及负责和管理这些计划的机构。美国负责军民融合科技计划的专职机构主要有国防部负责科学和技术的副部长帮办，国防高级研究计划局、国防部技术转移办公室、国防部负责先进系统与概念的副部长帮办等，由它们负责和管理军民融合科技计划，真正将军民融合落到实处。这些军民融合的科技计划有：技术转移计划、先进概念技术演示计划、两用科学技术计划、利用民用技术节省使用与保障费用倡议、国防部制造技术计划、独立研究与开发计划、北美技术与工业基础组织计划、技术转化倡议、国防生产法案第三篇计划、小企业创新研究计划。

3. 培育开放型产业链和军民结合型创新主体

美国创新主体的军民融合基本上是市场导向型的，产业链基本上是开放型和社会化的。美国的创新主体有什么样的市场就开发什么样的技术。政府斥巨资吸引开发"两用技术"就是一个例子。由于产业链是开放型和社会化的，创新主体在开发技术时，有各种手段实现技术和资源的军民融合，有的通过主体合作，有的则通过企业并购。高校、非营利机构、军队（政府）科研院所是基础研究、预先研究的主要力量。美国政府和军队（国防部）数百个科研机构的研究经费与发展经费全部或绝大部分来自于联邦政府。美国多所高校接受联邦政府的研究和发展资助，有许多承担主要基础科研任务。现在高校和非营利研究机构的研究活动，通过与企业更加密切的合作得到了进一步的发展。私营企业作为创新主体大多是军民结合型企业，技术和资源是可共用的。它们按市场经济规律运作，同样的技术，有军品需求就生产军品，有民品需求就生产民品。例如，洛克希德·马丁公司的主营业务就是系统集成、航空、航天和技术服务，都是军民两用的技术。

4. 美国推行军民融合战略的效果

美国推行军民融合取得了如下绩效：提高了综合国力，促进了国民经济的发展；提高了工业基础的科技创新能力、企业竞争力、产业竞争力；增强了军事实力，提高了装备水平和作战能力。美国著名防务学专家估计，实行"军民一体化"，美国国防部每年能节省几百亿美元。尽管如此，美国军民融合目前仍然存在一些突出问题。主要表现在：一是军民融合尚未达到完善的水平。虽然原来军民分离的工业基础达到了基本融合，但是国防部的机构形式和采办改革还没有完全跟上这种根本扭转的局面。二是对一些产业的竞争力拉动不足，如一些民用制造业的竞争力欠佳，这表明美国在推进军民融合方面，还存在着一些政策、法规、条例上的障碍。

（二）"先军后民"模式

"先军后民"模式，实际是一种既想避免军民分离弊端，又不想放弃独立军工体系的折中做法，是俄罗斯和印度在建设国家创新体系时，企图向军民融合方向发展的过程中，在国家战略和各种利益主体的矛盾冲突下形成的一种发展态势。下面以俄罗斯为例介绍这种模式。在"冷战"时期，苏联把军事工业放在突出的优先地位，其国防工业和民用工业基本处于"两张皮"的状态。一方面，巨大的国防投入和相对独立的国防工业，赋予苏联强大的军事实力，使其成为能与美国相抗衡的军事大国；另一方面，由于国防工业处于完全封闭的状态，先进的军用技术不能有效地转为民用，国防工业对国民经济的带动作用没有充分发挥。

苏联解体后，俄罗斯的经济处于崩溃边缘，国防预算急剧下降。因此，俄罗斯政府大力推行国防工业"军转民"政策，把军工转产作为维持国防工业生存发展的重要手段，通过"军转民"解决军事工业经费不足等问题。俄罗斯尽管由于资金缺乏、管理不善、各部门意见分歧，使"军转民"工作遇到重重阻力，但政府仍根据实际情况逐渐对"军转民"工作进行调整，开始强调发展和采用军民两用技术，促进建立军民融合的工业体系。俄罗斯推行军民融合的主要做法和特点如下：

1. 出台政策，力促军工企业"军转民"

俄罗斯政府制定并通过了《俄罗斯联邦共和国国防工业"军转民"法》，对国防工业"军转民"政策进行了调整，将"全面军转民"调整为"以武器出口促进军转民"，使国防工业"军转民"工作以法律形式确定下来。该法规定，"军转民"的资金由联邦和地方预算提供，也可以由国家担保来吸引贷款和国际货币组织、金融机构的资金以及其他预算外资金。与此同时，俄罗斯政府制定了《国防工业"军转民"和改组专项规划》，其中要求对军工企业实行优化改组，选出生产军品和军用技术的基本骨干企业，在经济转型过程中，确保高技术武器装备的研制生产能力。

2. 充分利用国防工业的军民两用技术

军民两用技术是当今科技领域的一个关键问题。俄罗斯取得的军事技术成果是举世瞩目的，因此，俄罗斯完全可利用国防工业独一无二的生产和科研潜力，大量生产品质优良和富有竞争力的民用品。而且还可利用军工企业的两用技术加速军工企业的结构改造，缓和俄罗斯面临的尖锐问题，逐步解决军工生产与国民经济脱节的问题，使国防工业成为不断向国民经济提供先进技术的源泉。俄罗斯政府确定的许多关键技术，包括微电子技术、光电器件、人工智能系统、近实时导航系统、空气动力系统、计算机和雷达、核技术、新型火（炸）药和燃料等，大部分都属于两用技术。

3. 加强军民两用技术的出口，带动国民经济发展

俄罗斯前总统叶利钦签署了两项命令，对军品和两用技术的出口进行严格监控。其中一项是对"关于监控俄联邦出口制造导弹所需设备、材料和技术"总统令确定的设备、材料和技术清单进行修订和补充，另一项是对"关于监控俄联邦两用技术和商品出口"总统令确定的两用技术及产品清单进行修订和补充。俄罗斯同意大利达成联合研制新的中型直升机协议，还准备在"军转民"、卫星通信、雷达、光电探测器等领域开展合作。最近，俄罗斯还同法国开始联合研制世界上第一台推力可调的超声速燃烧冲压喷气发动机。俄罗斯军工系统就有多家企业与外国建立了合作关系，以利用军工系统先进的两用技

术进行国际合作。

4. 俄罗斯军民融合的效果

经过十几年的"军转民"，目前，俄罗斯国防工业综合体的数量已从 20 世纪 90 年代初的 2000 多家缩减到 1700 家，但是，其中大多数综合体的生产能力没有充分发挥，军品和民品分割的现象依然存在，国防工业的潜力远未发挥。同时，由于俄罗斯整个国家的经济实力欠佳，军民结合发展高技术以及技术转移的许多政策法规难以落实，军民结合发展高技术项目成功案例不多。目前，俄罗斯最有成效的军民两用技术项目可能当数全球导航定位军民两用卫星系统。

（三）"以军带民"模式

"以军带民"模式是把军事工业作为本国工业与经济发展的先导，扩大军工技术成果的利用，并将部分军工企业转为民间经营，同时鼓励其他企业利用国防投资来开发生产民品。这种模式主要是以色列建设军民融合国家创新体系采用的发展策略。以色列由于处于特殊的地理与安全环境中，其军事工业非常发达，军民融合发展主要表现在"以军带民"方面。以色列建国至今周边环境一直很紧张，对内与巴勒斯坦存在领土之争，对外受到敌对的阿拉伯国家包围。特殊的地理位置和周边环境，决定了以色列在建设军民融合国家创新体系过程中对国防工业的重视。长期以来，以色列实行以国防高科技为立国之本的战略方针，用先进的军工技术带动国民经济的发展。以色列军民融合的主要做法和特点如下：

1. 大力推行"军转民"和"民转军"

以色列认为，在"军转民"过程中，有些产品技术是可转化的，有些产品技术是不能转化的。在服务领域可以实现"军转民"，如维修、维护业务等；研究开发能力也可转移，并且是双向的，军可转民、民也可转军，如计算机技术就是"民转军"。有些技术本身就是军民两用的，可转移；而有些是无法转移的，除非转移到准军用部门，如发动机制造商转为火车制造商是不可能的。以色列实现"军转民"的主要举措为：一是政府鼓励从军工企业下来的员工发挥其在军事工业中的经验和技能，为"军转民"工作做贡献；二是军工企业收购民用企业，以分散企业风险；三是利用民间资金推动技术的转移；四是进入准军用市场，如警察行业等。为增强企业活力，以色列许多军工企业都开展多种经营，拓宽民用市场，从事民品业务，如拉法尔武器研制局就开发了医疗诊断设备等。

2. 重视军工企业的军民结合

以色列军工企业重视军民结合，带动了一批与国防相关的高技术产业的迅速发展，航空工业和电子工业尤为明显。以色列建立了门类比较齐全、高水平的国防工业体系，包括大型国有公司（如以色列飞机工业公司）、私营公司（如塔迪兰通信公司）和专业性公司（如各种高科技小公司）三类企业。在政府的政策引导下，这三类公司组建了许多民用集团，从事民用业务，带动了一大批相关民用高技术产业的形成。通信设备、软件产业、生物技术、农业的程控灌溉技术等，都在世界市场上占有一席之地。以色列拥有众多高技术企业集团，它们开发的大部分民用技术和产业（如电子设备、软件产业、生物技术和农业等）都来源于军工企业的军事高技术。以色列高新技术产业体系的形成，主要得益于军事高技术的推动。甚至可以说，军事高技术推动着整个国民经济的发展。因此，有人说，军事工业是以色列富国强兵的"法宝"。

3. 国防部研制机构公司化

为与国际市场环境接轨，有利于国防部下属机构及企业开拓业务范围及开展国际合作。以色列将国防部下属的公司和拉法尔武器研制局转变为国有公司，使其转变职能，迅速提高竞争能力。拉法尔武器装备研制局改为国有公司后，获得更多的企业经营自主权，除积极寻求国际合作外，还向民品市场进军，取得成效。

4. 以色列建设军民融合模式的效果

高比例的国防开支，再加上美国每年巨额的军援扶持，以色列"以军带民"发展模式的成效显著。目前，以色列的国防科技和武器装备在一些领域处于世界先进水平，特别在综合集成方面具有独特优势，在中东地区更是占有明显的军事优势。以色列军事高技术推动着整个国民经济的发展，使该国冶金、电子、材料、制造工艺、信息、生物等多技术领域的民用产业都在高技术国防工业的带动下有了极大的提高。以色列"以军带民"模式虽然对国民经济的发展发挥了很大的作用，但由于受美国军援条件的约束，以色列在对外技术合作方面存在着合作空间难以扩大、技术转让受限制的问题。

（四）"以民掩军"模式

"以民掩军"模式有其特殊的历史背景，主要指第二次世界大战战败国日本，在军力发展受到种种限制的情况下，依靠民间企业发展国防科技和武器装备，实现军民融合国家创新体系的做法。

第二次世界大战结束以来，日本军事力量的发展受到种种限制，使之在军民融合国家创新体系的建设上采取了"先民后军、以民掩军"的发展模式。日本一直没有形成一套独立完整的国防科研生产体系，但其民间企业在国防研究开发能力、技术水平、经济实力和经费投入等方面都具有强大的优势。近年来，作为经济大国的日本，为了谋求政治大国和军事大国的地位，不断加大国防科研投入，大力发展本国的民间军事工业，通过政策和资金方面的倾斜，大大促进了军民两用技术和产业的迅速发展。现在的日本，在建设"以民掩军"模式的军民融合国家创新体系方面，更加重视军民两用技术的发展。为了避免在国内引起政治问题，日本总是掩盖这种发展战略。为此，日本的国防部门虽然大量投资，但是在技术方面起领导作用的则是民用部门。此外，为了保持民用企业的竞争力和军工生产潜力，日本防卫厅还与经济产业省合作，将某些军事技术无偿转让给民用企业使用。日本推行军民融合的主要做法和特点如下：

1. 高度集中的管理体制与政、军、民相结合的决策运行机制

日本总理大臣亲自掌管国防事务，凡有关武器装备发展的规划计划及重大项目一律亲自审批。涉及军民融合的发展战略要由总理任主席的国防会议（或安全保障会议）负责最终的审批和决策。防卫厅长官具体负责武器装备发展和采购计划的监督执行。防卫厅技术研究本部是国防科研的管理机构和唯一的军方科研中心，采购合同本部是日本自卫队唯一负责采购工作的执行部门，它们直接对防卫厅长官负责。这种高度集中的一元化管理体制是日本军民融合发展的一大特点，同其政、军、民相结合的决策运行机制相辅相成。日本民间防卫企业界不仅是具体装备和技术研制生产的实体，而且对日本国防建设和武器发展的方针政策也发挥着重要的作用。在发展决策过程中，作为民间防卫产业界代表的防卫生产委员会等民间组织通过恳谈会、联谊会等形式同日本政府和决策人员进行协商面谈，并以建议书等形式提出决策咨询建议。这些意见连同政府部门的意见以及由防卫厅长官所代表的军方意见在内阁会议上进一步协调，最后再正式提交安全保障会议进行最后的审议和决策。经过这种自下而上的协调而最后通过的计划和决议往往能得到政、军、民三方面的一致赞同并协调一致地采取行动。

2. 发展两用技术，扩大民品生产

日本防卫当局指出，发展军民两用技术能够减少国家投资的风险、降低武器装备的成本并有利于军工企业自身的稳定发展。日本国防采购主要着眼于利用国防合同作为一种手段，促进先进技术特别是具有民用或两用用途的先进技术的发展。日本防卫厅对海上装备进行评估审查以确定哪些军用标准设备可被民品替代，包括船体、柴油机、计算机等，被确认后可从军用标准中清除。防卫厅已经在"飞鸟"号试验舰和"鹿岛"号训练舰上试用了通用商船船体。在电子设备方面，日本防卫当局也逐步扩大民品订货。军工企业发展军民两用技术和相关产品，能够在获得国家经费支持的情况下增加民品技术含量及种类，从长远的角度看有利于军工企业的稳定和发展。

3. 对可生产军品的民间企业优惠扶持

为保护可生产军品的重点民间企业和主要军品生产线，日本政府扶持重点军工企业，如三菱重工业公司、川崎重工业公司等，并从经费、政策、管理等方面实行政策倾斜。日本政府还对那些难以实现大规模生产的军品科研项目提供大量补贴，以确保其技术的领先优势。此外，为提高日本军工企业的竞争力，日本政府还积极推动相关军工企业进行优化组合，鼓励进行联合研制和生产。对于中小型可生产军品的民间企业，日本政府也出台了许多优惠政策，并适当提供财政补贴，以激励这些企业积极承担和拓展军品科研生产项目，避免企业因国家削减装备采购费而陷入困境。

4. 日本推行军民融合战略的效果

日本通过推行以民掩军的战略，使其军民两用技术有了很大发展。例如，被公认为当代武器系统战斗力"倍增器"的电子技术，日本就在军民两用方面有很大进展，技术水平在整体上已优于欧洲，接近美国。尽管日本并不大肆渲染，甚至有意掩盖，但是日本高科技发展规划中的大部分科研项目，都与军事应用相关或可直接用于军事目的。虽然，日本通过军民融合战略，使其民间企业不仅具有很强的经济竞争力，同时具有很大的军事潜力，包括在较短时间内研发出核武器的潜力，但是，由于对美国不可摆脱的依附关系，日本大型复杂武器系统的自主研发能力相对世界先进国家仍有一定差距，一些先进的大型主战装备主要靠从美国进口。

三、军民融合的中国模式及推进措施

（一）军民融合的中国模式

1. 融合范围由传统领域向新兴产业和领域延伸

注重发挥民营实体运作机制灵活、科技资源雄厚、创新能力强等优势，通过科技联合攻关、信息共享和行政合同等手段，进一步扩大民营实体为部队服务保障的内容和范围。注重抓住国家大力培育发展战略新兴产业的契机，通过内部嵌入和预留接口等方法贯彻国防需求，促进新兴技术和资源在军民两个领域的应用。注重引入地方成熟的物流服务，对军民通用的装备物资器材主要依托社会物流体系实施保障；对军队专用装备物资器材的供应，参照地方物流建设模式，加快军队物流体系建设。

2. 融合层次由行业系统分散实施向国家统筹推进提升

改变中国经济建设和国防建设分属部门行业管理、经济社会发展规划与国防和军队建设规划之间缺乏衔接配套的现状，从国家层面上统筹宏观规划，把军队建设融入国家发展大局。对涉及军地双方重要领域的发展规划和重大项目，由军地双方共同研究论证，确保军队现代化建设与经济社会发展进程相协调。统筹资源利用，从具备军地双重使用功能入手，探索不同种类资源共享的范围准则、审批程序、联合评议、会商对话等多项措施，从源头上减少重复投资、分散建设。统筹发展进程，将军民融合目标任务分解细化到军地各部门、各行业，根据地方执行发展规划情况以及产业结构布局，调整军民融合任务指标、建设重点、发展节奏和实施进程。

3. 融合手段由单纯依靠行政指令向市场运作拓展

军民融合是社会主义市场经济条件下的融合，必须发挥好市场在资源配置中的决定性作用，运用价格杠杆激励成本控制和增加收益，按照市场供求规律调整融合项目，引导资源向有利于融合的方向配置，实现经济社会资源和国防需求的无缝对接。解决好市场准入和市场竞争的问题，使更多有资质的民营企业获得参与融合建设的平等权利。

（二）军民融合的推进措施

推动军民融合深度发展，核心是区分轻重缓急，集中力量在国防和军队建设最急需、国家最能提供有力支撑、军民双向结合转化效益最大的关键领域和重点环节上谋求突破。

1. 突出抓好重大建设项目贯彻国防要求

目前，由于供需对接体系不够完善，军与民结合不紧、平与战"两张皮"的现象仍然存在。应尽快明确军事需求提出的职能部门，组织对本辖区的军事需求进行汇总把关，搞好论证筛选，逐级上报审定后分解细化、下达落实。加快制定重大建设项目贯彻国防要求目录及标准，统一规范技术参数和依据，将其作为该类项目审批、核准、备案的基本条件。建立健全重大建设项目军地联合审批督导制度，具体明确军地共同参与立项审批、监督检查、评估验收的程序方法，规范对违反规定、擅自建设、质量低劣者的惩处措施。

2. 突出深化军队保障社会化改革

军队保障涵盖范围广、军民通用性强是军民融合的主战场，必须把军队保障社会化改革突出出来。加大经费投入，由国家和地方财政全部承担保障社会化改革项目配套建设所需经费，提高社会化改革运行的维持性经费保障标准，解决好"买得起"的问题。完善政策规定，通过聘用地方人员的方式，战时保障部队执行任务的刚性需求，平时纳入预备役统一建设和管理，解决好"保战备"的问题。加强机构建设，在省政府、省军区系统成立由军地相关部门共同参加的领导小组，在部队其他单位设立专门办公室，编设专职人员，解决好"有人管"的问题。

3. 突出加快标准化进程

标准化是军民融合的基础工程。现代军事装备技术的军民通用率要求已达80%以上，按照这个指标，中国军民用标准的通用程度还比较低，一些民用飞机、船舶和大型机械装备征用后，改造起来特别麻烦；现有铁路、公路和港口码头等大型基础设施难以满足部队重型装备的运输、装卸需求。应加紧标准化建设，对军民通用的装备物资器材，可直接使用民用标准体系进行研制生产；对军队专用的装备物资器材，可根据不同军兵种、不同类型部队编制装备和担负任务需求，梳理现行各级各类标准，加快构建衔接配套、切实管用的军用标准体系。

4. 突破军民融合深度发展的体制机制障碍

当前中国军民融合发展正处于攻坚期，主体多元，利益交叠，关系复杂，必须按"需求牵引、国家主导"要求，找准国家、军队、企业利益的契合点，调动军地各方积极性。

（1）扫除融合体制壁垒。体制分割是制约军民两大体系深度融合的关键因素。目前，国家层面上已成立军民融合领导小组，但战区和省以下还没有专门的领导组织和办事机构。应参照国家军民融合领导机构的设置模式，在战区设立军民融合领导机构，在地方发改委和军队司令部门分别成立专门的办事机构。采取军地合署办公形式，协调解决跨军地、跨领域、跨部门融合发展的重大问题，推进从临时零散融合向源头系统融合迈进。

（2）配套融合法规体系。军民融合涉及国家、军队、企业和社会诸多领域，在当前市场经济大环境下，必须加快军民融合法及相关法规的立法工作，善于运用法规制度这个"硬杠杆"来推动。特别是要解决好资源优先使用问题，从宏观上对国防需求与民用需求、应战需求与应急需求等进行统筹，实现资源优化配置和应急应战时社会各领域的正常运转；解决好现行政策覆盖面不够全的问题，对近年来国家和地方政府在经济社会发展中出台的优惠政策措施进行系统梳理和修订完善，避免军事需求挂"空挡"；解决好考虑平时多、兼顾战时少的问题，明确参与军民融合项目的企业必须有一定比例的员工是已经加入预备役的人员，应急应战时能直接从该企业抽出这部分预备役人员，完成承包商的军事合同任务。

（3）落实融合保障措施。军民融合是一种国家行为，投资大、周期长、风险高，必须以国家主导的利益驱动机制作保证。通过制定国家专项预算、募集社会资金、依托社会保险系统等办法，设立军民融合保障基金，鼓励并引导民间资本融资投资，确保有稳定的利益补偿渠道。通过拓展军地互利双赢领域范围，积极创新军地双向互利的措施，不断把军民融合发展引向深入。

四、结语

回顾军工产业发展的历程，经历了三个阶段，即起步阶段、稳定发展阶段，以及目前正在进行的优化发展阶段。党的"十八大"明确提出坚持走中国特色、军民融合发展的路子，坚持富国和强军相统一，加强军民融合式发展战略规划、体制机制建设；党的十八届三中全会把推动军民融合深度发展作为深化国防和军队改革的重大战略任务，充分体现出我们党对统筹国防建设和经济建设协调发展的远见卓识；党的"十八大"后，军工产业的发展也跟其他产业的发展一样，步入了一个新常态，军民资源共享、军民结合产业发展、军民用技术双向转移、国防科技工业改革、协同创新等领域，正在逐步形成优化发展的新格局。

新常态下中国经济增长动力问题研究

李　中①

2008 年世界金融危机以后，中国经济增长速度明显放缓，GDP 增长率除 2010 年保持略高于两位数外，其余年份均降至个位数水平，呈现"七上八下"新格局，似乎昭示着中国经济发展正步入一个新阶段。2014 年上半年，习总书记在河南考察时做出了"要增强信心，适应新常态"的重要指示，指出今后经济发展要尊重客观规律，适应市场经济要求，通过打造新经济增长点实现经济社会平稳发展。深刻理解习总书记的这一重大论断，正确认识当前中国经济社会发展形势，对未来中国经济发展阶段顺利转换具有重要意义。

一、中国经济增幅回落的一般分析

（一）投资

在中国，固定资产投资一直是经济增长的重要动力，对国民生产总值增长的贡献长期保持在 50% 以上。如今受多种因素影响，固定资产投资增速持续下滑，2014 年 1~10 月同比增长仅为 15.9%，其中工业投资 13.1%，房地产投资 12.4%，均大幅偏离了以往 20% 以上的投资增长水平，创 2010 年以来新低。尽管出于稳增长考虑，基础设施投资增速依然保持高位，但受投融资模式不可持续的制约，未来走势面临不确定性因素。固定资产投资的大面积下滑减弱了其

---

①　李中：北京市委党校经济学教研部讲师，经济学博士。

对经济增长的拉动作用。

1. 看房地产投资

2003 年国务院发布了《关于促进房地产市场持续健康发展的通知》（以下简称《通知》），把房地产列为国民经济的支柱产业，之后中国房地产市场实现了快速发展。房地产行业既是众多要素的供给者，也是众多要素的需求方，这一特性决定了房地产业具有关联度广、产业链长等特征，能够带动建筑、建材、冶金等 50 多个物质生产部门 20 多个大类近 2000 种产品的发展，在国民经济发展格局中位置极为重要。自《通知》发布以来，房地产投资占中国 GDP 比重一般在 13% 左右，相比日本、韩国房地产鼎盛时期高出将近 1 倍，高投资客观上带动了中国经济的高速增长，对经济增长拉动最高接近 2 个百分点。然而，2014 年中国房地产市场开始回调，继 5 月全国百城房价环比两年来首次下降后，市场销售价格一路持续走低，9 月全国 70 个大中城市房价环比全部停止增长，回调时间之长、范围之广为近年来罕见。受此影响，房地产市场投资增幅也持续下滑，已从 2014 年初的 20% 左右下滑至 9 月的 12.5%。其他指标如商品房销售面积、土地购置面积、资金到位情况，同往年相比也均大幅下降，一改往年高歌猛进的情形。

从供求关系看，2013 年中国房地产市场总体上实现了供需平衡，全国城镇家庭户均拥有住宅 1.05 套。[①] 考虑中国城镇化已经走过了快速发展阶段，今后随着城镇化步伐减缓，住房需求将会逐步释放，市场供求关系将趋于温和，因此房地产高投资、高增长的市场基础将不复存在，毕竟那种因住房改革一下子把居民推进市场，短时间内释放巨大需求，造成爆炸式增长的时代结束了。此外，从市场集中度看，TOP10、TOP50 的销售额集中度分别从 2011 年的 10.7%、20.8% 上升至 2014 年上半年的 18.64%、33.17%，表明该行业正逐步走入成熟阶段，未来也不大会出现高速增长。至此，不难看出，未来经济增长不能依赖对房地产的过度投资。

2. 看基础设施投资

基础设施作为居民和企事业单位进行生产经营活动的一般物质基础，是物质生产和劳动力再生产的基本前提和重要保障，由于它具有技术相对成熟、需求相对明确、风险相对较小、社会效益相对较大等特征，因此越是后发国家，在基础设施建设投入方面力度越比较大，并成为促进经济增长的一个重要动

---

① 刘世锦. 在改革中形成增长新常态 [M]. 中信出版社，2014：48.

力。在中国经济社会转型过程中，政府的主导性地位决定了其拥有强大的资源动员和支配能力，举国体制优势可以使中国基础设施建设在较短时间内实现快速发展和完善。在交通方面，1978～2013 年，中国全国公路总里程达 435.62 万公里，公路网密度从 927.29 公里/万平方公里提高到 4428.53 公里/万平方公里，增长了近 5 倍，其中高速公路通车总里程 10.4 万公里，居世界第一位；铁路总里程达 10.3 万公里，铁路网密度从 53.85 公里/万平方公里提高到 107.14 公里/万平方公里，增长了 2 倍，其中高速铁路 1.1 万公里，占世界运营总里程的 46%，稳居世界首位。在通信方面，2013 年中国电话用户总数 14.96 亿户，普及率达 110 部/百人，其中，移动电话用户 12.29 亿户，普及率 90.8 部/百人，已超过了世界平均水平，与美国 110% 普及率的差距也大为缩小。可见，中国基础设施建设赶超成效显著，并且达到了一个较高水平。

在中国基础设施发展过程中，投资增幅长期保持在 25% 左右，为中国经济高增长做出了重要贡献，最高年度拉动 GDP 接近 1.5 个百分点。然而，随着基础设施的不断完善，投资空间必然会逐渐缩小，对经济增长的拉动作用也会相应减弱。事实上，中国基础设施投资峰值早已出现，从基础设施投资占固定资产投资比重来看，峰值为 25.64%，出现在 1998 年；从基础设施资本存量占固定资产资本存量比重来看，峰值为 21.84%，出现在 1999 年。[①] 这意味着从 2000 年开始基础设施潜在投资强度就开始下降了。考虑中国现有基础设施存量和发展水平，都远远大于西方发达经济体相应发展阶段的水平，尽管未来随着中国城镇化水平的提高还有发展空间，但提升相对有限，对经济增长的拉动也大不如前。

3. 看制造业投资

作为中国固定资产投资的重要组成部分，制造业投资一直是中国经济社会发展的投资重点。然而，近年来随着中国房地产业的回调和基础设施建设的回落，与之相关的煤炭、钢铁、水泥、玻璃等制造业纷纷出现了产能过剩，致使企业的销售利润率、固定资产投资大幅下降。《2014 年中国企业 500 强报告》显示，中国重化工业销售利润率整体较低，传统钢铁、有色金属、煤炭等重化工企业日渐萎缩。例如，大中型钢铁企业主营业务亏损达 47.42 亿元，亏损面达到 47.73%，有色金属企业亏损 100 亿元，亏损面 26.9%；上榜的 27 家煤炭企业净利润 27.1 亿元，同比负增长 59.5%，盈利状况连续两年大幅下降，其

---

① 邵挺. 未来十年中国基础设施潜力分析 [J]. 财经界，2013 (9)：39.

中，17 家企业亏损，9 家企业净利润负增长，只有 1 家企业净利润增长为正。受产能过剩影响，中国总体工业企业设备利用率已从 2008 年的 77.4% 降至 2013 年的 72%，接近西方发达国家经济危机时的设备利用率水平。企业不景气，也对政府税收构成了严重影响。财政部 2014 年 1~6 月数据显示，中国采矿、黑色金属冶炼、煤炭、原油、钢坯钢材等行业税收收入同比分别下降 19.5%、13.5%、48.3%、29.6%、15.7%，降幅之深为近 10 年来罕见。不难看出，当前中国重化工业几乎失去了对经济增长的拉动作用。

（二）出口和消费

长期以来，稳定的国际市场环境和需求，为中国经济社会发展创造了良好条件，净出口逐渐成为了中国经济增长的新动力，尤其是加入 WTO 后，净出口对中国经济增长贡献度最高达 22.2%，直接拉动经济增长 2.5 个百分点。然而，随着 2008 年美国次贷危机的全球蔓延，世界经济发展受挫，转而进入了重大调整期，国际购买力出现了大幅下降，总需求不足成为了国际市场上的新常态。受此影响，中国外贸净出口增速也大幅下滑，对经济增长的拉动作用迅速减弱，2009 年对经济增长的贡献度为-37.4%，拉动经济增长-3.5 个百分点，直至 2013 年底，净出口对中国经济增长贡献依然为负。2014 年，世界经济复苏依然不够稳定，国际贸易持续低迷，国际市场对中国出口商品的需求也持续下滑，考虑到今后人民币的持续升值以及发达经济体的结构调整，中国继续依赖超常规的出口拉动经济增长显然行不通了。

就消费而言，中国近年来消费需求保持相对平稳，尽管受国内外宏观经济形势影响，全社会消费品零售总额增速有所放缓，但受冲击程度相比投资、出口要小，对经济增长的拉动基本比较稳定地保持在 4~5 个百分点，如图 1 所示。截至 2013 年底，中国全社会消费品零售总额为 237810 亿元，实现同比增长 13.1%。在消费内容与形式上也出现了积极的变化，互联网消费方兴未艾，服务业发展进一步加快，服务业消费持续推进。应该说，消费需求的相对稳定，对经济稳增长发挥了重要作用。

综上所述，在过去维持中国经济高速增长的基本因素当中，投资与净出口的贡献较大，在投资中基础设施、房地产又尤为突出。然而，随着中国经济快速发展，全社会固定资产投资开始面临过剩，再加上受国际需求不足的影响，高增长情形发生了逆转，尤其是投资对经济增长的拉动作用逐渐减弱，尽管几次宏观经济刺激都支持了 GDP 回升，但持续时间越来越短，无法阻挡经济下行趋势。此外，尽管本届政府改革力度不断加大，简政放权不断深入，民间资本日趋活跃，参与基础设施投资热情日益高涨，经济中也出现了一些新的、好的发展势头，但目前看来短期替代作用有限，还不足以从根本上扭转当前经济回落，无疑未来经济增长需要新增长点。

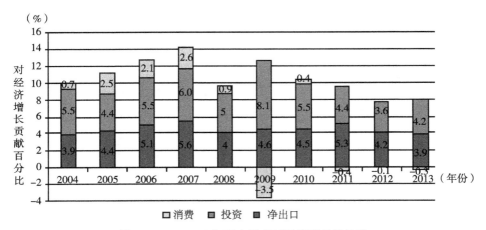

图1 2004～2013 年三大需求对经济增长的拉动

资料来源：历年《中国统计年鉴》。

二、中国经济减速的根源探究

（一）投资效率与风险制约

新古典经济增长理论重视资本积累问题，认为经济增长可以通过资本积累予以解决，在这一理论指导下，中国经济实现了大规模持久性的高速增长，创造了中国奇迹。客观讲，高投资增长模式在工业化初期有其合理性和必然性，投资也具有较高效率，但由于受资本边际效率递减规律影响，投资效率曲线斜率不可能永远向上，迟早会面临效率拐点。

1978 年以来，中国国内生产总值平均以每年 10% 左右的速度递增，但同期固定资产平均投资增幅却保持在 20% 以上，高出 GDP 的 1 倍以上。从两者增速对比可以发现，在经历了一段时间的同步增长后，投资增长速度逐渐高于 GDP 增长速度，尤其是 2000 年后领先幅度非常明显，如图 2 所示。两者的背离表明中国投资效率出现了拐点，投资效率进入了下降区间。

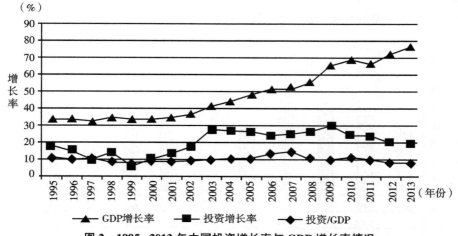

图 2　1995～2013 年中国投资增长率与 GDP 增长率情况

资料来源：历年《中国统计年鉴》。

用 GDP 增加额与投资总额的比重来核算投资效率，更容易清楚地看到中国的投资效率早已进入了下降的轨道。对 1981～2011 年投资效率进行 3 年移动平均发现，这种波动中下降趋势更为显著，见图 3。

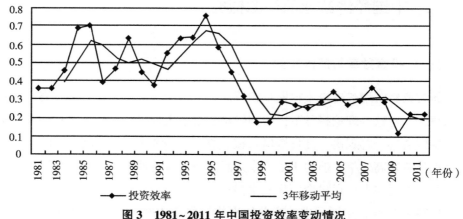

图 3　1981～2011 年中国投资效率变动情况

资料来源：历年《中国统计年鉴》。

此外，高投资积聚的金融风险也不容忽视。在过去几年资金逐利促使金融资源大量向房地产、地方政府融资平台以及一些产能过剩的制造业倾斜，随着中国经济下行和经济结构转型加快，风险开始逐渐暴露，主要表现为部分企业债务率过高、产能过剩行业不良贷款上升、高收益理财产品兑付违约风险上升、金融业网络和信息安全存在隐患等。几类风险通过影子银行、土地、地方融资平台、国有企业等渠道，相互交织、相互传导，构成了一个风险传递循环，任何一个"风险点"应对不当，都会给整个金融系统的流动性和资产质量带来严重影响，甚至引发"多米诺骨牌"效应，爆发系统性的金融危机。

（二）投融资模式不可持续

1998 年中国住房改革和 2003 年土地"招拍挂"令国有土地出让价格明显上涨，土地出让收入在很多地方发挥了"第二财政"甚至"第一财政"作用，占地方财政收入比例平均在 50% 左右，最高达 72%。除此之外，地方政府还以土地进行抵押融资，截至 2013 年底全国 84 个重点城市处于抵押状态的土地面积 40.39 万公顷，抵押贷款总额 7.76 万亿元。急剧膨胀的土地财政帮助地方政府迅速地积累了资本，展开了大规模经济建设。然而这种倚重土地出让、抵押融资、财政资金投入相对不足、债券融资规模有限的经济发展模式，在短期看来可行，长期看来风险巨大，不具可持续性，近年来地方债风险便是有力证明。

据调查，截至 2013 年 6 月，中国政府负有偿还责任的债务余额为 20.7 万亿元，占当年 GDP 的 36.7%，低于国际通行的 60% 安全标准。然而，与 2010 年相比债务风险在逐渐加大。一是负有偿还责任的债务增长较快，3 年间总共增加了 38679.54 亿元，年均增幅接近 20%，在省、市、县三级政府中，县级政府债务平均增幅最快，高达 26.6%。二是债务偿还对土地出让收入依赖度高。截至 2012 年底，中国 11 个省、316 个市、1396 个县级政府承诺以土地出让收入偿还的债务余额高达 3.49 万亿元，占政府负有偿还责任债务余额 9.36 万亿元的 37.2%，潜藏支付风险不可忽视。三是受影子银行影响，地方政府债务信息隐形化。近年来受国家宏观调控影响，银行对房地产的信贷趋紧，地方政府无奈之下选择了影子银行，尽管地方债中银行贷款比例从 75% 下降到了 57%，但通过影子银行形成的债务余额明显上升，这无疑提高了地方政府的举债成本，加剧了债务信息的不透明性，加大了宏观调控难度。

对地方政府来讲，尽管经济增长对土地依赖较高，但只要房地产市场高速增长、土地出让市场保持稳定，债务偿还应该不会有什么问题；反之，风险则随之而来。中国房地产市场在多年高歌猛进之后，2014 年迎来了发展拐点。随着房地产行业回落，地方政府土地出让收入增幅急速下滑，同时受土地出让价格接近高限和收储成本不断攀升的双重挤压，土地出让净收益迅速减少不可避免，净收益占地方财政收入比重已从 2010 年的 30.11% 降至 2013 年的 7.38%。土地出让净收益大幅缩水无疑弱化了地方政府的偿债能力，致使在部分地区潜在风险显性化。这一变化昭示了依靠土地财政发展经济已是强弩之末，构建新型投融资模式势在必行。

（三）受客观经济规律支配

从国际上看，高投资、高增长是工业化初期典型特征，高增长后经济出现回落，消费、服务业增加值占 GDP 比重逐渐提高符合工业化发展一般规律。近年中国跨越了刘易斯拐点，经济增速开始放缓，但产业结构调整持续向好，资源环境成本消耗逐渐减少，需求、区域、收入分配等结构指标亦呈现较好发展势头，这些表明中国 GDP 回落并非短周期波动产物，而是经济发展内在逻辑调整的结果，适度调整有利于经济的可持续发展，与西方国家受经济危机影响出现经济衰退有本质区别。

经济增长收敛假说表明，一个经济体随着人均收入不断提高，原有追赶速度必然在某个时间段上开始下降。第二次世界大战后日本、韩国先后经历了 23 年和 36 年的高速增长，在人均收入达到 1.1 万美元时，都出现了经济回落，经济增速约下降 50%。近年来中国人均收入已接近这一水平，经济增速放缓很大程度上意味着中国经济回落的历史时点正悄然降临。进一步讲，经济增长速度与经济结构紧密相连，经济学家钱纳里在对第二次世界大战后发展中国家工业化史研究后指出，工业比重上升期往往也是经济增长速度最快的时期，高投资是高增长的主要源泉，发展是经济结构的成功转变。纵观中国经济增长，投资拉动特征显著，然而经过多年发展，基础设施在不断完善，制造业面临产能过剩，全社会固定资产投资空间急剧减少，投资触顶回落难以避免。更为重要的是随着经济增长，支撑中国经济发展的人力资源、自然资源、制度安排以及经济政策等要素已发生了根本性的变化，这一变化对经济结构调整、增长动力转换具有内在要求，决定了中国经济增长无法像过去那样依赖要素数量投入，必须转向要素效率提升。这种调整和切换表面上是经济增速回落，背后则是经济增长动力的接力，是经济增长"去产能"、"去杠杆"的过程，是消费、服务业和内需取代高投资逐步成为经济增长的主要动力，同时伴以经济结构调整和体制政策环境的深刻变革。

看清这些内在驱动因素和国际市场的外部冲击，我们就会对近年中国经济增长逐渐放缓有更深层次的理解，会认识到"七上八下"的经济增速符合中国新的发展阶段要求。这一调整既在意料之中，也在可控范围之内，并与新的经济结构转换要求高度一致。

三、北京经济发展动力机制转换实践

（一）北京近年来经济发展概况

1. 经济运行保持平稳

自 2011 年北京经济发展主动降速以来，多个季度 GDP 增速保持在 7.7%~7.9%，经济增长态势相对稳定，就业连续多个季度实现稳定增长，居民消费价格整体走势平缓，年度涨幅基本控制在既定调控目标范围之内，经济效益稳步提高，财政收入、工业利润、城乡居民收入增长较快。

2. 经济实力不断增强

2013 年，北京社会劳动生产率达到 17.3 万元/人，同比增长 5.6%，居全国前列，表明北京劳动力要素产出效率在全国具有较高的水平。地区生产总值 19500.6 亿元，人均 93213 元，居全国前列。城乡居民收入稳步提高，社会保障政策、政府转移支付力度在不断加大，收入分配呈积极变化。在全国 31 个省市或地区 GDP 质量评比中，北京连续 3 年在经济发展数量维度、质量维度、时间维度方面排名第一。

3. 调结构、转方式成效显著

第三产业占比持续提升，北京市三次产业结构比例由 2012 年的 8∶22.7∶76.5 变为 8∶22.3∶76.9，产业结构进一步优化。消费对经济增长推动作用日益显著。2013 年消费率为 61.3%，高于投资率 21 个百分点，远远高于全国其他城市或地区。从消费内部结构看，2013 年居民消费增长 9.1%，快于政府消费增速 0.9 个百分点，消费的内生动力在不断增强。

4. 经济发展迎来"四化"新局面

2013年北京服务业增加值占GDP近八成，生产性服务业带动作用日益增强，产业链条不断向高端环节聚焦，产业高端化步伐加快；六大高端产业功能区增加值占GDP比重由2011年的40.5%提高到2013年的43%左右，产业集聚要素的能力不断增强；跨国公司总部企业和研发机构累计达到691家，总部经济占全市经济比重45%左右，北京经济发展的总部化特征进一步强化；北京在信息基础设施、人才储备、市场前景方面的独特优势，造就了一批融合了商业、金融、物流、信息技术的优质企业，业态融合化趋势日趋显著。

总之，北京经济社会发展呈现出了速度趋稳、结构优化、质量提升、效益提高、民生改善的鲜明态势。

（二）北京经济转方式、调结构、提质量实践

1. 经济发展规律决定首都经济换挡升级

历史上，北京在经济增长方面长期位于全国中上水平，一直保持较高的增长速度。但随着经济总量增加，基础设施的不断完善，资源环境约束也日益增强，投资拉动为主的经济增长模式难以为继，较早遇到了经济增速放缓。2011年北京GDP增长速度仅为8.1%，较上年增长回落21.4%，在全国31个省市区排最后一位。此后，北京加大了转方式、调结构力度，在经济发展上不再单纯追求GDP增长，而是更好地着眼于满足民生需求与社会发展，致力于城市综合竞争力的提升，多年的努力取得了今天的发展成就。实际上，像北京这样的情况并非孤例，2011年上半年上海市GDP同比增长8.4%，浙江省GDP同比增长9.9%，分列全国增速排名倒数第二及倒数第三，大抵都遇到了同样的情况。

东部发达地区经济增长放缓，中西部欠发达地区经济发展提速，快慢转换之中应该是受某一客观规律支配使然。从世界范围看，大多数发达经济体在不同发展阶段经济增速各不相同。一般来说，人均GDP在1000美元以下阶段为起步阶段，经济加速发展；人均GDP在1000美元到1万美元为追赶阶段，经济高速发展；人均GDP超过1万美元后进入了平稳增长阶段，经济增长速度下降，呈中等速度，直至低速稳定发展。2008年，北京人均GDP为9286美元，接近1万美元水平，经济增速出现下滑，由2007年的14.5%降为2008年的9.1%，增幅回落5.4个百分点，应该与北京正处于这一时期，受这一发展

规律影响有关，同时再加上国际经济危机的影响，经济出现加速下滑也就不难理解了。

2. 经济降速是北京主动转方式、调结构的结果

适度发展会为城市功能发挥提供物质基础，过度透支对城市功能的支撑会产生负效应。历史上，北京为了追求 GDP 增长，也曾上了很多重工业项目，但随着经济社会发展，因违背比较优势的发展模式付出了高昂代价，尤其是对于北京来讲，在人均土地不足全国平均水平的 1/6，人均水资源量不足全国平均水平的 1/8，天然气、石油、煤炭、电力大都需要从外埠调入，资源环境承载力十分有限的情况下，强行发展重工业较早地就遇到了"瓶颈"，交通拥堵、人口拥挤、成本上升、环境恶化，逐渐影响到了首都职能的发挥。在国家高度重视和要求下，北京开启了转方式、调结构之路。

房地产、汽车曾对北京经济发展做出了突出贡献，汽车消费对全市消费的贡献率一度高达 60% 以上，堪称全市消费支柱；房地产投资一度占全市固定资产投资的 50% 以上，相关税收占地方财政收入的 20% 以上。此外，首钢也是北京经济增长的重要工业支柱。然而这些产业与北京的城市功能定位存在冲突，事实证明北京也不适宜发展这类产业，因此这些产业首当其冲成了调控对象。受调控影响，北京经济增速下滑不可避免。2011 年上半年房地产业增加值下降 5.5%，影响经济增速 0.7 个百分点；受汽车限购影响，汽车类零售额占社会消费品零售额的比重由 30% 降至 20% 左右，影响经济增速 1 个百分点；受首钢主流程停产影响，黑色金属冶炼及压延加工业增加值下降 75.5%，影响经济增速 0.4 个百分点。三者合计使北京 GDP 增幅减少 2.1 个百分点，北京在转方式、调结构上主动调控、"重拳"出击，壮士断腕之决心可见一斑。

为减少经济调整"阵痛"，北京加强了投资管理，毕竟转方式、调结构并不等于经济发展不需要投资，事实上北京在很多地方还有较大投资空间。自 2009 年起，北京进一步加大了一些经济社会发展薄弱环节的投资力度，内容包括轨道交通、医疗卫生、棚户区改造、政策性住房等，旨在提高居民生活品质，夯实经济发展基础，使投资与扩大内需、改善民生、提高城市承载能力、改善城市生态环境相适应，进一步发挥投资的稳增长作用。

3. 经济质量提升是大力推进创新驱动的结果

除了减法外，北京还加大了做加法的力度，明确提出科技创新和文化创新双轮驱动战略，遵循"激励先进、鞭策后进"原则，在不断完善相应政策措

施和政绩考核评价体系前提下，加快了以中关村为龙头的国家创新中心建设，借以向高端引领、创新驱动、绿色发展转变。

首先，探索协同创新路径。产学研存在不同程度脱节是中国创新发展战略推进的重大障碍。为了破解这一难题，北京进行了积极探索，通过设立协同创新母基金，吸引和聚集高校和科研院所、行业龙头企业等众多创新要素，围绕某一具体技术领域和现实经济需求开展联合创新，初步形成了以企业为主体、市场为导向、产业化为目标的协同创新格局。权责利明晰的契约机制，解决了不同创新主体间的资源配置、利益分配等问题，从机制上保证了产学研紧密结合的市场化运作。

其次，激发创新活力。北京是全国科技资源最集中的地区，高校、科研院所数量及科研实力居全国首位，在科技成果及知识积累、人才储备、实验手段、信息来源等方面具有突出优势，具有引领全国创新发展的基础。为了更好地发挥这一作用，北京加强了中关村创新发展平台建设，率先在激发创新活力、体制机制改革方面大胆探索，包括旨在打造高新技术企业良好发展环境的"1+6"先行先试政策、减少高新技术企业发展束缚的"新4条"、促进高等学校科技成果转化的"高校10条"等一系列政策，有力地整合了北京科技资源，在众多领域实现了创新突破。

最后，打造创新创业生态系统。北京近年来在科技创新、创新驱动方面一直走在全国前列，越来越多怀抱创业梦想的人都愿意来中关村创业，关键在于北京初步形成了一套创新创业生态系统，这一系统已成为了中关村乃至北京的核心竞争力。领军企业、高校和科研机构、科技人才、科技资本、创业服务体系及文化六大要素，在中关村管委会的组织协调下，各司其职，相互作用，构建起了一个全方位、立体式、充满生机的创新创业生态系统，营造了良好的创新创业环境。

得益于创新驱动战略的推进落实，北京经济发展质量迅速提升，以2013年中关村园区发展为例，总收入突破3万亿元，实现增加值4227.7亿元，同比增长15.9%；园区企业对全市经济增长贡献率高达35.8%。此外，随着战略性新兴产业集群日益壮大，产业转型升级特征更为显著，"6+4"战略性新兴产业集群实现总收入近2万亿元，同比增长17%，占中关村总收入的65%，其中移动互联网产业集群实现收入4355.7亿元；以科学研究和技术服务为代表的现代服务业实现收入接近2万亿元，占中关村总收入60%以上，达

64.9%，服务型经济特征日趋明显。

4. 大力发展文化创意产业，提升经济软实力

文化创意产业是源于个人创造力、技能及才华，通过知识产权的开发和运用，具有创造财富和就业潜力的产业，它是现代服务业的重要组成部分，是推动经济发展和社会进步的新动力。作为一种新兴产业形态，发展前景广阔，对于促进科技进步、自主创新、转变经济发展方式具有重要战略意义。在"十一五"期间，文化产业就被北京列为发展重点，旨在打造首都经济的新支柱。

多年来，北京在推动文化创意产业发展过程中，思想上重视、战略上支持、要素上支撑，充分发挥北京作为文化中心和对外交往中心，文化底蕴深厚、文化设施完善、各类专业人才资源丰富的优势，大力实施文化创新战略，在提高文化产业的规模化、集约化、专业化水平上大做文章，以提高北京文化创意产业产品竞争力。首先，明确了政府主管部门的功能和职责，将文化创意产业与文化事业完全分离，成立专门管理文化创意产业的部门，构建独立、有效的文化创意产业管理监督新体制，以激发文化创意产业的发展活力。其次，注重区县资源整合，强调合理竞争、错位发展，在优势突出、具备一定产业基础的地区重点打造有特色的文化创意产业基地，积极构建具有较强影响力的文化创意产业集群，不断丰富完善文化创意产业链条。最后，重视法制、政策体系建设，不断优化文化创意产业发展环境。一方面，进一步完善知识产权保护相关法律法规，严厉打击和制止盗版及知识侵权行为，为北京文化创意产业发展营造规范、有序的法制环境。另一方面，在人才、资金等方面出台切实有效支持政策，来加强对文化创意产业的扶持和引导。

得益于对文化创意产业的重点投入，北京目前已经在文化创意产业的政策执行、资金扶持、融资服务、交易平台和人才保障等方面，搭建起了综合性的支撑保障体系，有力地支撑了文化创意产业发展，近 10 年产业增加值年均增长 17.3%，2013 年高达 2406.7 亿元，占全市 GDP 比重的 12.3%，初步形成了一批具有较大国内外影响力的大型文化企业集团，文化创意产业发展呈现良好势头。尤为可喜的是，北京的文化创意产业出口规模日益扩大，文化服务贸易发展迅速，2013 年全市文化贸易进出口总额达到 35.3 亿美元，同比增长 15.7%，文化创意产业已成为本市外商投资的又一重要领域。

尽管转方式、调结构后，北京经济增速表面上看慢了，但实际上经济结构发生了积极变化，经济效益好于预期，城市可持续发展的后劲大幅增强。

四、未来中国经济增长动力机制构建

可以看出，中国经济回落源自经济发展阶段转换，与西方发达国家由经济危机引致的经济衰退有本质不同。面对新形势，审慎面对结构性调整可能引发的系统性风险，发挥好政府在经济发展阶段转换中的作用，从需求和供给两方面入手，积极推进经济社会的结构性调整与变革，新经济增长动力机制构建指日可待。

（一）准确识别风险，树立底线思维，避免经济硬着陆

当前中国经济增速回落、换挡升级是中国主动转变经济发展方式、化解多年来积累的深层次矛盾的必经之路。妥善处理以往经济发展过程中的遗留问题，守住不发生系统性、区域性金融风险的底线，是中国实现经济发展阶段顺利转换，避免"硬着陆"的基本前提和重要保障。在实践中，要重点关注以下领域风险：

一是房地产市场下行风险。房地产业对中国经济社会发展做出了突出贡献，但是我们应该看到，经济增长过度依赖房地产，对其信贷资源配置过多，一旦繁荣过后市场出现量价齐跌，债务违约概率将会加大，很难说不会引发系统性风险。进一步讲，当前中国银行贷款抵押物以土地、房产为主，房市下滑势必影响抵押贷款资产质量，会导致银行系统对房地产业收缩银根，影响房地产企业进一步投资。这一变化会波及上下游相关 40 余个行业，并最终传导至政府税收上，政府财政支出缩减有可能进一步下挫中国 GDP 增速，提高宏观经济运行风险等级。

二是地方债流动性风险。流动性相当于企业的血液，血流不畅会导致休克，在表象上体现为资金链紧张或者断裂，轻则不能满足业务发展需要，重则不能按期偿还债务。未来两年，高达 4.2 万亿元的地方政府债务即将到期，加强债务的流动性风险管理尤为必要，毕竟债务违约除了影响政府信誉外，还将加剧相关金融机构的资产负债期限错配，同时面临巨大资产流动性压力。截至 2014 年 3 月底，部分省市已经出现了一定额度逾期未还债务，尽管目前对整个金融系统冲击不大，但在中国房地产下行、财政收入增速放缓、土地出让收益大幅减少、财政支出刚性背景下，未来是否会出现大面积逾期非常值得关注。

三是产能过剩引致的经济风险。当前，中国结构性产能过剩矛盾较为突出，一些高端产品如高精度钢材、大型发动机主要还是依靠进口，同时低端产品又面临产能过剩严重。产能过剩导致企业效益下降、债务风险增加，新增不良贷款不断上升。数据显示，截至 2013 年底商业银行不良贷款余额 1.18 万亿元，不良贷款率 1.49%，远远超过了连续保持多年的 1% 水平，其中制造业的不良贷款余额高达 2149.8 亿元，不良率为 1.79%，较 2012 年的 1.6% 又提升了接近 0.2 个百分点。此外，产能过剩还产生了就业、经济下行压力加大等问题，中国 PPI 指数连续 32 个月持续下滑已发出了重要警示信号。

如何在发展中化解风险，避免系统性危机发生，是现阶段中国经济社会发展面临的重要课题。一方面，我们要充分认识到，进入新常态后，经济减速是经济规律自然作用的结果，是潜在生产率下滑的自然反映，对于经济领域中出现的风险尽管比以前有所增加，但要看到中国经济社会发展的基本面并没有改变，经济社会发展处于重要战略机遇期也没有改变，尤其是随着中国经济体制改革和结构调整的深入进行，未来的工业化、城镇化仍有巨大发展空间，因此我们要继续保持发展信心。另一方面，我们也要积极面对新常态所蕴含的系统性风险，不仅要密切关注国内房地产市场变化导致经济下行的系统性冲击和影响，还要关注国外发达国家宏观经济政策调整、消费疲软以及潜在国际冲突可能带来的风险，对于金融系统可能出现的流动性障碍、抵押物市场的大幅贬值、房价悬崖式地暴跌、银行不良资产的增加，都要积极制定有效的应对预案，避免经济"硬着陆"，牢牢确保就业稳定和不爆发系统性风险的大局。

（二）优化资源配置，提高全要素生产率，增强供给质量

全要素生产率提升可以抵消资本报酬递减的不利影响，是实现经济长期增长的重要引擎，作为残差的全要素生产率，由资源重新配置效率和微观生产效率两部分构成，因此要想提高全要素生产率水平，就要从这两方面入手。

资源重新配置效率可以通过产业结构调整、升级获得，生产要素在产业之间再配置是其重要表现形式。受计划经济影响，中国经济发展非均衡性明显，资源错配严重，在农业和非农业、国有企业和非国有企业之间广泛存在。改革开放后，在市场机制矫正下，非均衡发展得以较大改善，生产要素不断从低效率部门向高效率部门转移，尤以农业劳动力转移最为突出，客观上提升了中国全要素生产率。目前，尽管中国已经跨过了刘易斯拐点，人口抚养比不断降

低，劳动力转移速度大幅减慢，人口红利逐渐消失，但这并不意味着中国劳动力重新配置效率趋于衰竭，事实上劳动边际生产力差异决定了农业劳动力转移仍有较大空间。例如，在农业劳动力比重上，与一般发展中国家平均水平相比，我们要高出近 10 个百分点，这意味着在现有 1.92 亿农业劳动力水平上，中国每年还有 800 万人的转移潜力；在农业劳动生产率上，与日本、韩国、美国等发达国家相比，我们分别是它们的 1/7、1/8、1/21，可见通过扎实稳步推进城镇化、提高农业现代化水平能释放更多农业劳动力，提升资源重新配置效率大有可为。

在产业内部的要素配置改善也会提升全要素生产率。全要素生产率中分离出资源重新配置效率部分的剩余部分是全要素生产率的微观生产效率。影响微观生产效率因素众多，如体制、机制、管理、技术等，但产业内部的资源配置重组对微观生产效率也影响重大，例如，在美国，制造业内部企业进入、退出、扩张和萎缩的资源重新配置，对生产率提高的贡献率高达 30%～50%。1998～2005 年中国制造业 TFP 因企业间的资源配置改变提高了近 1 倍，然而与美国相比，中国制造业中劳动力错配程度依然很严重，劳动力边际产出价值变异系数仍为美国的 4 倍左右，微观生产效率改进存在巨大空间。对于日本失落的 20 年有很多解释，有"美国遏制论"、"产业空心论"、"创新停滞论"等，目前尚无定论，但一个不争的事实是日本从 20 世纪 80 年代中期以后全要素生产率呈下降趋势。表现不佳并非产业间生产要素流动受阻，而是在制造业内部，政府对低效率、日趋衰落的企业保护过度，致使市场无法正常出清，僵尸企业占用大量社会资源，挤占了利于生产率提高的投资空间，最终制约了经济增长。当前，中国制造业受现行体制制约，生产要素尚未实现完全自由流动，同时市场出清也存在一定障碍，尤其是部分产能过剩企业严重资不抵债，根本无力偿还银行贷款，靠东拆西借支付银行利息，对自身经营状况遮遮掩掩，大有制造"旁氏骗局"之嫌，对于这类企业必须要进行市场出清，要么破产，要么重组，防止继续占用宝贵社会资源，提高全要素生产率的微观效率，降低经济社会运行成本。

可见，中国全要素生产率提升还有较大空间，在短期内完全可以继续享受资源配置红利，前提是要继续深化改革，充分发挥市场在资源配置中的决定性作用，彻底消除阻碍生产要素合理流动的体制障碍和政策壁垒。然而，从长远看，提高全要素生产率必须要加强自主创新，要把科技创新摆在国家发展全局的核心位置，加快国家创新体系建设，着力构建以企业为主体、市场为导向、产学研相结合的技术创新体系，在强化基础研究、前沿技术研究、社会公益技术研究，提高科学研究水平和成果转化能力，抢占科技发展战略制高点的同时，寻求重大科技专项、重大技术突破，依靠科学技术创新来引领经济增长。

（三）创新投融资机制，进一步挖掘投资对经济拉动潜力

2009 年后三大需求对经济增长的拉动作用明显分化。净出口对经济增长拉动，除 2010 年情况稍好外，其余年份均为负值。消费勉强撑起半边天，但短期内无法替代投资对经济增长的拉动作用。尽管投资对经济增长贡献波动较大，目前拉动能力大幅下降，并且高投资也积累了一些问题，但出于避免爆发系统性风险考虑，发展与改革自然是关键，但稳增长是前提，而稳增长还要依靠投资，只不过变成了该投什么、怎么投的问题。

对于中国房地产来说，已经积累了较高风险，局部地区泡沫严重，当前市场下行已产生了一定的连锁反应，出于底线思维，要稳定市场，但政策刺激应确保房地产需求回归消费属性，在发展中消化市场风险，而非重燃房市投机之火，进一步积聚风险，国际上房地产泡沫破裂引致灾难足以为戒。在制造业，实践证明政府主导投资会带来严重产能过剩，因此未来应多发挥市场作用，对于当前过剩行业，政府要有所作为，在综合权衡其经营收益和发展前景后，通过政策法规加速企业重组，实现优胜劣汰，削减过剩产能。在房地产和制造业投资空间有限的情况下，稳增长还要靠公共基础设施建设。尽管近 10 年来中国经济社会发展较快，基础设施建设水平不断提高，但客观讲区域、城乡之间发展还不够均衡，经济社会发展仍存在不少薄弱环节，尤其是在公共产品供给方面缺口很大，还存在较大投资空间。比如，在生态环保领域迫切需要加快国土生态治理、大气污染防治和清洁水工程建设等；在粮食水力领域迫切需要加强粮食仓储设施建设，加快重大水利工程建设等；在交通运输领域，迫切需要加快中西部铁路、城际铁路网络以及高级内河航道等的建设。这些领域的投资一方面有利于消化过剩产能，不会形成新的产能过剩；另一方面有利于调结构、补短板，加强薄弱环节建设，增加公共服务产品供给，而且在这些领域投资对经济社会发展多具有全局性、基础性、战略性意义，容易形成新的经济增长点，于稳增长见效快。

不难看出，对于投资来说，不是有没有空间和项目的问题，而是有没有资金、资金如何筹集的问题。理论上讲，基础设施建设资金可以通过地方政府自主发行债券、建立服务于基础设施建设的政策性金融体系等办法来解决，但现实中存在很大障碍。一方面，发行债券终究要还本付息，必须量入为出，对于经济发展比较落后、财政实力较弱地区发债很难行得通，而这类地区恰恰是基础设施建设相对薄弱的地区。另一方面，政策性银行发债或由中央银行再贷款给政策性银行均为国家信用，从本质上看是在实施放水货币政策，政策力度有限。因此，要想解决未来中国基础设施建设资金问题，必须要深化中国投融资体制改革，撬动社会资本。一是要进一步放开市场准入，向社会资本特别是民间资本敞开大门，打破行业垄断和市场壁垒，建立公平开放透明的市场规则，营造权利平等、机会平等、规则平等的投资环境，以激发市场主体活力和潜力，稳定有效投资。二是要创新投资运营机制，扩大社会资本投资途径，鼓励社会资本进入公共服务和基础设施领域，实现政府政策意图与社会资本管理效率有机结合，推动各类资本相互融合、优势互补。三是优化政府投资使用方向和方式，提高政府投资效益，可通过投资补助、基金注资、担保补贴、贷款贴息等方式，引导、吸引更多的社会资金进入基础设施建设，发挥政府投资对社会资本的"杠杆"撬动作用。四是创新融资方式，在信贷服务、担保、产业投资基金、股权债权融资等方面多措并举，为社会资本提供更好的融资服务，丰富社会资本的融资方式和渠道，使其更好发挥作用。五是完善价格形成机制，保障项目盈利能力，稳定社会投资预期，为社会资本进入创造有利条件。

（四）立足中国国内需求，加速消费主导的经济社会转型

2008年美国爆发了次贷危机，不久欧债危机又紧随其后，受之影响世界经济先后两次探底，对发展中国家进口需求大幅减少，出于经济复苏考虑，欧美多次量化宽松，客观上形成了人民币对美元升值格局，抬升了中国出口成本。从国内看，经过30多年发展，中国参与国际分工的比较优势已不再突出，生态环境约束也日益趋紧，内外因素共同作用迫使中国经济发展引擎由外转内，扩大内需被提到了重要议程。

内需包括投资和消费，在国内投资需求普遍放缓的情况下，扩大消费需求更是尤为必要。理想状态下，随着经济发展水平不断提高，投资、消费对经济

增长贡献应该此消彼长，然而由于各种原因，中国消费需求一直未能得到有效提升，无论与欧美发达国家还是与发展中国家相比，中国居民消费占 GDP 比重偏低是不争的事实，即使考虑到发展阶段因素，与同期的"四小龙"相比，中国消费需求仍略显不足。究其原因，与中国长期以来重投资、轻消费，重资本、轻劳动的发展策略有关，这导致在国民收入分配格局中政府、企业占有较大优势，居民收入未能与经济社会发展保持同步。数据显示，中国劳动者报酬占国民收入比重由 1995 年的 51.1%下降到 2013 年的 44.7%，呈逐年下降的趋势，消费毕竟是收入的函数，没有收入增长，消费便缺乏保障。因此，扩大消费需求，突出消费对经济增长的拉动作用，必须要建立扩大消费需求的长效机制，提高居民消费能力。具体来讲，一是要尽快启动收入分配改革，在改进和提高劳动生产率的同时，切实提高劳动报酬在初次分配中的比重，提高居民收入在国民收入分配中的比重，解决百姓没钱消费的问题。二是要不断健全完善社会保障制度，增加公共服务供给，改善居民消费预期，解决百姓有钱不敢消费的问题。三是要规范市场竞争主体行为，加大打击假冒伪劣的力度，推进消费品安全立法，保护消费者的合法权益，营造良好的消费环境，解决百姓有钱不愿消费的问题。

美国著名经济学家、诺贝尔奖获得者斯蒂格利茨曾表示，21 世纪影响世界经济的有两件事，一是美国的新技术革命，二是中国的城镇化。中国城镇化之所以被看得如此重要，大概因为中国作为一个 13 亿人口的发展中大国在城镇化过程中释放出的巨大需求。据测算，中国城镇化率每增加 1 个百分点，将能带来 7 万亿元左右的消费和投资，直接拉动经济增长 2~3 个百分点。近年来中国城镇化水平快速提高，从 1978 年的 17.9%上升到 2013 年的 53.7%，提高了 35.8 个百分点，但即使这样仍明显低于发达国家 80%的城镇化水平，也低于许多同等发展阶段国家的水平，若将 70%作为中国未来城镇化发展的目标，中国仍有 20 个点左右的发展空间，需求潜力巨大。然而，城镇化不是简单的人口比例增加和城市面积扩张，而是产业结构、就业方式、人居环境、社会保障等一系列由"乡"到"城"的重要转变，其需求释放必须要以此为前提，必然会涉及改革、创新与利益的再分配，显然不会一蹴而就。因此，未来我们应该在坚持积极稳妥地推进城镇化，注重提高城镇化质量，科学规划城市群规模和布局，促进大中小城市和小城镇合理分工、功能互补、集约发展思路下，进一步深化改革，进行户籍、土地、住房保障、财税等一系列的体制机制创新，使农民能进得了城、留得下来、生活得下去、发展得更好，真正实现农民工市民化，这样城镇化才能发挥出扩内需的最大潜力，成为未来中国经济增长的重要引擎。

中　篇

新常态下的城市建设

新常态下北京城乡一体化深化发展的思考

贺　艳[①]

当前，中国经济正进入由高速增长向中高速转换、由依靠资源和数量转向依靠结构调整和质量提升的经济新常态。认识新常态，适应新常态，就成为中国经济发展的新要求、新条件。新时期的经济新常态对城乡统筹的一体化发展也提出了新的要求。近年来，北京统筹城乡发展，积极推进城乡在空间布局、产业发展、公共服务、基础设施等方面实行融合发展，城乡一体化处于较高水平。但同时，由于城乡发展差距较大、农村建设欠账较多等，北京城乡发展不平衡的矛盾依然比较突出。在新常态背景下，如何深化城乡一体化发展就成为北京面临的重要问题。本文在剖析北京城乡一体化问题的基础上，提出北京应从深化农村各项制度改革、促进城乡产业融合、统筹城乡公共服务发展、深化城乡结合部改造等方面，推进城乡一体化进程，率先形成城乡一体化新格局。

一、北京城乡一体化发展状况

从 2002 年党的"十六大"首次提出"统筹城乡经济社会发展"以来，破除城乡二元结构，加快推进城乡一体化，已成为解决"三农"问题的根本途径。在全国推进城乡一体化的背景下，2008 年北京通过了《中共北京市委关于率先形成城乡社会经济一体化新格局的意见》。围绕率先形成城乡经济一体

---

① 贺艳：北京市委党校经济学教研部副教授，经济学博士。

化新格局这一根本目标，市委、市政府制定了城乡一体化发展的具体规划。2011 年制定了《北京市"十二五"时期城乡经济社会发展一体化发展规划》，从统筹城乡发展的战略高度，在空间、土地、产业、人口、生态等方面落实率先形成城乡经济社会发展一体化新格局的任务，极大地推动了北京城乡一体化实践的发展。2014 年北京农村工作会议下发了《关于全面深化农村改革　加快推进城乡一体化的意见》。2015 年北京农村工作会议又强调要坚持城乡一体化的发展方向，用改革创新推动城乡一体化。在一些政策、措施的推动下，北京城乡一体化取得了显著进展。

1. 城乡一体化格局基本形成

北京已经形成了"中心城—新城—小城镇—新型农村社区"的城乡一体化发展格局。按照《北京城市总体规划（2004～2020 年）》，北京市启动了 11 个新城建设，新城综合承载能力显著提升，已经成为北京新增人口和产业的重要承载地，也是中心城区人口和功能疏解的承接空间。通州新城作为首都城市副中心，要在落实首都城市战略定位上担起承接与疏解的双重责任，在构建"高精尖"经济结构上担起产业发展和城市发展的双重责任，在京津冀协同发展上担起自身发展和协同发展的双重责任。同时，重点小城镇建设加快。北京共有 182 个建制乡镇，其中 42 个是重点建设的小城镇。近年来，通过分类引导，初步形成了园区带动型、旅游带动型、农业带动型等一批特色小城镇。此外，2011 年，北京确定 12 个新型农村社区试点，推动城市服务管理向农村延伸。通过试点建设，实现试点社区"产业发展、就业充分，环境宜居、住房舒适，设施完善、服务均等，管理民主、文明和谐"的目标。同时，探索规划、土地、筹资、就业、新民居建设以及社区服务的新途径。目前，新型农村社区试点扩大到 48 个。

2. 农村各项改革取得明显成效

北京市在推进土地流转起来、资产经营起来、农民组织起来的"新三起来"改革目标的指导下，不断加快农村改革，增强农村发展活力。一是完成了农村集体土地所有权确权工作，土地流转规模扩大。全市集体土地所有权确权登记发证工作顺利完成，确权土地面积共计 462.2 万亩。通过转包、出租、互换、转让、股份合作等方式流转，确权土地流转占确权总面积的 60% 以上。二是加强了集体资产经营管理。按照"资产变股权、农民当股东"的方向，农村集体经济产权制度改革加快，截至 2014 年底，全市累计完成改革的单位达到 3882 个，其中村级 3863 个，完成比例达到 97.1%；乡镇级 19 个，完成比例为 9.7%。三是集体经营性建设用地集约利用。大兴区西红门镇、海淀区东升镇开展了集体建设用地乡镇统筹、集约高效利用试点，并推广到 6 个乡镇。通过乡镇统筹的办法，郊区农村主动淘汰低端产业，加快高端产业发展，实现了集体建设用地"腾笼换鸟"。

3. 城乡基础设施和公共服务一体化进程加快

经过多年持续投入，北京城乡间的基础设施差距日益缩小，农村地区的基础设施步入发展期。除了优化农村基础设施的日常维护、提升运营水平，还注重通过基础设施服务提升农村居民生活质量。2014 年，北京制定了《提升农村人居环境推进美丽乡村建设实施意见（2014～2020 年)》，首次提出建设"美丽乡村"的目标，具体包括推进农村地区电网改造、农宅抗震节能改造、污水处理、环境综合整治、医疗卫生服务等。① 随着农村基础设施投入的不断加大，农民的生产生活条件得到了很大改善，促进了农村的发展。

北京逐步加大对郊区公共服务领域的投入力度，推动教育、医疗、养老等基本公共服务水平显著提升。在教育方面，2014 年北京建设 20 所城乡一体化学校，提供学位数 3.5 万个，使优质教育资源覆盖面进一步扩大。在医疗方面，2014 年北京城镇居民基本医疗保险人均筹资提高至 1000 元，新农合的人均筹资也在 680 元的基础上提高到 1000 元，并且提高的部分由市、区财政分担，个人缴费标准不变。2014 年出台了《北京市城乡居民大病保险试行办法》，城乡居民大病保险待遇与现行职工医保对接。在养老保障制度方面，北京在全国率先实现了一体化，对城乡居民实行统一缴费标准、统一保险待遇。2015 年，城乡居民基础养老金每人每月提高到 470 元，城乡居民老年保障福利养老金每人每月提高到 385 元。

4. 城乡结合部改造取得成效

北京城乡结合部地区的人口资源环境矛盾最突出，社会秩序最紊乱，利益诉求最复杂，城乡反差最明显。为了解决这些问题，实现北京城乡一体化发展，北京开始城乡结合部的改造工作。遵循"政府主导、农民主体、政策创

---

① 赵语涵.《美丽乡村》2020 年京郊全覆盖 [N]. 京郊日报，2014-05-13.

新"的原则,北京市从 2009 年以北坞村、大望京村为城乡结合部综合配套改革试点,采取"新村建设与经济发展、社会保障、制度创新相互配套的'一揽子'改革方案",完成了旧村改造、农民上楼、产业调整等一系列改造。在试点村经验的基础上,2010 年北京启动了城乡结合部 50 个重点村的改造,2015年基本完成回迁安置。目前,50 个重点村的集体产业发展、农民转移就业和新型社区建设等工作逐步推进。通过城乡结合部的改造,使得农村面貌发生了根本改变,农民的居住和生活环境得到改善,使村民成为有岗位、有资产、有保障、有组织的新市民,而且通过环境改善、集约土地,创造了更好的投资环境,促进地区产业的发展。

二、北京城乡一体化深化发展遇到的问题

北京实行城乡一体化发展以来,取得了很大成效和进展。但由于各种因素的影响,北京在推进城乡一体化深化发展中还存在不少突出问题。2014 年北京市委十一届四次全会上郭金龙书记谈到,城乡二元结构没有根本改变,城乡发展差距依然很大。当前,城乡发展中一些深层次的问题和矛盾逐渐显露,主要表现在以下五个方面:

1. 城乡收入差距仍然较大

近年来,北京城乡居民收入均保持较快的增长,但收入差距仍较大。2014年,城镇居民人均可支配收入为 43910 元,比上年增长 8.9%,扣除物价因素后,实际增长 7.2%;农村居民人均纯收入为 20226 元,比上年增长 10.3%,扣除物价因素后,实际增长为 8.6%;城乡居民收入比 2.17。北京城乡收入差距虽然从总体上看低于全国平均水平,但城乡居民收入差距缩小的趋势并不明显。2014 年,北京人均 GDP 达到 16278 美元,达到富裕国家发展的水平,城镇化率也已达到 86.3%,进入城市化率较高阶段,但城乡居民收入差距比较高。1997 年以前北京城乡居民收入比都在 2 倍以下,之后都超过 2 倍。从近 3年城乡居民收入比来看,分别是 2.21、2.2 和 2.17(见表 1),收入差距逐步在缩小。但城乡收入绝对差距仍不断拉大,2012 年是 19993 元,2013 年是21984 元,2014 年达到了 23684 元,差距较大。

表1 1995~2014年北京城乡居民人均收入比较

年份	人均收入（元）		
	城镇居民人均可支配收入	农村居民人均纯收入	城乡居民收入比
1995	5868	3208	1.83
1996	6886	3563	1.93
1997	7813	3762	2.08
1998	8472	4029	2.10
1999	9183	4316	2.13
2000	10350	4687	2.21
2001	11578	5274	2.20
2002	12464	5880	2.12
2003	13883	6496	2.14
2004	15638	7172	2.18
2005	17653	7860	2.25
2006	19978	8620	2.32
2007	21989	9559	2.30
2008	24725	10747	2.30
2009	26738	11986	2.23
2010	29073	13262	2.19
2011	32905	14736	2.23
2012	36469	16476	2.21
2013	40321	18337	2.20
2014	43910	20226	2.17

资料来源：根据历年《北京统计年鉴》整理。

2. 集体经济发展后劲不足

北京农村集体经济整体发展活力不足，农村产业层次较低，发展效益较低。不少乡镇都利用集体产业用地发展乡镇企业，但乡镇企业的层次较低，多数处于"小散低弱"状况，经济效益很低。它们大多集中在批发零售业、交通运输业、居民服务业和一般制造业领域（见表2）。有些乡镇虽然规划建设了科技园区和服务业功能区，但由于园区规模小，配套设施不完善，入驻企业层次不高，并存在一些企业占地不经营等问题，整体产出效益较低。村级集体经济组织中，有55.8%以第一产业为主，村集体收入普遍偏低或者没有收入；有2.2%以第二产业为主，多数从事小型建筑构件加工业务，缺乏持续发展能力和市场竞争力；第三产业也多以房屋出租为主。

表2　北京乡镇企业行业构成（2013）

行　业	企业个数	占比（%）
农业	2378	1.8
工业	19974	13.4
建筑业	6730	4.5
交通运输业	23777	15.9
批发零售业	37984	25.4
住宿及餐饮业	13478	9.0
服务和娱乐业	27965	18.7
其他	16898	11.3

资料来源：《北京统计年鉴》（2014）。

农村农业发展也面临很多问题。一是发展传统农业的资源约束加大。新城与小城镇建设、平原造林等都不同程度挤占了农业发展的空间。2005～2011年，北京市耕地减少17.9万亩，年均减少约3万亩。农业发展的水资源约束不断增强，农业增加值占GDP的0.8%，用水量却占到全市总用水量的1/4，部分高水耗农业将逐步退出。二是休闲农业等现代农业发展有待提升。北京休闲农业发展带有盲目性，缺乏科学合理规划，导致项目雷同、质量不高，已有经营模式与消费者需求错位，不能体现出休闲农业的多功能性等问题。

3. 农村各项制度改革进展缓慢

北京城乡一体化进程中，农村的各项制度改革进展较为缓慢，也阻碍着一体化的深化发展。一方面，农村土地制度改革进展较慢。第一，征地制度存在问题。现行的征地补偿办法存在着征地程序不完善、征地补偿标准差距大、被征地农民长远生计保障不足等情况，带来了农民的上访等问题。再加上在城乡一体化过程中，征地拆迁的成本不断提高，也加大了政府的负担。第二，集体建设用地流转制度改革问题。农村集体经营性建设用地无证私下流转、违法建设等现象比较普遍，违法建设主要用于流动人口出租屋、仓库、厂房、市场等低端业态，土地利用效率较低。据统计，2013 年在全市治理违法用地、违法建设专项行动的台账中，汇总了全市 15 万处违法用地、违法建设项目信息，总建设面积达 2500 万平方米。其中很大一部分是农村集体建设用地的违法建设。第三，农村土地产权制度改革问题。北京对集体土地所有权的确权已经完成，集体土地承包经营权确权刚开始试点，由于制度不完善、承包经营权属关系混乱等问题，进展缓慢。

另一方面，集体经济产权制度改革亟待深化。乡镇级集体产权改革进展缓慢，村级集体产权改革有不少也并不彻底，有的没有进行资产处置和股权量化。改制后一些新型集体经济组织管理运行不规范。截至 2014 年底，全市累计完成改革的单位达到 3882 个。正在进行改革的单位有 89 个，其中村级 77 个，乡镇级 12 个。全市尚有 114 个村没有完成产权制度改革。[①]

4. 城乡公共服务远未实现均等化

随着北京城乡一体化发展的推进，城乡公共服务水平得到了明显提升。但城乡居民的公共服务差距仍很大，远未实现均等化。一是城乡公共服务质量差距较大。虽然北京在学校、医疗设施、文化设施等硬件建设上基本实现了一体化，但由于长期对农村投入不足，而且财政对农村的投入偏重于农村生产，社会公共资源配置的城乡不均衡状态没有明显改善，郊区城镇地区污水处理、垃圾清理等基础设施不配套，限制了其缓解市区人口压力功能的发挥。城乡公共服务人才队伍建设不均衡，农村地区对优秀教师、优秀医务工作者等公共服务领域人才的吸引力不强，而且农村优秀公共服务人才流出现象严重，使得农村地区在教学质量、医疗服务能力、公共文化供给等方面，与城市相比存在明显差距。二是城乡基础设施差距大。虽然北京市城市基础设施水平在全国处于领先地位，但城乡差异大，城市道路长度、污水和垃圾处理能力、环卫机械等城市公共设施的人均占有量远低于城市近郊区。乡村差异也较大，最突出的是远郊山区建设水平远远低于平原区。而且基础设施与公共服务设施投入与维护机制尚未建立。三是城乡社会保障没有实现一体化。长期以来，由于受二元体制的影响，造成城乡社会保障系统各自封闭运行，保障水平和标准各异。

5. 城乡结合部外移现象严重

北京城乡结合部地区长期面临着人口与经济、社会、资源环境之间的尖锐

---

① 姜能志. 北京农村集体产权制度改革取得新进展［EB/OL］. 北京农经网，2015-01-08.

矛盾。几年来进行的城乡结合部综合配套改革措施的实施取得了很大成效，使得城乡结合部面貌发生了很大改观。但近年来，北京常住人口持续增长，并继续向郊区扩散，出现了城乡结合部外移的趋势。2014 年北京按照治安秩序混乱、违建问题突出、警情案件高发、环境卫生脏乱、户籍人口与流动人口数量比例"倒挂"严重等标准，在城乡结合部范围内确定了 60 个重点地区进行专项整治。可见，随着近郊城乡一体化的改造，新的城乡结合部有向远郊区蔓延的趋势，形成一系列新的问题。只要城市的边界不断地扩张，在解决既有的城乡结合部问题的同时，新的城乡结合部问题便会伴随城市扩张不断地在边缘重新生长出来。这也是今后北京城乡一体化深化发展需要重点解决的问题。

三、新常态下北京城乡一体化深化发展的思路

在经济新常态形势下，要解决北京城乡差距的根本问题，必须把健全城乡一体化发展体制机制作为全面深化改革的一项重要任务。

1. 进行城乡融合的制度创新

一是进行农村土地制度改革。农村土地制度改革是城乡一体化建设顺利进行的重要保障。通过农村土地制度改革创新，发挥农村土地资源潜力，提高土地利用率，增加土地收益。首先，进行农村集体建设用地改革。中共十八届三中全会指出，在符合规划和用途管制的前提下，允许农村集体经营性建设用地出让、租赁、入股，实行与国有土地同等入市、同权同价。目前，北京集体土地面积 13257.05 平方公里，占北京市土地总面积的 80.8%，集体建设用地 1539 平方公里。农村集体建设用地总量大、布局散，利用强度和效益比较低。需要统筹制定城乡发展规划，把农村集体建设用地利用规划纳入全市总体发展规划统筹考虑，研究制定农村集体建设土地开发利用的具体政策，在符合规划和用途管制前提下，发展符合首都职能和区域功能定位的产业，增大农民、农村的土地收益。其次，进行宅基地制度改革。深化农民宅基地制度改革，开展农民住房财产权抵押、担保、转让。北京目前在进行农民宅基地流转试点，如怀柔区渤海镇田仙峪村，把农村闲置农宅集中起来，进行市场化和商业化的运作，用闲置的宅基地进行一些与城市市场需求相符合的休闲养老，发展休闲养老业，培育新型农业经营。最后，深化征地制度改革。加快修改 2004 年出台的北京市有关征地政策的 148 号令，统筹缩小征地范围与允许集体建设用地入

市协同推进。完善农民市民化过程中土地权利保障机制，不能强行要求农民放弃土地承包权利和宅基地用益物权。

二是进行集体经济产权制度改革。2014年国务院办公厅发布了《关于引导农村产权流转交易市场健康发展的意见》。2015年中央"一号文件"对推进农村集体产权制度改革作出了明确部署，要求探索农村集体所有制的有效实现形式，创新农村集体经济运行机制。近年来，北京积极推进产权制度改革，实现了"资产变股权，农民当股东"，农民真正成为集体资产的主人，实现了集体经济投资主体多元化。但还存在不少问题，还要深化农村集体产权制度改革。首先要在总结村级集体经济产权制度改革经验的基础上，加快推进乡级集体经济产权制度改革。其次要加快研究制定加强新型集体经济组织规范化管理的办法和措施，从完善组织架构、强化制度建设、规范分配机制、理顺组织关系等方面全面加强新型集体经济组织的运行管理。最后是制定促进集体经济组织发展的相关政策，加大对新型集体经济组织的扶持力度。

2. 促进城乡产业深度融合发展

一是建立城乡产业分工协作。城乡产业一体化不是城乡产业一样化。城市与乡村因资源禀赋和功能定位不同，其产业发展应实现差异化，防止出现差异同构和低水平重复建设。北京要充分利用农村的资源、生态优势，发展适合农村特点的产业，延长农业产业链，运用科技创新在提高农业附加值上下功夫，让农民从产业链增值中获取更多收益，实现农村产业向城市扩展。通过资源互补、要素互补促进城乡产业合理分工、协调发挥。

二是构筑城乡产业链。要整合城乡资源，培育"龙头企业"，延伸产业链条，推动城市产业向农村延伸、城市服务向农村辐射及农村产业向城市扩展。尤其是在农村要承接好城市产业的转移，实现城乡产业的对接。

三是促进不同产业园区与周边农村地区产业发展的有效衔接。产业园区的建设，可以引导城市资金、技术、人才、管理等生产要素向农村流动，加快城乡产业、项目和生产要素对接，促进城乡资源合理配置。产业园区的建设也可以提升农村地区的产业层次，带动农村劳动力就业的物业、商贸服务、旅游、物流、保洁、保安等服务业领域，从而拉动集体经济的发展。例如，东升镇的"东升科技园"、玉泉村的"玉泉慧谷科技园"等的建立，都极大地带动了集体经济的发展。产业园区发展也可以和城镇建设有机结合起来，通过以产兴城、以城促产，实现产城融合。

3. 解决农民就业、社会保障问题

推进城乡一体化的目的是要让农民真正享受到城市化的新成果，而不能只注重实现农民户籍身份的变更，不解决好他们的就业、社会保障等问题，会使得农民出现"被城市化"的现象。只有当农民的生产生活方式发生质的变化，在权利义务上和城镇居民完全平等时，才真正实现城乡一体化。首先，大力发展农村产业，解决农民就业。在城乡一体化过程中，要把发展产业和促进农民持续增收摆在突出位置。一方面要结合地区功能定位，发展适合当地的产业，并对本地区原有产业进行筛选和淘汰，提高产业发展的水平和层次，壮大集体经济力量，吸收农民就地就业。另一方面要加大对农民就业培训。北京实行重点村的城乡一体化改造后，出现农民转移就业意愿不强、就业技能与就业岗位失衡、转移就业难以实现的现象。这就需要帮助农民做好自我定位和职业设计，对农民进行就业培训，促进农民就业。其次，要统筹谋划农民社保问题。农民社保问题是城乡一体化顺利进行的关键。随着北京城乡一体化的深入，北京征地超转人员数量上升，加大了保障资金的压力。因此，要把解决农民的社保问题作为工作切入点，系统研究，统筹解决。北坞村采取逐步过渡、城乡衔接的办法，由农民根据自身条件自愿选择参加城镇职工或城乡居民社会保险，超过参保年龄的，按照老年保障制度享受福利养老金。

4. 深化城乡结合部改造

北京从 2009 年启动的城乡结合部的一体化改造，到现在已取得阶段性的成果。但北京城乡结合部的改造任务还很艰巨，有诸多更深层次的问题需要解决。

一是探索城乡结合部改造新模式。北京城乡结合部 50 个重点村的改造虽然取得了成功，但征地拆迁、农民整体上楼等的改造方式也给政府带来了巨大的成本。因此，需要积极探索城乡结合部改造新模式，充分发挥政府、村集体、企业、村民等多主体的作用，共同推进城乡结合部改造。

二是引导城乡结合部产业升级。推动城乡结合部产业由低端向高端发展，一方面规划农村产业发展。在京津冀一体化过程中，随着非首都核心功能的疏解，城乡结合部地区的批发市场、物流基地等低端业态首先需要进行疏解，产业疏解的同时也会带动人口的疏解。同时，通过高科技园区、高端服务业集聚区辐射带动，提升传统产业，优化产业结构，吸引特色产业集聚，从而提高农村集体建设用地的产出水平，壮大集体经济。另一方面要推动"瓦片经济"

向高端化发展。作为产业形态的"瓦片经济"在城乡一体化建设中有其存在的现实基础，在未来仍将会长期存在。城乡结合部的改造，要考虑"瓦片经济"对农民的重要性，通过规范有序的管理，将"小瓦片经济"变为有组织、有规划的"大瓦片经济"，使"瓦片经济"向高端化、产业化发展。例如，海淀区北坞村，政府把农民多余的房屋集中作为公租房统一出租，实行规范管理。

5. 加快城镇化和新农村建设"双轮驱动"

城乡一体化的主要目标是，在有城有乡、城乡并存、共同繁荣的条件下，缩小乃至消除城乡之间存在的多方面差距。北京的城乡一体化发展，通过城镇化和新农村建设"双轮驱动"，实现城乡统筹发展。

一是加快城镇化建设，提升城镇化质量。在新常态下深化北京城乡一体化发展，必须要加快城镇化建设，全面提升城镇化发展的质量和水平，实现北京的城镇化发展由速度型向质量型转型。首先要推进中心城功能和人口疏解，将优化提升中心城功能作为新型城镇化的主攻方向。其次推进新城建设。促进新城与中心城的联动发展，提升新城产业发展层次和水平，增强其人口承载力，使新城成为未来新增城镇人口的主要承载空间。

二是加强小城镇建设。小城镇是城乡一体化的节点。小城镇可以吸收农民就地转化，有利于集约利用土地，发展第一、第二、第三产业。要根据资源条件和发展基础，推进小城镇的特色产业发展，形成科技产业型、特色旅游型、会展休闲型、都市工业型、生态农业型等特色小城镇，吸纳农民就近就业，带动农民增收，促进农村人口就地城镇化。目前北京市政府确定了42个重点小城镇，平均城镇化率已达到50%左右，成为吸引城市功能和人口的重要承载区域。

三是推进新农村建设，建立新型农村社区。为了加快新农村建设，2011年北京市出台了《关于开展新型农村社区试点建设的意见》，在新型农村社区建设思想、目标及内容方面有了指导性建议和安排。当前建设新型农村社区的重点是加快完善农村基础设施和公共服务，提高社会管理水平，让农民享受到和城市居民均等化的待遇，逐步建立城乡一体的公共服务新机制。同时要因地制宜，保持农村景观、文化、生活方式等特色，能够看得见山、望得见水，重视绿化美化，促进生态文明建设。此外，新农村建设还要优化农村产业结构。按照北京"高精尖"产业发展的规划布局，加快农业现代化。当前要瞄准

"菜篮子"工程、现代种植业、乡村旅游与休闲农业三大业态，走第一、第二、第三产业融合发展的都市型现代农业发展之路。此外，新农村建设还要培育现代新型农民，增强新农村建设的原动力。在农村地区加强人力资源开发和新型农民培养，加强对农民的各种培训，提高农民的综合素质，培育现代农业经营主体。

浅议新常态下城镇化发展的速度[①]

谢天成[②]

目前，中国经济发展进入新常态，围绕推进城镇化进行深化改革，是适应新常态、培育新方式的重要途径（王一鸣，2014），而城镇化水平进一步提高，也是实现经济结构新常态的客观要求（李佐军，2015）。城镇化作为中国扩大内需的最大潜力和经济增长的新动力，在新常态背景下需要准确认识、主动适应经济发展新常态，实现城镇化新发展。2013年底，中国常住人口城镇化率达到53.73%，根据世界城市化发展普遍规律，仍处于城市化率30%~70%的快速发展区间。研究新常态下与城镇化战略格局相适应的城镇化发展速度，有助于丰富和发展中国特色新型城镇化理论，在实践层面上也可以为各级政府新型城镇化规划编制及城镇化试点中相关政策制定提供分类指导，加快适应经济新常态。

一、文献综述

国内学者对城镇化进行系统研究始于20世纪70年代末，对于中国应该走什么样的城镇化道路，存在"十大争论"（简新华、何志扬、黄锟，2010）。在城镇化速度方面，学术界一直存在"快慢"之争。由于当前城镇化正处于"大跃进"和空间扩展失控状态，城镇化速度虚高（陆大道，2007），并存在风险（周一星，2005），有可能造成过度城镇化（倪鹏飞、颜银根、张安全，

---

① 北京市科技新星计划（20131106000413046）和北京市优秀人才培养资助项目（2013D012001000007）资助。

② 谢天成：北京市委党校经济学教研部副教授，理学博士。

2014），呈现城镇化速度与城镇化质量不匹配、不协调现象（王宏伟、李平、朱承亮，2014）；由于城镇化发展速度略显滞后（王德利、方创琳、杨青山等，2010），以及增加农民收入、缩小城乡差距、对经济结构进行战略性调整，需要加快城镇化进程（杜鹰，2001；蔡继明，2007）以适应当前工业化进入加快发展阶段（马凯，2012）。还有一种观点认为，由于并没有出现诸如拉美国家的"城市病"、大量失业和贫民窟问题，因此城镇化速度基本是合适的（张占斌，2013），不慢也不太快（简新华、黄锟，2010）。对于未来中国城镇化速度，专家普遍认为今后 20~30 年仍处于快速发展阶段，但对于适宜速度看法不一，有的认为城镇化率每年提升的幅度将有所减慢（魏后凯、张燕，2010），还有的认为年均增长不超过 1 个百分点（顾朝林、于涛方、李玉鸣等，2008），甚至有更高的速度，每年提高 1.5 个百分点（周天勇、张弥，2011）。

国外学者早在 19 世纪 60 年代就提出城市化概念，全球城市化进程具有阶段性规律，呈"S"形曲线（R. M. Northam，1975），可以划分为集中城市化、郊区化、逆城市化和再城市化四个阶段（Hall 和 Hay，1980）。城市化进程与经济发展水平之间存在一定的联系（Chenery 和 Syrqiun，1975）。从实践来看，欧美国家在城市化初级阶段城市化率年平均增长速度为 0.16~0.24 个百分点，加速阶段达到 0.30~0.52 个百分点（陈光庭，2008）。速度逐渐下降已是当前世界城市化发展的普遍趋势（陈明星，2011），而中国近年来城镇化速度存在潜在的危机（Friedmann，2006）。

从已有的相关研究成果来看：学术界对于中国城镇化发展速度进行了有益的探索，但观点存在分歧和争论。在研究内容上，大多局限于传统城镇化模式，对于能否实现新型城镇化健康发展，涉及资源、生态、城市承载力以及户籍、土地制度改革等因素的研究有待进一步深化和完善；在研究方法上，大多基于经验判断、城市化规律或引介西方较为成熟的理论模型进行定量分析，尚缺少符合中国特色的城镇化发展速度评价方法；在研究空间尺度上，目前主要集中于全国层面，由于城镇化区域差距明显，对于省级、地市级及县级层面的研究有待进一步加强。

二、中国城镇化发展速度的现状

从中国城镇化进程来看，改革开放以来全国城镇化速度较快，1978~2013

年城镇化率年均增长约 1 个百分点，高于同期世界城镇化速度约 0.6 个百分点；特别是 1996 年城镇化率突破 30%，进入城镇化加速阶段以来，每年增幅均超过 1 个百分点，平均增幅达到 1.37 个百分点（见图 1）。因此，中国城镇化率从 20% 提高到 40%，仅用了 22 年（1981～2003 年），而英国经历了 120 年、法国 100 年、德国 80 年、美国 40 年、苏联 30 年、日本 30 年。

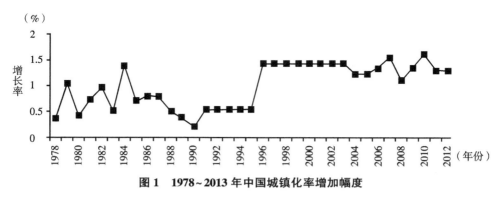

图 1　1978～2013 年中国城镇化率增加幅度

资料来源：《中国统计年鉴（2014）》。

在地方层面上，2000 年以来，特别是自 2006 年国家"十一五"规划实施以来，国家层面出台了一系列区域发展战略，中国区域经济快速发展，各地区城镇化进程进一步加快，不同地区城镇化进程速度差距明显（见表 1）。不同地区不同年份其城镇化速度也存在明显差距，例如，北京 2010 年城镇化率增长 0.96 个百分点，而 2012 年则与 2011 年持平；山西 2006 年仅增长 0.9 个百分点，但 2010 年则达到 2.06 个百分点；辽宁 2006 年为 0.29 个百分点，2010 年达到 1.75 个百分点；广东 2006 年增长 2.32 个百分点，之后年增长幅度下降，到 2009 年仅为 0.03 个百分点，但 2010 年又达到 2.78 个百分点；贵州和新疆在 2010 年增幅均超过 3 个百分点。

表 1　2006～2013 年各地区城镇化速度增加幅度

单位：%

年份 地区	2006	2007	2008	2009	2010	2011	2012	2013
全国	1.35	1.55	1.10	1.35	1.61	1.32	1.30	1.16
北京	0.71	0.17	0.40	0.10	0.96	0.24	0.00	0.10

续表

年份\地区	2006	2007	2008	2009	2010	2011	2012	2013
天津	0.62	0.58	0.92	0.78	1.54	0.95	1.05	0.46
河北	1.07	1.49	1.65	1.84	0.75	1.10	1.20	1.32
山西	0.90	1.02	1.08	0.88	2.06	1.63	1.58	1.30
内蒙古	1.44	1.51	1.56	1.69	2.10	1.12	1.12	0.97
辽宁	0.29	0.21	0.85	0.30	1.75	1.95	1.60	0.80
吉林	0.45	0.19	0.05	0.11	0.03	0.05	0.30	0.50
黑龙江	0.40	0.40	1.50	0.10	0.16	0.84	0.40	0.50
上海	-0.39	0.00	-0.10	0.00	0.70	0.00	0.00	0.30
江苏	1.40	1.30	1.10	1.30	4.98	1.32	1.10	1.11
浙江	0.48	0.70	0.40	0.30	3.72	0.68	0.90	0.80
安徽	1.60	1.60	1.80	1.60	0.91	1.79	1.70	1.36
福建	1.00	1.00	1.60	2.10	2.00	1.00	1.50	1.17
江西	1.68	1.12	1.56	1.82	0.88	1.64	1.81	1.36
山东	1.10	0.65	0.85	0.72	1.38	1.25	1.48	1.32
河南	1.82	1.87	1.69	1.67	0.80	2.07	1.86	1.37
湖北	0.60	0.50	0.90	0.80	3.70	2.13	1.67	1.01
湖南	1.71	1.74	1.70	1.05	0.10	1.80	1.55	1.31
广东	2.32	0.14	0.23	0.03	2.78	0.32	0.90	0.36
广西	1.02	1.60	1.92	1.04	0.80	1.80	1.73	1.28
海南	0.90	1.10	0.80	1.13	0.67	0.70	1.10	1.14
重庆	1.50	1.60	1.69	1.60	1.43	2.00	1.96	1.36
四川	1.30	1.30	1.80	1.30	1.48	1.65	1.70	1.37
贵州	0.59	0.78	0.87	0.78	3.92	1.15	1.45	1.42
云南	1.00	1.10	1.40	1.00	0.70	2.10	2.51	1.17
西藏	0.28	0.37	0.40	0.40	0.37	0.04	0.04	0.96
陕西	1.89	1.50	1.48	1.40	2.26	1.54	2.72	1.29
甘肃	1.07	1.16	1.31	1.33	1.23	1.03	1.60	1.38
青海	0.01	0.81	0.79	1.04	2.82	1.50	1.22	1.07
宁夏	0.72	1.02	0.96	1.12	1.80	1.92	0.85	1.34
新疆	0.79	1.21	0.49	0.21	3.16	0.53	0.44	0.49

资料来源：《中国统计年鉴（2014）》。

总体来看，江苏、安徽、江西、河南、湖南、福建、广东、重庆、四川、陕西和内蒙古城镇化率增幅超过全国平均水平，其中江苏、广东、福建属于沿海发达地区和外来人口集聚地区，随着外来人口的不断增加，常住人口城镇化率显著提升；安徽、江西、河南、湖南均属于中部地区，这与 2006 年颁布实施的《中共中央国务院关于促进中部地区崛起的若干意见》息息相关；重庆、四川、陕西和内蒙古均属西部地区，具有较好的发展基础，得益于西部大开发战略，先后出台的《关中—天水经济区发展规划》、《成渝经济区区域规划》、《呼包银榆经济区发展规划》等国家战略也极大地促进了区域城镇化快速发展。而上海市城镇化率在 2006 年和 2008 年两年则出现负增长，一方面这与 2006 年、2008 年数据系抽样调查推算所得相关；另一方面数据统计口径发生调整，导致 2006 年上海市乡村人口比 2005 年增长 11 万人，2008 年乡村人口比 2007 年增长 5 万人。

结合 2013 年各地区城镇化现状水平来看（见图 2），城镇化水平较低的地区城镇化发展速度相对较快；城镇化水平较高的上海、北京和吉林、辽宁、黑龙江东北地区，年均增幅相对较小，上海年均增幅仅为 0.06 个百分点、北京为 0.33 个百分点、吉林为 0.21 个百分点，远远低于全国年均增幅水平。北京作为特大城市，其城镇化率基数较高，外来人口数量不断增加的同时，由于郊

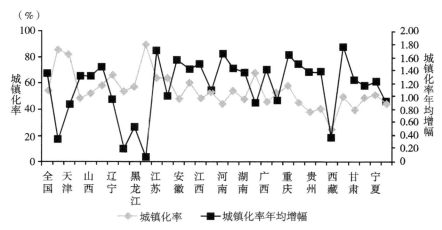

图 2　各地区 2013 年城镇化率与 2006~2013 年城镇化率年均增幅比较

资料来源：《中国统计年鉴（2014）》。

区农村土地和农民潜在收益的增加，农民放弃土地进城的期望降低，农村城镇化的速度减缓；东北地区则由于经济发展速度相对较低，人口外移现象有所凸显，影响城镇化进程。西藏地区城镇化水平较低，其城镇化发展速度也相对较低，这与其特殊的自然地理条件有关。

三、当前发展速度下城镇化存在的主要问题

在城镇化快速发展过程中，也存在一些必须高度重视并着力解决的突出矛盾和问题。

（一）城镇化率虚高

众所周知，目前中国城镇化率以城镇常住人口为统计口径核算，而 2 亿多农民工及其随迁家属，也被统计为城镇人口，但他们未能或仅部分在教育、就业、医疗、养老、保障性住房等方面享受城镇居民的基本公共服务，因此与实际水平相比，城镇化率明显偏高，且常住人口城镇化率与户籍人口城镇化率之间的差距呈进一步拉大的趋势。根据《国家新型城镇化规划（2014～2020 年）》，2012 年两者相差约 17.3 个百分点（见图3）。因此，在城镇化进程中，尽管城

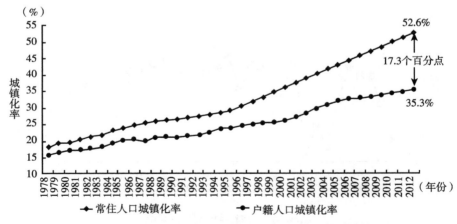

图3　1978～2012 年中国常住人口城镇化率与户籍人口城镇化率差距

资料来源：《国家新型城镇化规划（2014～2020 年）》。

镇化率增长速度较快，但城镇化质量不高。近年来，尽管大城市、特大城市对人口增长调控进一步加强，但短期内外来人口向大城市、特大城市集聚态势难以改变，而外来人口数量的增长速度快于户籍人口增长速度，往往导致常住人口城镇化率增长。

不仅大城市、特大城市大量外来农业转移人口难以融入城市社会，市民化进程滞后，城镇化水平虚高，在东部沿海地区，中小城镇和小城镇也面临外来人口众多、公共服务滞后、城镇化质量不高等突出问题。例如，昆山市作为全国百强县之首和苏南现代化建设示范区之一，自1989年撤县设市特别是2000年以来大量的外来劳动力流入，人口城镇化率快速增长。2013年末全市总人口约为201万人，常住人口城镇化率达到92.39%，分布高出江苏省28个百分点、全国约38个百分点，但若扣除"半城镇化"状态下的外来人口数量，2013年昆山户籍人口城镇化率仅有79.69%。

（二）"土地城镇化"快于人口城镇化

随着城镇化进程的推进，城市用地规模不断扩大，特别是一些地方过度依赖土地出让收入和土地抵押融资推进城镇建设，热衷于新城、新区和开发区建设，导致城市建设用地范围不断突破城市总体规划。例如，北京市2004年编制的城市总体规划提出：到2020年，北京市建设用地规模控制在1650平方公里，中心城城镇建设用地规模控制在778平方公里。实际上，2010年全市建设用地面积达到2483平方公里，中心城城镇建设用地规模则达到823平方公里，分别超过2020年目标数833平方公里、45平方公里，中心城区空间整体呈现由五环向六环"摊大饼"式的蔓延趋势。

2005～2013年，全国常住城镇人口总量增加1.69亿人，年均增长3.23%；建成区面积总量则增加1.53万平方公里，年均增长4.7%。从历年增速来看，仅2008年由于受国际金融危机影响，城市建设开发速度有所下降，因而建成区面积增长速度低于常住城镇人口增长速度（见图4）。从不同地区情况来看，2005～2013年，全国仅有北京、上海、天津与河北建成区面积增幅低于常住城镇人口增幅，其中西藏、云南、贵州、重庆与福建成区面积增长幅度高于常住城镇人口增长幅度50个百分点。

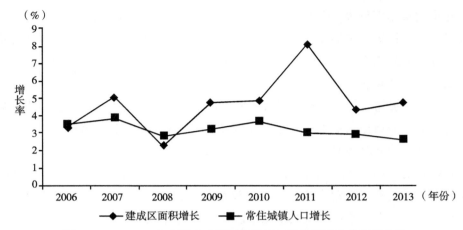

图4 2007~2013年中国建成区面积增长与常住城镇人口增长比较

资料来源:《中国统计年鉴(2006~2014年)》。

(三) 城镇规模结构与空间分布不合理

中国城镇化水平区域差距明显,西部地区城镇化发展总体水平较低,2013年城镇化率分别低于全国、东部地区和中部地区7.8个、17.1个、3.7个百分点,仅有内蒙古与重庆两地城镇化率高于全国平均水平。从中国城镇空间布局现状来看,城市与城市群主要位于东部沿海地区。一方面,东部城市集聚地区各城市间往往各自为政,产业同构、"断头路"等现象较为普遍,甚至是"以邻为壑",竞争不仅多于合作,更大于合作,实为在空间分布上相对集中的"一群城市";另一方面,西部地区城市数量少、规模小、密度低。2013年底,全国地级市与县级市城市数量达到654个,而西部地区仅有174个;西部地区88个地级及以上城市中,60%的市辖区人口规模少于100万人(见表2)。西部城市主要分布于成渝、关中、呼包银、天山北坡等区域,西北与西南地区城市发育不足,特别是重庆、成都、西安等核心城市相对集中,且位居西部地区的东部,对西部内陆地区特别是西北地区、青藏地区辐射带动效应有限。

表 2 　 2013 年全国东、中、西部地区地级市及以上城市规模结构比较①

地区	合计	按城市市辖区年末总人口分组					
		400 万人以上	200 万~400 万人	100 万~200 万人	50 万~100 万人	20 万~50 万人	20 万人以下
全国	290	14	33	86	103	52	2
东部	102	8	21	3	31	9	1
中部	100	3	7	27	45	18	0
西部	88	3	5	27	27	25	1

资料来源：《中国统计年鉴 （2014）》。

（四） 城镇资源环境压力大

随着城镇化的推进，城镇生态与资源环境压力不断增大，不仅影响到城镇人居环境，而且威胁着城镇生存发展的生态基础，严重制约了城镇化发展的可持续性。一方面，东部沿海地区大城市、特大城市随着城市人口规模、用地规模的不断扩大，雾霾、交通拥堵、城市洪涝等 "城市病" 问题凸显。以城市洪涝为例，2008 年以来中国每年成灾的城市都在 130 座以上，2010 年高达258 座，2013 年为 234 座，其中大多数为暴雨山洪与内涝所致；2015 年 5~6月，福州、东莞 "街头抓鱼" 以及上海、南京等城市 "街头看海" 等众多现象，表明城市暴雨洪涝灾害现象已经常态化。另一方面，由于传统的粗放式城镇化发展模式和高能耗、高污染、高排放的 "三高" 产业结构，使西部地区人口与资源、环境矛盾日益突出。2013 年全国建成区绿化覆盖率为 39.7%，西部地区仅有重庆、陕西达到全国平均水平；在县城市政公用设施水平方面，全国平均污水处理率为 78.47%，西部地区仅有内蒙古、广西、重庆和陕西达到全国平均水平，甘肃、青海、西藏等地区则低于 50%。

---

① 本文中的东部地区包括北京市、天津市、辽宁省、上海市、河北省、山东省、江苏省、浙江省、福建省、广东省、海南省；中部地区包括黑龙江省、吉林省、山西省、河南省、湖北省、安徽省、湖南省、江西省。

四、思考与建议

（一）加快建立与中国国情相符的城镇化指标与核算体系

目前，学术界通常用城镇化率表述城镇化发展水平，并以城镇化率变化快慢来衡量城镇化发展速度。中国城镇化率以城镇常住人口为统计口径核算，而城乡边界逐渐模糊，农业转移人口市民化进程受多重因素影响，城镇资源消耗与生态环境量化较为困难，常住人口城镇化率"虚高"现象明显，因此，常住人口城镇化率变化并不能真实反映城镇化发展速度，这也是导致学术界对中国城镇化发展速度存在"快慢"之争的主要原因。

2014 年出台的户籍制度改革提出取消农业户口与非农业户口区别，统一登记为居民户口，标志着传统的"农业"与"非农业"二元户籍管理模式正式退出历史舞台，在此背景下需要进一步深化城镇化率的内涵，基于"新常态"下城镇化发展特征和要求，建立与中国国情相符的包括农业转移人口市民化进程、资源环境等因素在内的城镇化水平核算体系与核算方法，以真实反映城镇化现状水平和发展速度。

（二）"量"、"质"并重，避免"城镇化运动"

中国城镇化在快速推进的同时出现的一系列问题，表明城镇化质量不高、城镇化速度偏"高"，需要思考城镇化"速度"与"质量"如何协调发展。尽管发达国家城镇化过程中出现过一段时期内城镇化率大幅提升的现象，但其发展基础远优于中国，因此可比性较低；同为发展中国家，拉丁美洲和加勒比地区追求城镇化速度，忽略城镇化质量所导致的"过度城镇化"，需要我们高度重视。因此，中国城镇化必须进入以提升质量为主的转型发展新阶段，在发展速度上，要"量"、"质"并重，不宜提出诸如经济上"保7、保8"等类似指标，而是通过设置城镇化率合理增长区间，避免"城镇化运动"。按照国家新型城镇化规划 2020 年目标，2014～2020 年常住人口城镇化年平均增长约0.93 个百分点，需要在保持年增长的同时进行质量评估，以便及时调整。

（三）因地制宜，分类探索

因地制宜，分类引导东中西部地区城镇化率健康增长，宜快则快、宜慢则慢，不盲目攀比速度。就东部地区而言，城镇化率在保持稳步增长的同时要重点优化城镇化质量，紧紧围绕人的城镇化，加快推进农业转移人口市民化进程，要增强城市群内中小城市和小城镇的人口经济集聚能力，引导人口和产业由特大城市主城区向周边和其他城镇疏散转移，促进超大、特大、大、中、小城市及小城镇协调发展。在经济发展新常态背景下，东部城市群要进一步发挥引领作用，推进"一带一路"、京津冀协同发展、长江经济带建设。

中西部地区则需要根据财力、产业、资源环境等现实条件，适当加快提升城镇化率。根据国家新型城镇化规划目标，中西部地区到2020年要实现1亿人口就近就地城镇化。事实上，由于中西部地区产业发展滞后，公共服务水平与东部沿海地区差距明显，农业转移人口向东部沿海地区集聚的趋势尽管近年来有所减缓，但仍将持续；同时中西部地区内部发展不平衡，中小城市、小城镇与大城市、特大城市在就业、教育、医疗等功能服务方面差距较大，导致中小城市和小城镇吸引力不强，就近就地城镇化难度较大。因此，如何做大做强中心城市，提升县城和小城镇产业发展、人口集聚和公共服务功能，增强农业转移人口就近就地城镇化"意愿"，将是中西部地区就近就地城镇化的关键。

新常态下疏解非首都功能：如何实现"以业控人"①

——基于 GIS 空间分析的北京市产业布局特征研究

刁琳琳②

推动京津冀协同发展及其战略核心有序疏解北京非首都功能，是党中央、国务院在"适应新常态"、"落实新定位"背景下作出的重大战略决策部署。习近平总书记在"2·26讲话"中提到"表面看，北京的问题是人口过多带来的，其实深层次上是功能太多带来的"，功能疏解是人口调控的关键，这也反映出多年来中国政府运用户籍迁入限制等行政手段调控人口的思路正在发生转变。

城市功能演进理论③将城市功能界定为城市产业结构系统功能的一种表征形式，认为产业变革是城市功能转型和演替的基本动力④。城市产业对城市功能的承载效应受到产业的结构性、空间性的制约，随着产业主导地位的顺次更迭，城市功能呈现不断叠加深化的趋势；城市功能的综合化和多元化也为区域城市体系的形成创造了条件，城市带动区域经济发展的功能增强，形成规模不等的城市群、城市带⑤。因此，产业调整疏解理所当然成为推进城市功能疏解

---

① 本文为国家社会科学基金青年项目"空间非均衡视域下中国区域协调发展战略的政策效应与推进策略研究"（13CJL064）和北京市自然科学基金资助项目"特大城市地区空间增长的经济效应评估研究：以北京市为例"（9154029）阶段性成果。

② 刁琳琳：北京市委党校经济学教研部讲师，经济学博士。

③ 城市功能演进，即城市功能新旧更替，实现转型发展。早期城市经济学家、城市社会学家、城市地理学家等对城市功能历史演进的动因、机制、特征、规律、趋势等问题有过多角度的阐释，丰富了城市功能演进的理论体系。伴随计划经济向市场经济过渡，中国一些资源型城市、单一城市、边缘城市从20世纪80年代开始进入功能转型阶段。

④ 冯建超. 日本首都圈城市功能分类研究 [D]. 吉林大学博士学位论文，2009.

⑤ 石正方. 城市功能转型的结构优化分析 [D]. 南开大学博士学位论文，2002.

和区域协同发展的核心任务。同时，因产业集聚，经济活动布局决定人口分布的空间布局，人口调控要实现既"控规模"又"调结构"的双重目标，需借力产业疏解引导就业布局重构，将人口调控（包括总量、结构、集聚形态）与产业规模、布局调整及城市功能定位结合起来统筹考虑（见图1），实现"以业控人"，才能够从根本上消解人口向特大城市迁移的动力①。基于这一逻辑架构，本文利用北京市第六次人口普查数据、北京市第三次全国经济普查数据和 Arc GIS 9.3 空间分析技术，揭示北京市产业布局和就业结构的特征、规律及疏解方向，研究如何在北京内部的区县之间，实现产业的合理布局，将有助于提高非首都功能疏解和人口调控政策体系的科学性，也有助于加速形成有利于提高资源要素优化配置和利用效率的产业新布局。

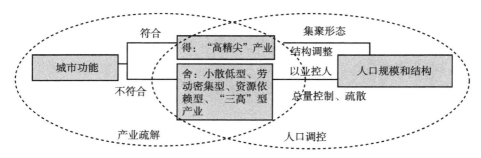

图1　北京城市功能定位、产业疏解与人口调控的逻辑关系

一、已有研究评述

在城市产业的一般理论认识中，比较优势、规模经济、聚集性是城市产业的本质特性②。城市经济作为空间集聚经济，其产业结构的优化是资源有效配置的经济结构与空间结构的结合，资源空间配置的空间结构则直接影响经济运行效率和区域发展公平。因此，任何城市的产业发展，都是结构性与空间性的统一，产业结构调整迁移也将使城市布局结构发生变化。西方已有研究表明，产业、就业空间布局演变对城市经济增长的速度、方式都将产生直接或间接的

---

① 叶裕民. 走出控制城市人口规模的认识误区 [N]. 人民日报，2015-03-25.
② 苏东水. 产业经济学 [M]. 高等教育出版社，2000：66-78.

推动或制约：城市人口密度和创新结果之间[①]、高新技术产业的空间聚集与专利产出之间[②]均存在显著正相关关系，空间规模增加提升城市就业水平[③]，空间布局失衡导致功能淤积、城市发展成本的上升[④]，适当提高城市人口（或经济活动）密度、合理布局就业中心、科学配置公共交通等，可以减少城市经济能耗[⑤][⑥]。纵观巴黎、纽约、中国香港、东京发达城市的发展史，无一不是将通过政府的产业规划或利益导向机制引导产业布局进而带动人口迁移作为疏导政策，来应对中心城区人口和功能高度集聚的问题，其提供的诸多可供借鉴的经验做法，在某种程度上能够成为解答我们自己问题的线索。

改革开放后，中国特大城市的产业空间结构演变历经两个阶段：一是城市外围产业集聚区规模迅速扩大，从 1992 年起以数量惊人的各类开发区为代表。二是 2009 年之后城市中心区产业空间的大规模开发时期基本结束，代之以"退二进三"、"选择性"更新优化功能布局，产业结构进入深度调整期，这个城市功能空间分化的过程也急剧推升了城市发展成本。这一时期，国内学界的研究主要集中于两个层面：①对城市功能演进与产业迁移关系问题的探讨[⑦][⑧]，学者开始关注城市功能演化引起的产业迁移过程[⑨]、政府的产业转移政策[⑩]和

① Sedgley et al. The Geographic Concentration of Knowledge：Scale Agglomeration and Congestion ［J］. International Regional Science Review，2004（27）：111-137.

② Gabe M. Todd. Establishment Growth in Small Cities and Towns ［J］. International Regional Science Review，2004，27（2）：164-186.

③ Yan Song, Chengri Ding. Urbanization in China：Critical Issues in an Era of Rapid Growth ［R］. www. lincolninst. edu，2007.

④ John M. Quigley. Urban Diversity and Economic Growth ［J］. Journal of Economic Perspectives，1998，12（2）：127-138.

⑤ Matthew Kahn. Does Sprawl Reduce the Black/White Housing Consumption Gap? ［J］. Housing Policy Debate，2001，12（1）：77-86.

⑥ Fujita M. , Ogawa H. Multiple Equilibria and Structural Transition of Non-monocentric Urban Configurations ［J］. Regional Science and Urban Economics，1982，12（2）：161-196.

⑦ 陈柳钦. 基于产业视角的城市功能研究 ［J］. 唯实，2009（1）：79-83.

⑧ 孙建国. 论城市功能演进与产业迁移：日本京滨工业区经验与启示 ［J］. 河南大学学报（社会科学版），2012，52（5）：91-97.

⑨ 孙启明，白丽健等. 区域经济波动的微观动态基础：企业迁移和产业转移 ［J］. 经济学动态，2012（12）：60-66.

⑩ 杨本建，毛艳华. 产业转移政策与企业迁移行为——基于广东产业转移的调查数据 ［J］. 南方经济，2014（3）：1-20.

企业迁移行为①等问题，这些研究为地方政府空间调控和区域政策的制定提供了依据；②由于产业迁移引起的城市功能空间分布格局的变化——非单一中心（多中心）的城市空间构造②，实践效果并不尽如人意③，多年来关于城市产业空间增长的模式备受争议。不少学者提出"反多中心"的观点，认为产业新城规划低估了现代社会中的经济联系和经济融合，其带来的问题及其产生的成本可能远超过其积极效益④。"多中心"结构形成是一个复杂的系统工程，单从人口和产业方面考虑无法达到目标，因此单中心模式更优⑤，城市政府不惜一切代价地借助新城产业重新规划人口的分布，其经济效益往往不佳⑥。

综上所述，基于产业结构变迁理论，学界多年来对于产业转移和企业迁移现象的追踪为区域经济学和城市经济学提供了新的研究视角，产业转移也被认为是政府促进区域协调发展最为常见的政策工具，但在功能疏解条件下研究城市产业的布局调整方面，还缺乏有价值的成果，参与实证研究的国内城市也十分有限。目前，中国对特大型城市功能疏解的规律性和特殊性的研究还极为不足，"功能疏解"这一命题仅限于 2014 年后对北京问题的认识性探讨，各路观点莫衷一是，中国城市功能演进与产业迁移问题的研究亟须结合自身特色进一步丰富和发展，以寻求新的突破点。

二、基于功能疏解的北京市产业空间布局特征和就业结构分析

（一）北京市产业空间布局的基本特征

1. 城市功能布局与产业布局呼应式和阶段式发展

城市功能演进的历史就是城市产业结构的进化史。纵观过去 60 多年来的

---

① 姜怀宁. 沿海地区制造业密集区产业迁移的区位选择——以广东为例 [J]. 国际经贸探索，2012，28（2）：77-89.

② 蔡勇，田海峰等. 产业迁移后城市环境政策与土地利用的最优化分析——基于非单一中心空间构造 [J]. 产业经济评论，2011（12）：91-105.

③ 王旭辉，孙斌栋. 特大城市多中心空间结构的经济绩效——基于城市经济模型的理论探讨 [J]. 城市规划学刊，2011（6）：20-27.

④ 丁成日. 城市"摊大饼"式空间扩张的经济学动力机制 [J]. 城市规划，2005，29（4）：56-60.

⑤ 吴一洲，吴次芳等. 城市规划控制绩效的时空演化及其机理探析——以北京 1958～2004 年间五次总体规划为例 [J]. 城市规划，2013，37（7）：33-41.

⑥ 世界银行. 1984 年世界发展报告 [M]. 中国财政经济出版社，1984：3-15.

发展历程，北京各阶段的产业布局与中央对首都城市功能定位和布局的要求高度呼应，经历了多功能集中式布局形成期、加剧期和调整期三个阶段。第一阶段（从新中国成立到 20 世纪 80 年代初）为多功能集中式布局形成时期，城市核心功能是政治中心、文化中心和工业基地。政治中心和文化中心功能主要位于北京二环核心区以内；工业集中分布在西郊、东北郊、东郊、南郊；教育科研集中在西北郊。工作、居住与其他用地混合设置，集中商业地区主要是传统商业区。第二阶段（从 20 世纪 80 年代初到 20 世纪末）为多功能集中式布局加剧时期，城市核心功能是政治中心、文化中心和国际交往中心。主要功能位于三环到四环；伴随工业功能的疏散，增加了商务中心的功能定位，并强化了国际交往中心、商业中心的功能，朝阳 CBD、金融街和中关村三大商务功能区形成；除前门外的二环以内主要传统商业区实现了升级改造，同时形成了沿三环分布的若干个新型商业中心；城市居住功能开始外迁。第三阶段（从 21 世纪开始至今）为多功能集中式布局调整时期，城市核心功能是政治中心、文化中心、商务中心、商业中心、国际交往中心。全市功能分区基本成型，服务全国的教育、医疗、商业、商务等服务功能集中布局在四环以内区域；工业继续大规模外迁，一些设计、会展、科研、商务设施开始外迁，在新城形成了新的集聚区，如顺义的新国展地区、丰台总部基地、昌平大学城和科研基地等。

2. 中心城产业功能高度集聚，产出效率呈现中心—外围递减

近 10 年来，北京市域产业布局形成了中心城集聚并由中心向外围效率递减的特征。根据北京市"三经普"数据，全市主要产业集中在首都功能核心区和城市功能拓展区，城六区土地面积仅占全市的 8.2%、平原面积的 21.3%，实现的增加值却占全市的 70.06%、从业人员比重占全市的 71.8%，工业则主要集中在城市发展新区和城市功能拓展区，增加值占全市工业增加值的 82.1%（见表 1）。图 2 关于 2012 年全市各区县制造业和服务业收入规模分布进一步佐证了中心城产业高度集聚的现实状况。从地均产出强度分布情况看，制造业用地效率排名第一位的是西城区，其地均产值（6164.2 万元/公顷）是排名第二位的石景山区的 7.8 倍；服务业用地效率排名前两位的分别是西城和东城区，地均产值（分别为 35461.22 万元/公顷和 30830.14 万元/公顷）分别是排名第三位的海淀区的 6.9 倍和 6 倍。近远郊区县的地均产出强度、土地集约利用程度均与城六区相去甚远，呈现中心—外围递减趋势（见图 3）。

表1   2012年首都四大功能区三次产业结构对比

单位：%

功能区	GDP占比	第一产业占比	第二产业占比	第三产业占比
首都功能核心区	23.25	—	8.5	91.1
城市功能拓展区	46.81	0.06	15.5	84.4
城市发展新区	21.01	2.5	50.6	46.9
生态涵养发展区	3.98	8.2	48.4	43.4

资料来源：《北京市统计年鉴（2013）》。

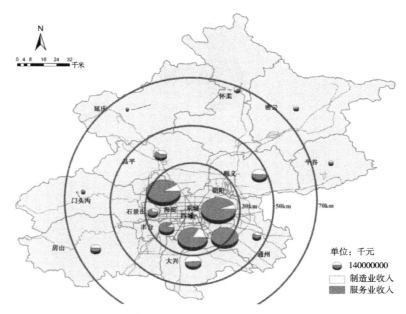

图2   2012年北京各区县制造业和服务业收入分布

资料来源：北京市第三次全国经济普查资料数据，北京市统计局提供。

我们以产业规模和效益指标为依据，划分北京市产业布局三级圈层（见图2）：第一圈层为距离市中心30km范围，包括西城、东城、朝阳、海淀、丰台、石景山城六区，是产业功能高度集聚区；第二圈层为距离市中心30km～50km范围，包括昌平、顺义、通州、大兴、房山五区，是产业发展重点区；第三圈层为距离市中心50km～70km范围，包括门头沟、怀柔、密云、延庆、平谷五个生态涵养区，是产业限制发展区。

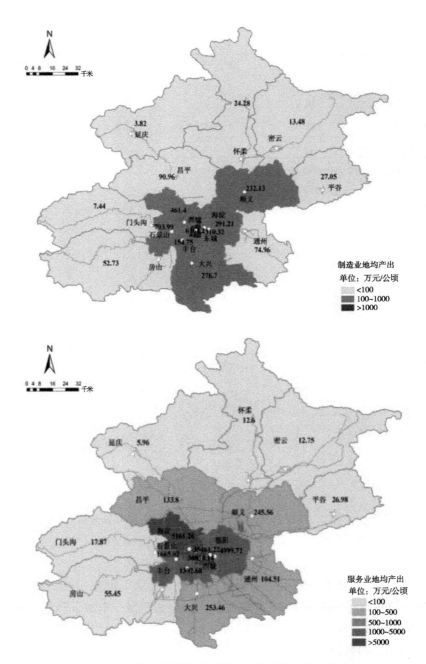

图3 2012年北京制造业和服务业地均产出效率分布

资料来源：北京市第三次全国经济普查资料数据，北京市统计局提供。

3. 工业空间集中度降低，企业布局呈同心圆式扩散

学界在长期对区域产业布局问题的关注中，研究的空间尺度主要集中于按行业区分的中观层面，对企业个体迁移行为的微观尺度研究较少。基于 2012年底北京市工商行政管理局登记注册的工业企业数据库，并根据北京市"三经普"企业名录等相关资料进行补充修正，我们借助 Arc GIS 10.1 分析软件提取北京市 100070 个典型调查工业企业主体的地理定位和空间信息，并将这些企业逐一落实到北京市域图上，见图 4。

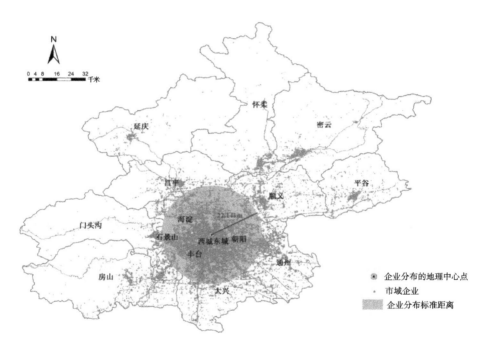

图 4　2012 年北京工业企业点数据格局分布情况

图 4 点数据分布格局勾勒了北京市主要工业企业的特点：城六区和郊区县新城工业企业的集聚程度较高，同时在周边区域较为均匀地扩散。从空间分布情况来看，工业企业在北京市域内布局空间整体向东南方，朝阳、海淀、石景山、丰台和亦庄开发区，是工业企业的主要集聚地区，顺义和昌平区是远郊区中工业发展较好的区域，多个新兴集聚点呈现出较为独立的多中心分布格局，处于集聚"热点"的成长阶段。为了进一步明确工业企业在地理空间上的布

局态势，运用空间统计模块中的中心要素分析（Central Feature）来刻画工业企业的空间分布。Arc GIS 中心要素工具用于识别点、线或面输入要素类中处于最终中央位置的要素[①]。分析表明，2012 年北京工业企业要素分布的地理中心点位于城市功能核心区北纬 39°94′、东经 116°39′，呈现集聚中心主导的向心集聚，各要素企业与地理中心点的标准距离为 22.14km，这也是北京市域空间范围内工业企业的平均辐射半径，同心圆式扩散依然是产业空间转移的主要路径，这对企业搬迁选址和布局调整以及新产业集群的形成具有一定价值。

总体来讲，北京市工业经过多年的布局调整，工业在城市中心区过度集中的状况已经得到一定改观。近年来，城区工业发展较缓，近郊区成为工业布局的主体，并有逐步向远郊区县扩散的趋势。但由于中心城与周边新城产业布局缺乏有效衔接，产业结构的关联效应不强，加之现有功能体量较小，没有形成区县之间的联动，并且在一定程度上加剧了区县之间发展的不平衡和资源的竞争，内讧是目前区县产业发展中非常突出的问题，这也在一定程度上制约了城市功能向综合化、多元化、高级化发展。

4. 服务业呈现地区专门化，空间扩散开始显现

在中心城区的多中心状态下，服务业特定地区的专门化和多样化正在形成，不同功能的空间极化和扩散效应开始显现，图 5、图 6 显示了 39 个服务业行业大类主营业务规模在各区县的分布情况。首都功能核心区形成了较为完善的现代服务体系，服务业占全市服务业比重的 33.1%，金融业（货币金融服务、其他金融业、保险业）及与其相关的资本市场服务业、电信和信息传输服务业主要聚集于该区域，文化、教育、卫生等首都功能性产业支撑作用突出。城市功能拓展区成为生产性服务业发展的重要载体，服务业占全市比重达 56.1%，批发业、零售业、住宿和餐饮业以及以商务服务业、专业技术服务业、软件信息服务业、互联网服务为代表的生产性服务业、科学研究和技术服务型行业、交通运输业、快递等物流行业在这一区域迅速发展。这表明，一方面，生产性服务业正逐渐成为中心城边缘区（外围四区）的主要支撑产业，区域性专业市场开始形成；另一方面，中心城区的低端业态和"小散低"的服务业正逐步退出，区域性物流基地也在有序向中心城外围疏解。城市发展新区服务业发展潜力巨大，占全市服务业比重为 9.9%，随着北京新机场建设和

① Mitchell Andy. The ESRI Guide to GIS Analysis, Volume 2 [M]. USA: ESRI Press, 2005.

京津冀三地联手共建国家级"临空经济区域合作示范区"契机的到来，航空运输、邮政、装卸搬运和运输代理业在大兴、顺义等快速集聚，成为推进全市产业结构升级调整、平衡市域内经济结构布局、缩小区域发展差距的重要助推器。生态涵养发展区主要发展生态休闲类服务业，服务业总体规模较小、发展水平不高，占全市比重约1%。

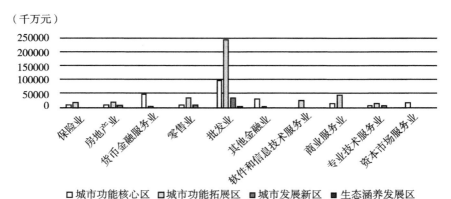

图5　北京市服务业分区县分行业大类主营业务规模（前十位）

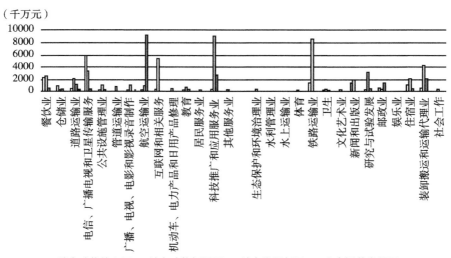

图6　北京市服务业分区县分行业大类主营业务规模（其他行业）

资料来源：北京市第三次全国经济普查资料数据，北京市统计局提供。

（二）基于疏解非首都功能的工业、服务业就业结构分析

2013 年末，北京全市就业人口为 1111.34 万人。基于已获得数据，我们对 2009~2013 年北京各区县就业人口变化情况进行分析。如图 7 所示，从四大功能区城镇单位从业人员增长速度这一指标来看，城市发展新区和城市功能拓展区总体增速最高，分别为 34.1% 和 26.7%，高于全市 26% 的平均增速，成为 2008 年以来全市就业人口增长的主要承接区域，首都功能核心区和生态涵养区分别增加了 19.6% 和 17%，从 2011 年起四大功能区就业人员增速均明显放缓；从各区县就业人口变化分布来看，就业人口增加比例（2008~2013 年就业人口）最大的区县依次为大兴、昌平、顺义、朝阳、海淀、平谷、延庆，均大于 1.25，除门头沟外的其他区县也实现了就业人口扩张，门头沟在 2010 年、2011 年、2013 年均为就业人口收缩区域。

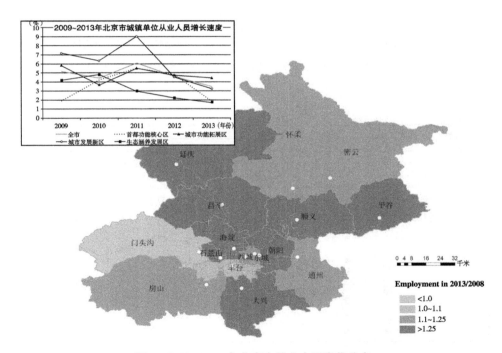

图 7　2009~2013 年北京市就业人口变化分布

"以业控人"的关键，是要通过淘汰吸引流动人口过多的产业，借助市场

手段以达到控制人口规模的目的。从空间上看，"小散低"产业集中的城乡结合部地区是外来人口集中的地区；从行业上看，劳动密集型产业是外来人口集中的领域。基于此，我们重点考察北京市各行业外来就业人口构成情况，根据2010年北京第六次人口普查等数据，涵盖外来就业人口占全行业比重（高于1%）、外来就业人口占本行业比重（高于50%）、外来就业人口平均受教育年限（等于或低于12年，即未接受大学教育）三类指标。

1. 北京市工业就业人口构成分析——"聚人"因素

从北京全市40个工业大类行业的外来人口就业情况看，家具制造业、木材加工及木竹藤棕草制品业、纺织服装鞋帽制造业、皮革毛皮羽毛及其制品业、金属制品业等16个行业自身吸引了大量的外来人口。而就某行业常住外来就业人口占工业就业人口比重来看，纺织服装鞋帽制造业、通信设备计算机及其他电子设备制造业、家具制造业、金属制品业、交通设备制造业等24个行业吸引工业常住外来就业人口比重高于1%，其中纺织服装鞋帽制造业和通信设备计算机及其他电子设备制造业的比重均大于10%。如果放宽到二产维度，纺织服装鞋帽制造业和家具制造业分别吸收了第二产业常住外来就业人口总量的9.65%和5.41%。

考察工业各行业常住外来人口平均受教育年限，我们发现非金属矿采选业最低，为9.1年（约初中文化程度）；废弃资源和废旧材料回收加工业、皮革毛皮羽毛及其制品业、家具制造业、纺织服装鞋帽制造业、木材加工及木竹藤棕草制品业、纺织业、非金属矿物制品业、农副食品加工业等行业的外来就业人口平均受教育年限均在10年以内；塑料制品业、造纸及纸制品业、文教体育用品制造业、工艺品及其他制造业等行业的外来就业人口平均受教育年限均在10~11年。总体上看，表2所示行业既涉及外来人口占比多的问题，也存在从业人员素质较低的缺陷，应在调整疏解产业功能时重点考虑。

表2 2010年北京工业行业常住外来就业人口构成情况

行业大类名称	本行业外来就业人口占比（%）	外来就业人口工业占比（%）	外来人口平均受教育年限（年）
家具制造业	88.87	8.11	9.5
木材加工及木竹藤棕草制品业	77.74	1.70	9.5

行业大类名称	本行业外来就业人口占比（%）	外来就业人口工业占比（%）	外来人口平均受教育年限（年）
纺织服装鞋帽制造业	72.89	14.49	9.5
皮革毛皮羽毛（绒）及其制品业	72.82	0.82	9.5
金属制品业	64.95	6.69	10.0
废弃资源和废旧材料回收加工业	63.14	0.20	9.3
食品制造业	58.67	4.71	10.5
工艺品及其他制造业	57.24	1.39	10.6
农副食品加工业	56.71	2.63	9.9
有色金属冶炼及压延加工业	56.54	0.55	10.6
文教体育用品制造业	55.81	1.09	10.3
塑料制品业	55.62	1.68	10.0
通信设备、计算机及其他电子设备制造业	53.41	10.17	13.6
非金属矿物制品业	53.09	5.53	9.7
印刷业和记录媒介的复制	52.88	4.11	10.5
造纸及纸制品业	51.72	1.06	10.1

资料来源：2010 年北京市第六次全国人口普查数据。

2. 北京市服务就业人口构成分析——"聚人"因素

2012 年，北京批发零售业，租赁和商务服务业，交通运输、仓储和邮政业，信息传输、计算机服务和软件业，科学研究、技术服务和地质勘查业，住宿和餐饮业，房地产业七个行业共吸纳了全市近 70.1% 的就业人口，以零售业、住宿餐饮业、居民服务业为代表的生活性服务业就业贡献明显。但同时，劳动密集型产业也成为外来人口集中的领域，零售业、批发业、餐饮业、商务服务业、房地产业、居民服务业、教育、软件业、住宿业、道路运输业是服务业中"聚人"最多的前 10 位行业，10 个行业共吸纳了全市服务业 80.4% 的外来人口。餐饮业、居民服务业、批发业、零售业、其他服务业、娱乐业、仓储业、装卸搬运和其他运输服务业、软件业、住宿业、道路运输业行业内部外来人口比重均超过五成（见表 3），这些行业均面临内部结构失衡、发展水平层次参差不齐的状况。

表 3 北京"高外来就业人口本行业占比"服务业统计

单位：%

行业大类名称	本行业内外来就业人口占比	外来就业人口服务业占比
餐饮业	80.40	10.26
居民服务业	80.21	4.78
批发业	68.93	10.78
零售业	67.74	30.79
其他服务业	65.47	2.23
娱乐业	65.08	1.04
仓储业	57.17	0.57
装卸搬运和其他运输服务业	55.41	0.44
软件业	54.42	3.33
住宿业	54.17	2.94
道路运输业	50.46	2.56
服务业平均	45.95	100

资料来源：2010 年北京市第六次全国人口普查数据。

北京市常住外来人口的平均受教育年限低于户籍人口和就业总人口的平均水平，这直接影响了户籍人口和常住人口在服务业中不同的就业构成。由于外来人口就业有相当部分是北京已有户籍人口的替代性就业，大量低素质外来人口的就业结构也直接影响到服务业各行业整体质量的提升。总体看来，基层群众自治组织、社会福利业、其他服务业、环境管理业、居民服务业、道路运输业、餐饮业、城市公共交通业、公共设施管理业、租赁业、仓储业、批发业、零售业等18 个行业的外来就业人员普遍为高中及高中以下学历，且均低于本行业平均受教育年限，如表 4 所示。综合考察以上三类指标，批发业、零售业、道路运输业、仓储业、住宿业、餐饮业、房地产业、居民服务业、其他服务业、娱乐业这 10 类行业是服务业重点调整疏解的对象。

表 4 北京"低外来就业人口受教育程度"服务业统计

单位：年

行业大类名称	就业人口平均受教育年限	外来就业人口平均受教育年限
基层群众自治组织	10.80	9.58
社会福利业	11.43	9.58

行业大类名称	就业人口平均受教育年限	外来就业人口平均受教育年限
其他服务业	10.25	9.60
环境管理业	10.54	9.62
居民服务业	10.02	9.62
道路运输业	10.45	9.73
餐饮业	10.21	9.79
城市公共交通业	10.98	9.81
公共设施管理业	11.59	10.05
租赁业	11.05	10.15
仓储业	11.15	10.24
批发业	11.65	10.52
零售业	11.22	10.52
邮政业	12.25	10.76
娱乐业	11.46	10.98
住宿业	11.83	11.02
装卸搬运和其他运输服务业	12.12	11.17
房地产业	12.46	11.60
服务业平均	12.71	11.32

资料来源：2010 年北京市第六次全国人口普查数据。

三、非首都功能产业布局调整疏解的布局建议

（一）工业和服务业疏解的承接区域判断

基于我们对北京应调整疏解的工业和服务业行业的研究，框定应重点转移疏解的工业行业 13 个大类，涉及棉纺织及印染精加工、皮革鞣制加工、体育用品制造、常用有色金属冶炼、金属表面处理及热处理加工、农林牧渔专用机械制造、通用零部件制造、钟表与计时仪器制造、光学仪器及眼镜制造、化学药品原料药制造等；应重点转移疏解的服务业行业涉及批发业、零售业、道路运输业、装卸搬运和运输代理业、仓储业和快递服务业等，共 20 个中类。结

合各区县资源禀赋的差异、发展定位和需求状况，对非首都功能产业布局调整疏解的承接区域做出判断。首先，未来调整疏解非首都功能产业的布局方向应落入第二圈层，即距离市中心 30km~50km 的区域空间范围；其次，对市域范围内产业承载空间应做如下类别区分（见图 8）：

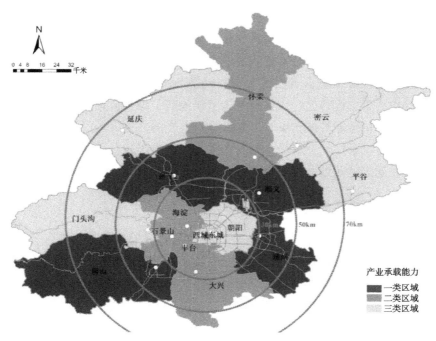

图 8　调整疏解非首都核心功能产业的空间布局建议

一类承载区域：昌平、顺义、房山、通州；
二类承载区域：海淀、石景山、丰台、大兴、怀柔；
三类承载区域：西城、东城、朝阳、延庆、密云、平谷、门头沟。
　　一类区域是资源禀赋综合评价较高的地区，多位于近郊区，自身具备一定的产业基础，支持产业发展的可利用资源较丰富，应成为承接首都非核心功能产业调整疏解的重点区域。通州可承接零部件制造、机械制造、机电和都市型工业的转移；房山可重点发展有色金属冶炼、石油化工等能源基础类产业以及部分装卸搬运和运输代理业；昌平可定位于承接汽车、生物医药、都市型工业的产业转移；顺义可将机电、专用和通用设备制造等行业作为发展重点。

二类区域具有独具特色的资源禀赋，支持产业发展的可利用资源尚有余量，可有选择性地接收中心城区的产业转移，是承接首都非核心功能产业调整疏解的可选择区域。位于该类别的五个区县可承接部分都市型工业、生物医药、高端制造业制造环节的转移，大兴区应承担部分区域性物流基地、区域性专业市场的疏解。

三类区域为人口资源密集区或生态涵养保护区，产业发展的资源"瓶颈"和约束条件较为突出，是承接首都非核心功能产业疏解的限制区域。东城、西城和朝阳需搬迁和调整待转型或衰落期产业，逐步释放产业空间；门头沟作为资源转型地区，可结合自身状况和比较优势发展基础建材类行业；延庆、密云、平谷作为生态涵养区，应重点考虑生物医药、电子信息、都市型工业、仓储批发、道路运输业等低污染、低消耗型行业发展。

此外，各区县应对已有的优势行业重点培育，提质、增效、降耗，尤其要提高产业功能区的用地效率和产出水平。

（二）高等教育资源的疏解方向

教育、医疗等公共服务产业也是《京津冀协同发展规划纲要》确定的四大类非首都功能领域之一，在行业划分上统属于第三产业，作为产业发展的重要配套资源，兼具经济功能和社会公共服务功能。目前北京市科教文卫功能疏解的时间表已经明确，部分市属高校本科疏解工作已经启动。疏解非首都功能中高校应迁至何处？我们以 GIS 手段在北京市域范围内共提取全部高等院校样本点 1253 个，其中包括普通高校和成人高校，用以反映高等教育资源的空间布局状况，采用局部空间自相关的三种分析方法——LISA（Local Indicators of Spatial Association）显著水平、Local Moran's I 统计量和 G 统计量来分析每个区域与周边地区间的空间差异程度，从而对疏解方向给出建议。

从高等教育资源空间布局分布来看，城六区共集聚了 928 处高等院校驻地，占市域总数量的 74%，市属高校四环内 29 家、四环到五环 7 家、五环外 35 家，特别是仅海淀一区聚集了 50% 以上的首都高校和科研院所，在校大学生人数占全市的 79%，区内科研力量、科研成果、优质教育资源高度密集。LISA 为空间关联的局部指数，可直观地刻画高校分布的局部空间相互依赖性及空间异质性特征：High-High 和 Low-Low 集聚类型表示正的空间自相关关系，暗示相似值的聚集；High-Low 和 Low-High 集聚类型表示负的空间自相关关系，暗示空间异常。局部 Moran's I① 指数与 LISA 显著性水平相结合，可得到 Moran 显著性水平图。经计算，Moran's I 指数为 0.366629（z-score = 162.02，p-value<0.01），说明全市高等教育资源具有聚集分布的特性（存在显著的全局正相关）。图 9 为北京城六区高等教育院校数量 LISA 聚类图，综合四种聚集类型结果得到 Moran 显著性水平图（见图 10）显示：High-High 聚集的高校区域基本在西城北部、东城北部、海淀东南部、朝阳东北部和通州，Low-Low 聚集主要是昌平、顺义，High-Low 或 Low-High 聚集多位于海淀、朝阳、昌平交界区域。

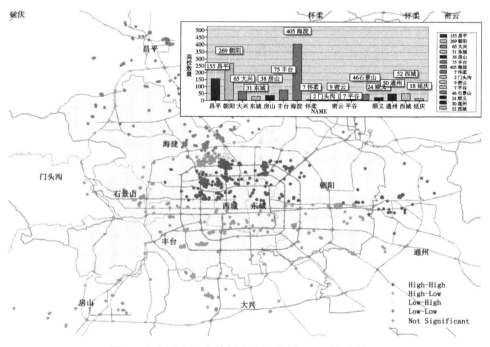

图 9　北京城六区高等教育院校数量 LISA 聚类情况

进一步地，通过热点分析（Getis-Ord Gi＊统计量）识别教育资源要素分布中具有统计上显著的高值（热点）或低值（冷点）聚集的位置，当 Z 得分或 p 值指示统计显著性时，Z 为正的位置表示高值的聚类，Z 为负的位置表示低值的聚类。图 11 描述了高校资源空间热点区域。从空间分布上看，高校资源热点集

----

① Moran's I 指数是空间自相关分析常用的指标，用来测定变量之间是否存在空间依赖性。

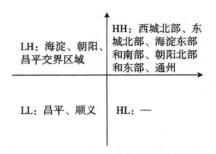

图 10　北京市高等院校数量 Moran 显著性水平

中于海淀、东城、西城为代表的城六区，冷点主要分布于房山、昌平、顺义、平谷等近远郊区县，因此，高等教育资源应向五环外郊区县疏解，新增规模主要考虑向郊区县转移，城六区不再增加普通高等教育的建设规模，即由热点到冷点调整疏散，疏解方向为西南、西北和东北，即房山、昌平、顺义。

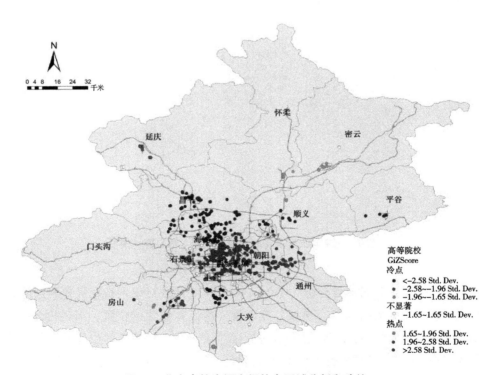

图 11　北京高校资源空间热点区域分析和建议

四、结论与讨论

疏解非首都功能，志在解决北京人口增长过快、区域集中的问题。本文从"以业控人"推进非首都功能疏解的角度出发，利用北京市"三经普"、第六次人口普查及微观企业数据，结合 GIS 空间分析手段，进行了北京市产业空间布局研究，分析了制造业、服务业和高等教育业等行业的集聚情况和疏解方向，以及就业人口的增长、收缩区域和"聚人"多的工业和服务业行业构成。

从工业和服务业布局演变过程来看，北京市各阶段城市功能布局与产业布局呈现高度呼应，尽管近年来工业和服务业分布的集中度降低，地区专门化程度提高，但产业功能在中心城高度集聚的状况仍然没有改变。从地区差异来看，远郊区县的产业规模、地均产出强度和土地集约利用程度均与城六区相去甚远，产出效率呈现中心—外围递减趋势。

对就业结构的研究发现，城市发展新区和城市功能拓展区是 2008 年以来北京市就业人口增长的主要承接区域，门头沟是唯一连续 3 年实现就业人口收缩的区域。综合考察外来就业人口构成、平均受教育年限等指标，以家具制造业、纺织服装鞋帽制造业等为代表的 16 类工业行业大类和以批发业、零售业、道路运输业等为代表的 10 类服务业行业大类是产业调整疏解的对象。

同时，空间分析表明，未来调整疏解非首都功能产业的布局方向应落入距离市中心 30km～50km 的区域空间范围，昌平、顺义、房山、通州应是承接首都非核心功能产业调整疏解的一类区域（重点区域）；北京市域内高校资源的疏解方向应为西南、西北和东北，即房山、昌平、顺义。

我们认为，产业调整疏解过程既包括非首都功能产业的淘汰退出、结构升级，也包括产业在空间上的疏解转移、布局优化。北京致力于寻求控制人口的努力仍将持续，而简单地用行政手段控制人口（尤其是流动人口）引起的争议与矛盾也将是北京持续面临的问题。随着产业空间与城市空间、人口分布的关联程度进一步加深，非首都功能疏解的重点环节就在于市域乃至区域内产业功能布局调整的空间安排，通过产业疏解带动人口迁移。正如本文在"已有研究评述中"所述，与传统产业理论研究有所区别，功能疏解条件下的城市产业布局问题研究，有赖于对特大型城市功能疏解的规律性、特殊性的系统把握，尤其是对城市功能演进与产业迁移的作用关系的深入研究。伴随城市产业结构每一次质的跃进，城市功能呈现出明显的阶段性特征，包括在原有基础上叠加形成新的功能，新功能与原有功能融合发挥更强的功能效应。鉴于此，有待于今后对政府的产业空间政策对非首都功能疏解的影响效果进行更深层次的探讨。

下　篇

新常态下的产业发展

中国促进自主创新的税收优惠政策研究[1]

朱晓青[2]　叶甫盖尼娅·库克琳娜[3]　谢天成[4]　孙玉秀[5]

自主创新含义广泛，目前学界尚未达成共识。但流行定义较为贴切，重点强调"技术创新"，包括技术的原始创新、集成创新和消化吸收再创新。本文定义自主创新，即为技术创新。自主创新寻求的不是理论研究成果，而是实际应用价值，能够给创新主体带来收益，甚至是新技术垄断的高收益。因此，自主创新是企业发展的核心驱动力，也是国家掌控技术发展的主动权和主导权、构建国家创新体系的关键。

新常态下，中国市场出清压力大，"僵尸"企业必被淘汰。这给自主创新企业崛起腾出了巨大的市场空间，迫使企业必须主动加大科技投入，探索自主创新的路径和办法。但自主创新绝非易事，不仅投入要素品质高、数量大、研发周期长，而且技术成果的应用价值或市场长期收益的高低也难以预期，这反过来又抑制了企业自主创新的驱动力，严重影响了国家创新体系的建设和国民经济的高质量稳步增长。

为解决问题，学界现在形成两派意见。一派意见认为，税收优惠政策对自主创新的促进作用有限，特别是地方性税收优惠政策，对国家统一税制有很大负面影响，应当终止；国家可以采取其他财政政策，包括政府采购、设立中小企业创新基金、加大科技投入等方式，促进自主创新。另一派意见则认为，税

① 北京市委党校学科建设项目（2013XKJ004）和北京市自然科学基金青年项目（9144029）资助。
② 朱晓青：北京市委党校经济学教研部主任、教授。
③ 叶甫盖尼娅·库克琳娜：俄罗斯总统附属国民经济与公共管理学院西北分院经济系副主任、教授。
④ 谢天成：北京市委党校经济学教研部副教授，理学博士。
⑤ 孙玉秀：北京市委党校工商管理教研部副教授，经济学博士。

收优惠政策对自主创新的促进作用很大，地方性税收优惠政策功不可没，不能终止，只能适度限制和调整方向；而国家层面的税收优惠政策应当进一步拓展。针对这两种不同意见，本文做国际比较性的综合论证，并联系实际，就完善中国税收优惠政策提出一些新观点、新建议。

一、税收优惠政策对自主创新的作用和激励机制

在理论上，保护幼稚产业理论就主张，对进口商品实行高关税，对进口技术和关键设备实行减免关税或减免进口环节各类税费的优惠政策，以促进内资企业自主创新，形成新的产业竞争力。在实践上，这种理论观点被各国普遍接受。

但在一国内部企业之间存在相互竞争的关系，如果给部分企业税收优惠，就意味着部分企业享有特权，造成事实上的不公平竞争。因此，有些国家对内就不实行促进自主创新的税收优惠政策。这方面的典型事例，以德国为代表。德国的主要做法：一是制定规划。例如，2010 年推出《德国高技术战略2020》，2013 年推出《德国工业 4.0 战略计划实施建议》。二是加大政府研发投入。德国政府年研发投入占全部研发投入的 1/3，并规定对国内大型非营利研究机构的经费支持，每年至少增长 3%。三是推行政府采购和严格的知识产权保护政策。四是政策干预中小企业的自主创新活动。只要中小企业安排科研任务，公布需要攻克的难题，就可以得到国家的奖励基金；任何国家级大型科研项目，必须至少有一个中小型企业参加，否则就不予批准。五是建立非营利性研究机构与企业合作。例如，2013 年主要靠政府经费支持的马普学会有 700多名科学家、弗劳恩霍夫协会有 7000 多名科学家、赫尔姆霍茨协会有 10000多名科学家和高级管理人员、莱布尼兹科学联合会有 6500 多名科学家，这些非营利性研究机构，都有义务将研究成果无偿提供给企业。六是支持高校与企业合作。德国高校科研经费的 30% 来自政府投入，高校有义务将研究成果无偿提供给企业。七是建立科技创新服务平台。例如，政府设立的史太白经济促进基金会，下设 520 个技术转移中心，遍布德国和世界各地，具有完整的技术转移扩散网络，架起了科研成果与企业特别是中小企业之间的桥梁。归纳德国的做法，一言以蔽之，实际是科技投入为主，不搞税收优惠。

针对德国的做法，理论上也有诟病。即追加政府科技投入，必然产生对企业研发投入的挤出效应，使企业丧失自主创新的主动权和灵活性。德国的做法

不是最佳。最佳的做法应当是"双轮驱动"，即政府科技投入与税收优惠政策并用。因为，一方面与直接的科技投入方式相比，税收优惠政策是以间接方式给予企业的，对市场运行机制产生的负面影响较小，能够最大限度地保留企业作为创新主体的主动权与决策权；另一方面税收优惠政策对税率、税期和纳税内容等方面都有明确规定，政策实施能够保持相对稳定和避免腐败行为，更便于激活企业自主创新的内在动力。因此，税收优惠政策也是促进自主创新的最为重要和有效的手段之一，绝不能被科技投入所取代。

正是基于"双轮驱动"的理论依据，世界上绝大多数国家都采取直接与间接并重的方式促进自主创新，使税收优惠政策的作用得以显现。以俄罗斯为例，2007 年以前，俄罗斯几乎没有激励自主创新的税收优惠政策，仅有的、针对研发经费的所得税优惠政策，也只是扣除实际研发经费支出的 70% 作为税基，即 30% 的研发费用要缴纳所得税。这种做法影响了创新主体的主动性和积极性，甚至减缓了俄罗斯自主创新的国家发展战略的实施。针对这种情况，俄罗斯政府借鉴新兴市场国家的经验，特别是中国、韩国和新加坡等亚洲新兴市场国家的经验，于 2007 年 7 月 19 日通过了联邦法第 195 条，关于"俄罗斯联邦为创新活动提供资金支持的税收优惠条件的修订案"，陆续出台了一些税收优惠政策，并从 2008 年开始全面实施，以激励自主创新。2009 年俄罗斯完成了对税制的阶段性改革，出台了专门的税收制度，大幅度降低了主要税种的税率，企业所得税率从 30% 降低到 20%，个人收入所得税税率降到 13%。目前，俄罗斯为激励自主创新已形成了一个税收优惠与科技投入相配合的税收投资体系。该体系不仅明确了获取税收优惠与科技投入的主体和项目，而且涵盖折旧特别优惠的内容。其中税收优惠政策涉及多个税种，涵盖简化纳税手续、税率分化、税额延期支付、减少税基和降低税额本身等多项措施。俄罗斯税收投资体系的主要内容见表 1。

表 1　俄罗斯联邦税收投资体系的主要内容

享受税收投资体系的主体和项目	符合以下四个条件之一：科学研究和开发；创新成果转换；有关地区经济社会发展的重大课题；国家国防课题
增值税	免除增值税
所得税	俄罗斯基础研究基金、俄罗斯科技发展基金、俄罗斯社科基金、俄罗斯中小科技企业发展基金和俄罗斯生产创新基金的拨款免除所得税

续表

土地税	经济特区的企业拥有土地所有权的 5 年内免缴土地税
简化缴税体系	扩大采用简化缴税体系企业的支出清单
折旧	用于科学技术研究的设备折旧允许采用专门的折旧率
俄罗斯基金	增加对俄罗斯科技发展基金和其他科研基金的拨款，从 0.5% 增至 1.5%
财产税	经济特区企业在经济特区范围内拥有财产的 5 年内免缴财产税

资料来源：俄罗斯总统附属国民经济与公共管理学院西北分院叶甫盖尼娅·库克琳娜教授提供资料，北京市委党校孙玉秀副教授翻译。

　　叶甫盖尼娅·库克琳娜教授认为，税收投资体系的建立，使俄罗斯对自主创新的推动力，由过去的单手变成了现在的双手，甚至是三手（科技投入、税收优惠和加速折旧），推动力肯定比过去大，效果肯定比过去好。尽管在实施税收优惠政策的实践中，还存在不少亟待解决的问题，包括调整法律和详解法律的障碍、不该享受特权的企业享有特权（逃税）、真正享受特权的部分企业难以持续推出新技术等。但问题总是可以解决，正效应总是大于负效应，俄罗斯将坚定实施和不断拓展激励自主创新的税收优惠政策。

　　综合归纳起来，税收优惠政策对自主创新的激励机制主要体现在四个方面：一是提高自主创新的收益。因为创新活动具有外溢性，研发活动具有公共性，所以企业创新收益通常低于社会收益。政府通过放弃强制性征收部分税款的方式，并将这部分税款让渡给企业，就可以降低企业自主创新的成本，增加企业预期收益，激励企业开展自主创新活动。二是降低自主创新的风险。因为在市场经济活动中，风险与不确定无处不在，如果投资预期收益低于风险成本，企业就会放弃进行自主创新的投资意愿或不敢扩大自主创新的融资规模。通过税收抵免、退税、减税、免税等优惠政策，就可以降低或由政府分担企业对自主创新的投资风险。三是促进自主创新资金的筹集。税收优惠政策中的费用加计扣除、研发费用抵免、投资抵免等措施，实际为企业自主创新筹集了部分专项资金，而与之配套的加速折旧优惠政策，实际是延后了企业的纳税期限，这也相当于从政府手中取得了一笔无息贷款，用于对自主创新的投资。四是影响自主创新的人力资本供求。自主创新的源泉是人力资本。通过降低个人所得税的优惠政策，可以增加人力资本的供给；通过工薪税前列支以及培训费和服务费的税收减免等优惠政策，可以增加企业对人力资本的需求。两者相互作用，可以激励人力资本不断向创新企业集聚，加快自主创新的发展。

二、中国促进自主创新的税收优惠政策的主要内容和成效

1985 年 3 月中国颁布了《中共中央关于科学技术体制改革的决定》（中发〔1985〕6 号），首次出台对技术成果转让收入给予税收优惠的政策。1994 年中国对税制进行了全面改革，促进自主创新的税收优惠政策也逐步推出。2005 年以后中国又对原有税制进行了逐步完善，包括对流转税制、所得税制、出口货物退税制、营业税制和资源税制等进行改革与细化。相应地，中国也逐渐形成了覆盖较为全面的促进自主创新的税收优惠政策体系。这一政策体系的主要内容，不仅涉及税种、税率、税基、纳税期限等多方面的税收征管环节，并与科技投入政策和加速折旧政策相配合，而且聚焦高技术生产企业、创业投资企业、研发设计企业、软件企业和动漫企业等不同类型的生产服务企业，力求明晰税收激励的企业标准，避免企业逃税行为，促进发展方式转变，构筑以激励企业为主的、多元化的税收优惠政策体系，凸显"中国特色"。在此仅择要点，列出目前中国促进企业自主创新的主要税收优惠政策，见表 2。

表 2　中国促进企业自主创新的主要税收优惠政策

政策名称	主要内容
高新技术企业优惠政策	国家需要重点扶持的高新技术企业，经认定后，减按 15% 的税率征收企业所得税
研发费用加计扣除优惠政策	企业为开发新技术、新产品、新工艺发生的研究开发费用，未形成无形资产计入当期损益的，在按照规定据实扣除的基础上，按照研究开发费用的 50% 加计扣除；形成无形资产的，按照无形资产成本的 150% 摊销
技术转让优惠政策	一个纳税年度内，企业技术转让所得不超过 500 万元的部分，免征企业所得税；超过 500 万元的部分，减半征收企业所得税
加速折旧优惠政策	企业拥有并用于生产经营的主要或关键的固定资产，由于以下原因确需加速折旧的，可以缩短折旧年限或者采取加速折旧的方法：由于技术进步，产品更新换代较快的；常年处于强震动、高腐蚀状态的
技术先进型服务企业优惠政策	在 21 个中国服务外包示范城市，2013 年 12 月 31 日前，经认定的技术先进型服务企业，减按 15% 的税率征收企业所得税。认定的技术先进型服务企业发生的职工教育经费支出，不超过工资薪金总额 8% 的部分，准予在计算应纳税所得额时扣除；超过部分，准予在以后纳税年度结转扣除

政策名称		主要内容
创业投资企业 优惠政策		创业投资企业采取股权投资方式投资于未上市的中小高新技术企业 2 年以上的，可以按照其投资额的 70% 在股权持有满 2 年的当年抵扣该创业投资企业的应纳税所得额；当年不足抵扣的，可以在以后纳税年度结转抵扣
其他相关优惠政策	软件企业 优惠政策	符合条件的软件企业，经认定后，在 2017 年 12 月 31 日前自获利年度起计算优惠期，第 1~2 年免征企业所得税，第 3~5 年按照 25% 的法定税率减半征收企业所得税，并享受至期满为止
	集成电路 设计企业 优惠政策	中国境内新办的集成电路设计企业，经认定后，在 2017 年 12 月 31 日前自获利年度起计算优惠期，第 1~2 年免征企业所得税，第 3~5 年按照 25% 的法定税率减半征收企业所得税，并享受至期满为止
	集成电路 生产企业 优惠政策	集成电路线宽小于 0.25 微米或投资额超过 80 亿元的集成电路生产企业，经认定后，减按 15% 的税率征收企业所得税，其中经营期在 15 年以上的，在 2017 年 12 月 31 日前自获利年度起计算优惠期，第 1~5 年免征企业所得税，第 6~10 年按照 25% 的法定税率减半征收企业所得税，并享受至期满为止。集成电路线宽小于 0.8 微米（含）的集成电路生产企业，经认定后，在 2017 年 12 月 31 日前自获利年度起计算优惠期，第 1~2 年免征企业所得税，第 3~5 年按照 25% 的法定税率减半征收企业所得税，并享受至期满为止
	动漫企业 优惠政策	经认定的动漫企业自主开发、生产动漫产品，可申请享受国家现行鼓励软件产业发展的所得税优惠政策

资料来源：根据国家税务总局网站提供的资料归纳、整理。

　　叶甫盖尼娅·库克琳娜教授认为，与俄罗斯现行的税收投资体系相比，中国的税收优惠政策体系既体现政策配合多元化，又展现激励主体企业化，能够发挥很好的激励机制作用，提升企业自主创新能力。事实上，中国税收优惠政策的实施，在实践中的确成效显著。以北京中关村国家自主创新示范区为例，2009 年获国家批准设立后，中央政府在国家层面制定了鼓励先行先试的一系列税收优惠政策，北京市政府也密切配合出台了相应的税收优惠政策，包括：2010 年出台《关于贯彻落实国家支持中关村科技园区建设国家自主创新示范区试点税收政策的通知》，提出对符合条件的科技创新企业，可以在规定期限内向主管税务机关申请一次性备案，享受示范区试点税收优惠政策；2011 年出台的《北京市人民政府关于进一步促进科技成果转化和产业化的指导意见》，提出开展股权激励个人所得税政策试点；同年出台的《加快建设中关村人才特区行动计划（2011～2015 年）》，提出对符合现行政策规定的企业与科研机构，在合理数量范围内进口境内不能生产或性能不能满足需要的科研、教学物品，免征进口关税和进口环节增值税、消费税；2012 年出台的《关于中关村国家自主创新示范区建设国家科技金融创新中心的意见》，提出强化税收政策的激励引导作用，落实好企业研发费用加计扣除等政策。这些优惠税收政策的实施，极大地促进了企业自主创新的主动性和积极性，推动中关村国家自主创新示范区的建设取得显著成效。根据北京市统计局公布的数据计算，2013 年中关村国家自主创新示范区企业内部用于科技活动的经费支出为 1032.6 亿元，比 2008 年增长 2 倍；拥有发明专利为 35000 项，比 2008 年增长 3.6 倍；发表科技论文 13227 篇，比 2008 年增长 2 倍；科技活动人员 50 万人，比 2008 年增长 1.6 倍；留学归国博士人员 1.8 万人，比 2008 年增长 18 倍；资产总计 5.1 万亿元，比 2008 年增长 2.7 倍；主营业务收入 3 万亿元，比 2008 年增长 2.3 倍；利润总额 2264.8 亿元，比 2008 年增长 2 倍。

三、中国促进自主创新的税收优惠政策现存突出问题分析

中国制定和实施的促进自主创新的税收优惠政策体系，现在还存在不少突出问题。问题的主要"症状"和成因分析如下：

1. 地方性税收优惠政策"比拼"负效应大

中国现在实行分税制，除中央税外，通过共享税和地方税以及土地出让金收入，地方政府获得了很大财力。在此条件下，地方政府往往不是单纯服务于提升企业自主创新能力，而是出于本地经济利益、品牌形象利益乃至决策者个人利益（如政绩和晋升）等因素的考虑，制定了形式多样的促进自主创新的税收优惠政策。这包括：在一定年限内地方性税收全部返还；在一定年限内地方性税收减半；根据年纳税额，给予不同比例的地方性税收返还或奖励；结合地方性税收优惠政策捆绑土地出让和房产租售的优惠政策等。以增值税（属共享税）为例，有的地方政府规定：企业年纳税额在 40 万～100 万元，按纳税额的 3% 返还；在 100 万～500 万元，按纳税额的 5% 返还；在 500 万～1000 万元，按纳税额的 7% 返还；在 1000 万元以上，采取一事一议的办法，具体确

定税收返还的比例。这种形式多样的地方性税收优惠政策，虽然在理论上说，可以同中央的税收优惠政策形成复合正效应，对自主创新的激励作用更大，但在实践中却产生了各地税收优惠政策相互攀比、恶性竞争的突出问题。结果不仅滋生了企业避税、逃税行为，严重影响国家统一税制的严肃性，也加剧了区域经济发展的不平衡，负效应明显。当然，在此应当强调指出，地方政府的税收优惠政策，并不代表中国促进自主创新税收优惠政策的主流。

2. 现行税收优惠政策体系的协同性和完备性不足

中国现行税收优惠政策体系是在"摸着石头过河"的改革中逐步形成的。一方面不可能事先做出完备的顶层设计；另一方面随着互联网经济的发展和新业态、新组织、新融资方式的不断涌现，税收优惠政策的更新速度相对滞后，适应性、协同性和完备性必然面临挑战。例如，在职大学教师设立网络科技公司，注册资本金 10 万元，如果教师不辞职，工作量考核和职称晋升怎么办？研发成果的知识产权归谁？如果风险投资注资 100 万元，持股 10%，由此引起的注册资本金变更，是否需要缴纳差额部分（1000 万 – 10 万 = 990 万元）的税款？类似众多实际问题，涉及规制面宽，现行税收优惠政策体系无法解决。由此综合归纳而言，中国现行税收优惠体系的完备性和协同性不足，集中表现在五个方面：一是在优惠内容上，分散在企业所得税、个人所得税、增值税、营业税、关税、进口环节增值税、进口环节消费税、房产税、城镇土地使用税等多个税种中。二是在优惠环节上，大多针对企业前期研发投资行为进行费用扣除或税收减免，没有惠及企业管理、营销等环节。三是在优惠方式上，以"直接减免、事后优惠"的方式为主，国际上通行的税前扣除、加速折旧、税收抵免等间接优惠方式力度不大。四是在优惠对象上，以企业为主体，特别是对高科技企业的优惠力度最大，对科研机构、高校和个人的自主创新行为优惠较少。五是在政策协调上，以配合科技投入政策为主，政府采购政策、中介服务政策、收入分配政策、融资政策、产业联盟政策、社会保障政策等配合的内容较少。特别是在以"云、网、端"为基础的，围绕"众需、众创、众筹、众扶、众包"新型生产服务方式而展开的自主创新活动，可以依托互联网资源平台和协同工具，根据一个自主创新的共同目标，将分布于不同行业、不同部门、不同地域、不同单位的创新主体融合在一起，通过多方位交流、多样化协作，共同完成创新任务，形成新成果、新决策、新产业和新市场，大大提升自主创新的质量和效率。对此，迫切需要建立多元的、各种政策相互配合的税收优惠政策体系。

3. 现行税收优惠政策体系的准入门槛过高

中国现在对享受税收优惠政策的高技术企业有前置性认定标准，只有符合标准的企业，才能享受税收优惠政策。这种做法，对自主创新能力较强的、处于成长期和成熟期的企业有利，对自主创新能力较弱的、处于种子期和初创期的企业不利。结果导致"锦上添花"，自主创新能力越强的企业获得的税收优惠越多，而更需要政策扶持的、处于自主创新起步阶段的中小企业，要获得"雪中送炭"的税收优惠，步履维艰、难度极大。这种过高的政策门槛，与互联网经济时代的企业合伙制、经营规模小型化、组织结构扁平化、注重发挥创客与极客作用的发展大趋势，也显得格格不入，亟待完善。

四、完善中国促进自主创新的税收优惠政策的思路和主要措施

新常态下，中国要保持中高速发展和中高端质量水平，就需要转换发展动力和方式，激励创新、鼓励消费和加快服务业发展。采取降税的普惠制（包括降低关税、消费税和免除小微企业所得税等）和营业税改增值税的优惠制（尤其是增值税按 6% 低档税率征收），不失为一种好办法。在此基础上，针对促进自主创新的税收优惠政策现存的突出问题，也需要借鉴理论、经验，明确思路，采取有力措施加以解决。

1. 制定统一的地方性税收优惠政策，在中西部和东北地区实施

中国经济发展存在区域性差异，要推进中西部和东北地区的经济发展特别是服务业的发展，中国就应当依据产业梯度转移理论，鼓励有自主创新能力的企业，从东部地区向中西部和东北地区转移。相应地，对中西部和东北地区推出的促进自主创新的税收优惠政策，就不能采取"一刀切"的取缔办法，而应当本着趋利避害的原则，制定统一的政策标准，即禁止免税、优惠期限不超 3 年、返还比例不超 6%。有了这三条，就可以避免出现政策比拼超"国标"、恶性竞争和企业逃税等问题。

2. 科技投入政策与税收优惠政策要强化对个人创新行为的激励

中国科技投入政策有一个致命缺陷，即政府和企业的研发经费投入不能全部或绝大部分直接转化为个人收入，以股权、期权等间接方式转化为个人收入

的部分也只占很小的比例。这种做法，不利于充分调动科研人员的创新积极性，甚至导致科研人员研发经费花不出去的"怪现象"。要深化改革，中国就必须借鉴德国和俄罗斯的经验，允许将政府和企业的研发经费投入直接转入个人专项账户，由科研人员自由支配。如果科研人员完不成研发任务，则加罚扣除个人收入或资产。在此基础上，中国还可以配之税收优惠政策，免征科研经费转化为个人收入的所得税，并对个人为提高自身素质而产生的教育培训费实施税前抵扣优惠，以强化科技投入政策与税收优惠政策对个人创新行为的激励，促使税收优惠对象能够直接延伸至创客、极客。当然，为鼓励企业、研究机构、高校与个人进行研发合作，也可以依据企事业单位与个人签订的研发合作协议或合同，给予当事双方抵扣或减免所得税的优惠。

3. 配合天使投资和风险投资，实施税收优惠政策

天使投资和风险投资类似于"猎头公司"，能够有效捕捉具有高技术、高成长性的处于种子期和初创期的企业，也能够有效捕捉创建互联网平台经济的新兴企业。因此，中国税收优惠政策可以跟着天使投资和风险投资走，只要企业获得一定数量（如100万元以上）的天使投资或风险投资，就可以享受一定期限的增值税和所得税的优惠，以降低税收优惠门槛，达到"雪中送炭"的目的。同时，为促进天使投资和风险投资的发展，中国还应当拓展针对天使投资和风险投资的税收优惠政策。这包括：对投资于天使投资和风险投资的企业、个人实行所得税事先抵扣或免税，对天使投资和风险投资作为机构的所得收入按15%优惠税率计征所得税。

4. 加大间接优惠政策的力度，实现直接优惠政策与间接优惠政策的有机结合

中国采用降低税率和税额减免等直接优惠方式，实际是对企业经营结果的事后利益让渡，实践中存在以盈利能力论"英雄"的负效应，即鼓励企业关注盈利商业模式，忽视长期自主创新能力的提升，导致技术创新成果的质量特别是发明专利的数量下降和企业研发能力的后劲不足。要解决这一问题，中国就需要强化直接优惠政策与间接优惠政策的相互协调和有机结合，实施更有针对性的间接优惠政策。主要措施：一是加大加速折旧的优惠力度。对研发使用的先进设备、先进仪器和房屋等，给予特别的折旧优惠，并允许企业根据自身发展特点，制定具体的加速折旧方法。二是针对不同的创新产品及其形成阶段实施不同的税收优惠政策。对发明型产品一方面要给予所得税、增值税和消费税的优惠；另一方面也要在产品研发阶段，实施政府直接投资、专项补贴、研

发经费税前抵扣和加大知识产权保护力度的优惠政策，并在产品商业化阶段实施政府采购的优惠政策。而对普通工艺改造或外观方面的创新产品，则有必要降低税收优惠政策的力度，缩短税收优惠期限。三是对享受税收优惠政策的企业进行跟踪评估，推进由"事前优惠"向"事后奖励"的转型。主要办法是由政府出资，设立企业创新奖励基金和企业创新投入准备金，通过第三方评估机构或诚信采集平台，对企业特别是中小型、初创型、新兴型的企业进行创新能力、创新成果和管理水平的综合跟踪评价。依据评价结果，择优对企业及其创新成果进行奖励和投资，以实现奖励、投资与税收优惠的三结合。四是由政府出资，搭建、整合、集成各类创新服务平台和产业联盟，构建完整的技术创新和技术转移的网络体系，为各类创新主体特别是中小企业提供中介服务。

5. 以科技投入和税收优惠的方式，鼓励科研机构和高校创建研发公司

中国要全面深化科研机构和高校的管理体制改革，允许科研机构、高校与在职职工共同出资设立"研发公司（即创新企业）"，资金来源可以多元化，包括财政拨款、科研项目经费、民间资本和职工自筹资金等，并切实解决好在职职工的工作方式、工作量考核、职称评定、养老医疗保险认缴等方面的实际问题。在此基础上，配合对研发公司的税收优惠政策和技术成果转移的奖励政策，不断加大政府对科研机构和高校的科技投入力度，以通过扶持研发公司的方式，促进自主创新的发展。

新常态下中国服务业发展的新趋势和新要求

朱晓青[1]　　赵刘琳[2]

新常态（New Normal）是 2009 年以来，国外经济界使用频率很高的新概念，用以描述 2008 年国际次贷危机后，西方国家经济增长缓慢、通缩严重、失业率上升，需要通过政府干预或转化经济政策，才能促使经济缓慢恢复，达到稳定状态。这一概念，经过莱因哈德（Carmen Reinhard）、罗格夫（Ken Rogoff）、萨默斯（Larry Summers）、克鲁格曼（Paul Krugman）等美国经济学家的分析论证，被国际社会广泛认可。这一概念所涵盖的基本研究结论：一是世界经济再也无法回到国际金融危机之前的稳定正常状态（年均 5% 增长），它将面临一个全新的正常状态（年均 3% 左右的增长）；二是发达国家要提升经济增长，政府的减税、限薪、削富和低利率政策将长期化，创业创新和再工业化政策也会刺激就业增长；三是大宗资源品价格将维持在低水平，通缩将阻碍需求增长，只有通过优化供给和差异化供给方式，才能创造需求。这些研究结论实际强调"供给侧"的新型调控措施，而不是单纯追求"需求侧"的救助方案，以促进市场出清，寻求新的供求均衡。

在中国，习近平总书记对新常态赋予新的理论解读和实践认识。2014 年 5 月，习近平总书记在河南考察时第一次提及新常态，指出要从当前中国经济发展的阶段性特征出发，适应新常态，保持战略上的平常心态。之后，习近平总书记又系统阐述了新常态的三大特点和九大趋势。其中三大特点是从高速增长转为中高速增长，经济结构不断优化升级，从要素驱动、投资驱动转向创新驱

① 朱晓青：北京市委党校经济学教研部主任、教授。
② 赵刘琳：财政部财政科学研究所在读博士，高级经济师、高级会计师。

动；九大趋势就是从消费需求、投资需求、出口和国际收支、生产能力和产业组织方式、生产要素相对优势、市场竞争特点、资源环境约束、经济风险积累和化解、资源配置模式和宏观调控方式九大维度看待新常态。通过对习近平总书记关于新常态理论和实践观点的再认识，不难发现，中国经济发展现已进入新常态，要适应新常态、推进新常态，就必须立足现实经济的新变化、新条件和新要求，放眼长期发展大趋势和阶段性特点，转换经济增长的动力、方式、结构和发展目标，努力探索推进经济中高速增长和达到中高端水平的新认识、新思路和新方法。

在中国现实经济发展中，服务业增速加快，超过工业增速，占据主导产业地位，无疑是经济结构优化、产业升级和进入新常态的主要标志，也是消费引导供给、提升供给档次、优化资源配置、满足生产者和消费者对服务需求的必然结果。按照富克斯的说法，服务业占 GDP 超过 50% 就意味着服务经济时代降临。[1] 2015 年 1~6 月，中国服务业占 GDP 比例为 49.5%，同比增速 8.4%，超过工业 6% 的水平，预计全年服务业占 GDP 比例将超过 50%。这说明中国即将实现由工业主导向服务业主导的产业升级，跨入服务经济时代。尽管这一时代的降临，比美国晚了 60 多年，但它却充分展现了在新常态下中国经济增长的新动力和新特点。为深入探讨这一新动力和新特点，努力寻求推进中国服务业发展的新路径，本文着重论证以下几个问题。

一、中国服务业发展的新趋势

1. 服务业占 GDP 比例快速提升

早在"十一五"规划时期，中国就明确提出服务业占 GDP 比例提升 3 个百分点的要求，但实际指标并未实现。2007~2011 年中国服务业占 GDP 比例徘徊在 42.9%~44.4%。从 2012 年开始，中国服务业占 GDP 比例快速提升，当年达到 45.5%，比 2011 年增长 1.2 个百分点，至 2014 年已提升到 48.2% 的水平，提前完成"十二五"时期设定的 47% 的预期指标。与此同时，中国服务业增速在 2013~2014 年皆超过第二产业和工业的增速，这说明中国产业结构升级明显加快，见表 1。

---

① 富克斯. 服务经济学 [M]. 许微云等译. 商务印书馆，1987.

表1 2012~2014年中国服务业增速和占GDP比例

单位:%

年份	服务业		第二产业		工业	
	增速	占GDP比例	增速	占GDP比例	增速	占GDP比例
2012	8.0	45.5	8.2	45.0	7.9	38.3
2013	8.3	46.9	7.9	43.7	7.6	36.9
2014	8.1	48.2	7.3	42.6	7.0	35.8

资料来源:根据《中国统计摘要(2015)》数据整理得出。

2. 服务业对GDP增长的贡献率和拉动超过第二产业

2014年中国服务业对GDP增长的贡献率为48.9%,首次超过第二产业46.3%的水平;服务业对GDP增长的拉动(GDP增速与贡献率的乘积)为3.6%,也首次超过第二产业3.4%的水平。这说明中国经济增长的动力开始显现依赖服务业增长的新趋势。

3. 服务业就业人数快速增长

2006~2010年,中国服务业就业人数占三次产业就业总人数的比例,由32.2%提升到34.6%,仅增长2.4个百分点,未完成"十一五"规划时期设定的指标,而同期第二产业就业人数占三次产业就业总人数的比例却提升了3.5个百分点,超过服务业增幅59%。进入"十二五"规划时期,2011~2014年中国服务业就业人数占三次产业就业总人数的比例,由35.7%上升到40.6%,首次突破40%大关,增幅近5个百分点,提前完成"十二五"规划时期设定的增长4个百分点的指标,大大超过同期第二产业增幅仅为0.4个百分点的水平。这说明中国服务业在吸纳就业方面已显示出明显优势。

4. 服务业固定资产投资明显加快

2014年中国制造业固定资产投资增速仅为13.5%,与之相比,除金融业、房地产业和住宿餐饮业(住宿和餐饮业简称)外,其他服务业的固定资产投资增速皆超过制造业。其中信息服务业(信息传输、软件和信息技术服务业简称)增速为38.6%,商务服务业(租赁和商务服务业简称)增速为36.2%,科技服务业(科学研究和技术服务业简称)增速为34.7%,医疗保健业(卫生和社会工作简称)增速为27.6%,批发零售业(批发和零售业简称)增速为25.7%,教育业增速为24.0%,环境管理业(水利、环境和公共设施管理业简称）增速为 23.6%，文体娱乐业（文化、体育和娱乐业简称）增速为 18.9%，运输仓储业（交通运输、仓储和邮政业简称）增速为 18.6%，居民服务业（居民服务、修理和其他服务业简称）增速为 14.2%，公管组织业（公共管理、社会保障和社会组织简称）增速为 13.6%。这说明中国服务业的投资需求特别是信息服务业、商务服务业和科技服务业的投资需求作为经济增长引擎的作用日益突出。

5. 服务消费快速增长

2014 年中国居民人均消费支出增速最快的是交通和通信，增幅为 14.9%，其次是医疗保健，增幅为 14.5%；城镇居民消费支出增速居前两位的是交通通信和医疗保健，增幅分别为 13.8% 和 14.9%；农村居民消费支出增速居前两位的是交通通信以及教育、文化和娱乐，增幅分别为 15.7% 和 13.9%。由此可见，以交通通信、医疗保健、教育、文化和娱乐为代表的服务消费，是中国消费增长的引擎。这为中国服务业快速发展提供了强大动力。

6. 以电子商务为代表的新型服务方式迅猛增长

2014 年中国电子商务交易额高达 16.4 万亿元，同比增长 59.4%。其中在企业自建的电商平台（简称纯自营平台）上实现交易额 8.7 万亿元，同比增长 65.9%；在为其他企业或个人提供商品或服务交易的电商平台（简称纯第三方平台）上实现交易额 7 万亿元，同比增长 53.8%；在既有第三方又有自营的混营平台（简称混营平台）上实现交易额 0.7 万亿元，同比增长 41.1%。特别是实现网上零售额 2.8 万亿元，同比增长 49.7%，其中限额以上单位网上零售额为 4400 亿元，同比增长 56.2%。这说明依托互联网服务平台，中国服务业发展的创新动力和智能化水平显著提升，企业和社会大众越来越青睐电子服务方式。

7. 服务业利用外资规模不断扩大

2014 年中国实际利用外资 1196 亿美元，其中服务业实际利用外资 662.4 亿美元，同比增长 7.8%，占实际利用外资总额的比例为 55.4%。在服务业实际利用外资中，分销服务业和运输服务业规模扩张较大，分别为 77.1 亿美元和 44.6 亿美元。而同期，制造业实际利用外资 399.4 亿美元，同比下降 12.3%，占实际利用外资总额的比例仅为 33.4%。这说明中国服务业对外资的吸引力已大大超过制造业，成为中国利用外资的新引擎。

8. 服务业对外投资大幅度增长

2014 年中国运输仓储业、信息服务业、批发零售业、房地产业和商务服务业对外直接投资额共计 622.4 亿美元，已接近外商直接投资额的同类指标，占对外直接投资总额（1029 亿美元）的比例为 60.5%，比 2013 年增长 28.1%，大大超过外商直接投资额的增长幅度，并与制造业对外投资下降形成巨大反差。这说明中国服务业的对外投资能力显著增强，已成为中国对外投资的主导力量。见表 2。

表 2　2014 年中国非金融类服务业、制造业外商直接投资和对外直接投资情况

行业	外商直接投资额 （亿美元）	比上年增长 （%）	对外直接投资额 （亿美元）	比上年增长 （%）
运输仓储业	44.6	−15.4	29.3	17.2
信息服务业	27.6	5.7	17.0	100.0
批发零售业	94.6	−17.8	172.7	26.3
房地产业	346.3	20.2	30.9	45.8
商务服务业	124.9	20.2	372.5	26.5
服务业合计	638.0	10.4	622.4	28.1
制造业	399.4	−12.3	69.6	−19.8

资料来源：根据《2014 年国民经济和社会发展统计公报》数据整理得出。

二、中国服务业发展面临的突出问题

1. 服务业总体发展水平低

根据世界银行统计，[①] 2011 年世界服务业占 GDP 比例平均为 70.2%，高收入国家为 74%，2013 年中等收入国家为 55%。其中 2011 年美国为 78.6%，2013 年法国、德国分别为 79.4% 和 69%，2012 年日本为 73.1%。与之相对应，发达国家的服务业就业人数占三次产业就业总人数的比例也非常高，2010 年美国、日本分别为 81.2% 和 69.7%，2012 年法国、德国分别为 74.9% 和 70.2%。对照中国同类指标数据就不难发现，中国服务业占 GDP 比例与世界

---

① 中华人民共和国国家统计局. 国际统计年鉴（2014）[M]. 中国统计出版社，2014：49-67。

平均水平和发达国家水平相差 20 多个百分点，服务业就业人数占三次产业就业总人数的比例与发达国家水平相差 30 多个百分点。[①]

特别是根据联合国统计，2012 年美国批发、零售贸易、旅馆和饭店业占GDP 比例为 14.8%，中国仅为 11%；美国交通、仓储和通信业占 GDP 比例为5.6%，中国仅为 4.9%；美国其他服务业占 GDP 比例为 59.3%，中国仅为28%。[②] 见表 3。这说明中国不仅在批发零售业、交通仓储业等传统服务业领域与发达国家有差距，而且在金融、科技、商务、文化、教育、医疗等其他服务业领域与发达国家的差距更大，可见中国服务业发展总体水平明显落后。

之所以如此，根本原因是中国产业结构偏重于以制造业为代表的工业。2012 年中国制造业占 GDP 比例高达 31.7%，而同期美国、法国、德国、日本的同类数据仅分别为 12.3%、10%、23.9% 和 18.6%。这一方面说明中国现在经济增长的动力还没有摆脱对工业的过度依赖，工业生产效率尚不足以支撑服务业的发展；另一方面也说明中国制造业与服务业的融合发展严重滞后，制造业亟待向服务业或"微笑曲线"的两端转型。

表3　2012 年中美两国 GDP 及主要行业构成一览

项目	美国		中国	
	数额（万亿美元）	占比例（%）	数额（万亿美元）	占比例（%）
按当年价计算 GDP	16.2	100	8.2	100
制造业	2.0	12.3	2.6	31.7
批发、零售贸易、旅馆和饭店业	2.4	14.8	0.9	11.0
交通、仓储和通信业	0.9	5.6	0.4	4.9
其他服务业	9.6	59.3	2.3	28.0

资料来源：根据《国际统计年鉴（2014）》中引自联合国 NAOCD 数据库的数据计算得出。

2. 服务业劳动生产率水平低

根据联合国提供的统计数据计算，2012 年中国服务业劳动生产率仅为 1.32万美元/人，而美国（按 2010 年服务业就业人数计算）为 11.38 万美元/人，法

①　中华人民共和国国家统计局.国际统计年鉴（2014）[M].中国统计出版社，2014：49-67.
②　中华人民共和国国家统计局.国际统计年鉴（2014）[M].中国统计出版社，2014：305-318.

国为 9.74 万美元/人，德国为 6.86 万美元/人，中国与之相比差距巨大。见表 4。

表 4　2012 年中国服务业劳动生产率与主要发达国家比较情况

国家	服务业		
	增加值 （万亿美元）	就业人数 （亿人）	劳产率 （万美元/人）
中国	3.66	2.77	1.32
美国	12.87	1.13（2010 年）	11.38
法国	1.85	0.19	9.74
德国	1.92	0.28	6.86

资料来源：根据《国际统计年鉴（2014）》中引自联合国 NAOCD 数据库的数据计算得出。

中国服务业劳动生产率水平低，根源在于中国服务业发展是以批发零售业、运输仓储业、金融业和房地产业为主导。2015 年上半年中国批发零售业增加值为 2.7 万亿元、运输仓储业为 1.4 万亿元、金融业为 2.8 万亿元、房地产业为 2.0 万亿元，合计 8.9 万亿元，占服务业增加值比例高达 60.5%。这说明中国服务业发展主要是靠传统服务业和金融资本推动，以科技服务业、信息服务业、商务服务业、文体娱乐业、教育培训业和医疗保健业为代表的知识密集型服务业或现代服务业，发展水平相对滞后，这些行业占 GDP 的比例皆未超过 5%，即未达到支柱产业的水平。

3. 服务业发展区域不平衡

2014 年中国东部地区服务业占全国比例为 56.1%，其中长江经济带服务业占全国比例高达 41.9%，京津冀服务业占全国比例为 11.6%；中部地区服务业占全国比例为 17.8%；西部地区服务业占全国比例为 18.3%；东北地区服务业占全国比例为 7.8%。这说明中国服务业发展存在"中西部和东北塌陷"的问题。这一问题，可以从服务业在大城市和省级区域的分布中得到进一步印证。

2013 年中国 36 个省会城市和计划单列市中，服务业占 GDP 比例低于 50% 的城市有 16 个。其中中部城市有 5 个，即除太原外，其余城市（合肥、南昌、郑州、武汉和长沙）皆未形成以服务业为主导的产业结构；西部城市有 4 个，即重庆、银川、西宁、南宁；东北城市有 3 个，即除哈尔滨外，其余城市（沈阳、大连和长春）皆未形成以服务业为主导的产业结构；东部城市只有3个，即石家庄、宁波和福州。这说明在中国城市群中服务业"中部和东北塌陷"的问题更为突出。见表5。

表5　2013年中国省会城市和计划单列市服务业占 GDP 比例

单位:%

城市	服务业占 GDP 比例	城市	服务业占 GDP 比例
北京	76.9	青岛	50.1
天津	48.1	郑州	41.7
石家庄	41.4	武汉	47.7
太原	54.7	长沙	40.7
呼和浩特	63.0	广州	64.1
沈阳	43.8	深圳	65.5
大连	42.9	南宁	47.9
长春	40.2	海口	69.6
哈尔滨	53.5	重庆	41.4
上海	62.2	成都	50.3
南京	54.4	贵阳	55.3
杭州	52.9	昆明	50.0
宁波	43.7	拉萨	61.0
合肥	39.4	西安	52.2
福州	45.8	兰州	51.0
厦门	51.6	西宁	43.7
南昌	46.7	银川	42.3
济南	55.3	乌鲁木齐	58.1

资料来源：根据《中国统计年鉴（2014）》提供的数据计算得出。

在中国31个省级区域中，2014年服务业占 GDP 比例超过50%的省级区域只有4个，即北京、上海、海南和西藏；在45%～50%的省级区域有6个，即天津、黑龙江、江苏、浙江、广东、重庆；而低于40%的省级区域却有11个，主要集中在中西部区域，即河北、内蒙古、吉林、安徽、福建、江西、河南、广西、四川、陕西、青海。见表6。

表6　2014年中国省级区域服务业占GDP比例

地区	GDP（万亿元）	服务业增加值（万亿元）	占GDP比例（%）
北京	2.13	1.66	77.9
天津	1.57	0.78	49.7
河北	2.94	1.10	37.4
山西	1.28	0.56	43.8
内蒙古	1.78	0.70	39.3
辽宁	2.86	1.20	42.0
吉林	1.38	0.50	36.2
黑龙江	1.50	0.69	46.0
上海	2.36	1.53	64.8
江苏	6.51	3.04	46.7
浙江	4.02	1.92	47.8
安徽	2.08	0.73	35.1
福建	2.41	0.95	39.4
江西	1.57	0.56	35.7
山东	5.94	2.58	43.4
河南	3.49	1.29	37.0
湖北	2.74	1.13	41.2
湖南	2.70	1.14	42.2
广东	6.78	3.33	49.1
广西	1.57	0.59	37.6
海南	0.35	0.18	51.4
重庆	1.43	0.67	46.9
四川	2.85	1.05	36.8
贵州	0.93	0.41	44.1
云南	1.28	0.55	43.0
西藏	0.09	0.05	55.6
陕西	1.77	0.64	36.2
甘肃	0.68	0.30	44.1
青海	0.23	0.09	39.1
宁夏	0.28	0.12	42.9
新疆	0.93	0.38	40.9

资料来源：根据《中国统计摘要（2015）》提供的数据计算得出。

导致中国服务业发展存在区域不平衡的主要原因，一方面，是受自然资源和历史物质财富循环积累的影响，中国东部地区产业转型升级步伐较快，特别是北京服务业占 GDP 比例由 1978 年的 23.7%，快速提升到 2014 年的 77.9%，在很大程度上是地方政府充分利用首都资源优势，积极主动放弃重化工业发展，着力推动现代服务业发展的结果。当然，西藏和海南服务业占 GDP 比例高，主要是受特定自然资源的影响，适宜发展服务业。另一方面，是受产业梯度转移和城镇化的影响，中西部地区和东北地区的大量劳动力向东部城市转移，东部城市的工业产能向中西部地区扩散，彼此相互作用，导致东部地区城镇化水平高，对服务业的需求种类多、数量大、增速快。2014 年北京城镇化率为 86.4%、上海为 89.6%、天津为 82.3%、重庆为 59.6%、江苏为 65.2%、浙江为 64.9%、广东为 68.0%。相比之下，河北城镇化率为 49.3%、安徽为 49.2%、河南为 45.2%、四川为 46.3%、广西为 46.0%、陕西为 52.6%、吉林为 54.8%，可见城镇化水平对服务业发展水平有重大影响。

4. 服务贸易有逆差

与货物贸易有大量顺差的情况相反，中国服务贸易长期存在逆差，并呈逆差持续扩大的趋势。2014 年中国服务贸易逆差为 1970 亿美元，比 2013 年增加 725 亿美元，增幅高达 58.2%。其中运输逆差 579 亿美元、保险服务逆差 179 亿美元、旅游逆差 1079 亿美元、专有权使用费和特许费逆差 219 亿美元、其他商业服务逆差 217 亿美元。

根据国际货币基金统计，2012 年美国是世界服务贸易最大顺差国，服务贸易顺差高达 2062 亿美元，英国为 1125 亿美元、法国为 271 亿美元、印度为 157 亿美元，而中国则是服务贸易逆差国，服务贸易逆差为 858 亿美元。

对比服务贸易顺差国的情况，美国的服务贸易顺差主要来源于运输、旅游、金融服务和科技服务（版税和许可证费用的简称）出口，根据联合国贸发会议统计，2013 年美国这四项出口分别为 859 亿美元、1714 亿美元、822 亿美元和 1299 亿美元；英国的服务贸易顺差主要来源于金融服务出口，2013 年英国金融服务出口为 602 亿美元；法国的服务贸易顺差主要来源于旅游出口，2013 年法国旅游出口为 567 亿美元；印度的服务贸易顺差主要来源于信息服务（计算机和信息服务简称）出口，2013 年印度信息服务出口为 512 亿美元。现在国际上有一种说法，认为中国的产业结构及其国际竞争力不如印度，因为印度有服务贸易顺差，印度的信息服务出口水平世界最高，具有国际竞争力。相比之下，中国不仅在信息服务出口方面不如印度，2013年信息服务出口仅为154亿美元，只相当于印度的30%，而且在其他服务贸易出口方面也没有形成具有国际竞争力的"龙头产业"。尽管中国是世界最大外汇储备国，2013年外汇储备高达3.8万亿美元，占世界外汇总储备量的1/3，但中国同期金融服务出口仅为29亿美元；尽管中国拥有丰厚的自然和历史文化旅游资源，特别是中西部省级区域具有自然资源的比较优势，但中国2013年旅游出口仅为482亿美元。这说明没有充分发挥资源比较优势，缺失具有国际竞争力的出口服务行业，国内高档次服务和商品供给不足，价格高，是中国服务贸易逆差持续扩大的主要原因之一。当然，科技创新能力弱、对外科技依存度高、金融业对外开放程度和国际化运作水平低、缺失大飞机制造和维修能力、国际运输综合服务功能不足等，也是导致中国服务贸易逆差持续扩大的成因。

三、中国服务业发展的新要求和新目标

新常态下中国要保持中高速增长和中高端质量发展水平，从根本上转变发展方式，优化升级产业结构，就必须加快发展服务业。根据中国服务业发展的新趋势和面临的突出问题，中国在"十三五"规划时期必须制定服务业发展的新目标。依据测算，到2020年，中国服务业占GDP比例有望达到60%的水平。要实现这一新目标，中国必然要对服务业发展提出新要求。

1. 着力打造服务业重点行业

金融业是现代经济和现代产业体系的核心，信息服务业是现代新兴产业的"火车头"，科技服务业和文体娱乐业是产业发展的基础和先导，商务服务业是知识密集型和管理集中型产业，医疗保健业是攸关民生的关键产业，运输仓储业（包括现代物流业）是衔接生产与生活的基础产业，这些产业需求潜力巨大，在"十三五"规划时期应成为中国服务业发展的重点行业。根据预测，到2020年，中国金融业有望成为服务业的"龙头产业"，占GDP比例将达到15%；运输仓储业占GDP比例将达到8%；以物联网、云计算、移动互联网和大数据为代表的新一代信息产业将形成12万亿~15万亿元的产值，信息服务业占GDP比例有望达到10%；集中展现科技实力的年研发经费占GDP比例将从现在的2.1%提升到3.2%，年技术市场成交额将从现在的近1万亿元提升到3万亿元以上，科技服务业占GDP比例将超过5%；文体娱乐业将形成

11万亿~16万亿元的产值，占GDP比例将达到5%；商务服务业和医疗保健业占GDP比例也将达到5%。这就是说，在"十三五"规划时期中国信息服务业、科技服务业、文体娱乐业、商务服务业和医疗保健业都将成为支柱产业。

2. 着力提升大城市和省级区域的服务业发展水平

"十三五"规划时期受京津冀、长江经济带和"一带一路"国家发展战略的影响，中国服务业发展动力将进一步增强，36个省会城市和计划单列市将全部实现以服务业为主导的产业结构，城镇化率将由2014年的55%提高到2020年的65%左右。以省会城市和计划单列市为代表的城市群，将进一步拉动各省级区域的服务业增长。到2020年，中国东部省级区域除河北外，东北省级区域除吉林外，中部省级区域除安徽和河南外，西部省级区域除内蒙古、四川、广西、陕西和青海外，其余省级区域都将确立以服务业为主导的产业结构，而河北、吉林、安徽、河南、内蒙古、四川、广西、陕西和青海的服务业占GDP的比例也将提升到43%~48%的水平。

3. 着力推动产业融合发展

在服务经济时代，工农业生产服务化倾向明显加快，而服务业作为产业"融合剂"，不仅作用于工农业生产，而且自身服务行业的内部边界也将被打破。以"互联网+"和"+互联网"为代表的信息化、数字化和智能化发展进程，将有能力整合各类资源和需求因素，将有助于开创"大众创业、万众创新"的服务业发展新格局。因此，生产企业和服务企业必然要融合发展，线上企业与线下企业也必然要融合发展。这种融合发展的大趋势，决定各类企业都要运用"互联网+"和"+互联网"的模式，寻求资源整合、降低成本、研发技术、创新商业模式、开拓营销网络、打造诚信品牌和服务个性化的消费需求，从而创造新的盈利模式、高效供给方式和发展路径。可见，中国产业融合发展的着力点是互联网和实体产业的互加，无论"互联网+"产生的线上业务多么丰富和便捷，都要求实体企业通过拓展信息服务做大做强；而"+互联网"也要求互联网企业相互整合资源，并主动与实体企业相融合，以做实大数据、云计算和互联网产业，使之成为新的经济增长点。

4. 着力创新新型服务模式

服务模式创新有多种表现形式，表面上看是注重商业模式创新和新兴业态发展，像小米手机只做互联网营销，通过节约大量运输仓储成本，得以保持低价竞争优势。但本质上讲，服务模式创新则强调"以人为本"，以客户需求为导向，创新差异化和低成本的服务方式，尤其凸显创新创业者或创客、极客的主导地位和研发设计能力，这方面以"天使投资+合伙人制+股权众筹"的运作模式最为典型。即使在服务企业内部，也需要股权激励创新服务方式，让资本跟着创业者走，让创新思维和新型服务方式有孵化平台，让市场收入可以吸附人才，根本改变服务企业的组织方式。这就是说，服务模式创新的关键是围绕客户需求，构建创新创业的生态圈，在服务企业外部建立创新创业的"社区"，为创新创业者提供办公、居住、学习、交流和娱乐等全方位的服务；在服务企业内部建立小规模的创新创业团队，有效降低内部沟通成本，推动组织结构向网络化和扁平化的形态演进，形成内生性变革，为服务企业发展积累战略资源，并以此留住优秀人才。中国服务模式创新的新路径就是要着眼于"中国设计+全球推广"，根本摆脱传统的"国外设计+中国制造"的模式。中国的创新创业者只有抓住技术革命和产业变革的机遇，紧跟大数据、云计算、移动互联网、物联网等技术应用的潮流，借助国内庞大的消费市场和雄厚的资本实力，引领全球技术、新兴产业和新兴商业模式的发展方向，才能铸就"中国服务"品牌。

5. 着力打造服务业集聚区

集聚发展是推进服务业发展的有效方式。尽管在互联网运作模式下，服务距离可以延伸，服务不可运输和异地交易的"定律"被打破，但服务仍然强调面对面交易和"扎堆"交易，以满足客户多样性、个性化的需求，所以发展线上线下融为一体的、绿色便捷的、具有特色和综合配套功能的服务业集聚区必然是发展方向。中国现行服务业聚集区建设有政府主导和市场主导两种基本运作模式，市场主导模式存在档次低、规模效益差、功能不配套、布局不合理、小商小贩云集、同质恶性竞争等方面的突出问题，而政府主导模式也有功能不配套、开发运营成本高的突出问题。像北京金融街是中国第一个高端服务业集聚区，由地方政府主导开发建设，现已完成核心区400万平方米的楼宇建筑，规模效益很好，2014年实现三级税收（国家、市、区）3500亿元，但金融街缺失住宅、休闲公园和文体娱乐的配套功能，建设开发成本也很高，每平方米地价现已超过30万元，英蓝大厦的每平方米月租金现已达到850元。与之相比，北京大红门服装批发市场，由浙商主导开发建设，集聚了规模较大的45家市场，总建筑面积159.7万平方米，总商铺2.5万个，其中无品牌的散户1.6万个，直接从业人员5.7万人，年地方政府税收仅为1亿元，并存在违规建设、基础设施不配套、交通拥堵、环境卫生差等方面的问题。因此，从实践维度讲，中国服务业集聚区发展应采用政府主导模式，建立由政府、开发商、行业协会或商会组成的多元主体治理结构，一方面对现有服务业集聚区进行资源整合、升级改造和综合功能配套，使之成为专业特色突出，具有前瞻性、低碳性、智能性、配套性、品位性、产业融合性、规模收益性和职住相宜性的服务业功能区；另一方面要借鉴中国建设经济技术开发区的经验，在省会城市和计划单列市建立服务业对外开放功能区，对入驻功能区的内外资服务企业给予优惠政策扶持，以鼓励中国服务企业充分利用外资和扩大服务贸易出口。

6. 着力构建服务诚信体系

服务诚信体系好坏是检验服务质量和水平高低的主要标志。目前中国服务诚信体系还存在不少突出问题，包括服务标准不健全，服务投诉、受理、仲裁不便捷，服务违法违规追责、处罚不到位等。在服务信息化、智能化的时代，中国要提升服务质量和水平，就必须加快服务诚信体系建设。基本要求是：

（1）加快建立国家统一的服务标准体系。该标准体系可以由行业协会、商会和主要机关、企事业单位共同主导制定，并经国家质量监督检验检疫总局核准实施，相关的各项服务内容和流程不仅要明晰，而且要有助于溯源问责。服务标准体系必须要有升级版，即服务业升级标准，可以 1~3 年修订一次。同时，对现有非主要的机关和企事业单位自定的服务标准，要全面清理，须经行业协会、第三方评估机构和消费群体公认后才能继续使用。

（2）政府监管部门要联合执法，也可以委托中介服务机构参与监管，通过整合监管服务平台，开通便捷"一站式"服务投诉热线，高效受理、核实和处置客户投诉，并将处置结果及时向社会公开。

（3）政府监管部门要委托行业协会、商会或中介服务机构，运用大数据的科技手段，建立征信信息集成服务平台或"信息港"，每年对生产和服务企业的服务信誉情况进行评估和评级，并对征信差的单位和个人要列入"黑名单"，向社会公布。

（4）政府监管部门要加大对违法违规的生产和服务企业的处罚力度，建立类似银行体系的失信处罚自动形成机制，以及明确市场退出和追责的可行办法。

7. 着力深化服务机制体制改革

中国现行服务体制机制与建立治理体系和治理能力现代化的要求还有很大

差距。突出表现是服务规制固化，既抵触服务新业态、新模式，特别是以"互联网+"和"+互联网"为代表的新型服务方式，又衍生出各类新型的服务垄断方式和利益固化方式，包括网络金融绑定银行存款、电影播放网上影院与实体院线不同步、网络教育培训难以取得文凭、网上报送公文仍要递交纸介版、限制甚至取缔滴滴打车平台等。因此，新常态下要激励服务创新和提高服务水平，中国就必须深化服务体制机制改革，全面完善服务规制。深化改革的重点是：

（1）削减传统服务方式的固化利益，制定符合"互联网+"、"+互联网"发展和"大众创业、万众创新"需求的新规制。即使新规制要与传统服务规制相融合或重构利益格局，也要坚守鼓励创新发展的基本原则，绝不能容忍保护落后的服务规制再版。尤其是对具有服务垄断性、摊派性、烦琐性和刁难性的规制，像"证明你妈是你妈"的规制，要坚决废止。

（2）遵循"全面开放、风险可控"的原则，全面实施负面清单、权力清单和责任清单制。负面清单要最大限度放开市场准入，可以每年修订一次。权力清单和责任清单不仅要具体明确、可以溯源追责，而且要突出市场运行和市场退出的监管职责。

（3）深化金融体制的"宽度、深度和长度"改革。宽度改革的重点是着力推进直接融资和互联网金融的发展，大力发展债券市场、风险投资市场、地方性股票市场、股权众筹市场和金融衍生品市场。深度改革的重点是加快完成存款利率、汇率的市场化，积极构建"混业经营、综合监管"的金融体系。长度改革的重点是加快人民币国际化进程，稳步实现人民币可完全自由兑换。

（4）深化财税体制改革。中国财税体制改革涉及预算管理体制改革、税制改革、完善公共服务和社会保障制度等方面，其中对促进服务业发展而言，降低税负无疑是关键。因为中国现行税制让服务生产者和消费者承担了过大压力，不仅阻碍有效服务供给，而且导致中国成为仅次于美国的世界第二大奢侈品消费国。要降低服务生产者的税负，中国就必须全面推进营业税改增值税的改革（服务企业缴营业税，使之比工业企业缴增值税的税负高1/3，不利于服务企业发展），并统一按6%的低档税率征收。在改革中为避免地方财力受损，中央对增值税的分成比例应由现行的75%降低为50%。为激励服务创新和支持小微型服务企业成长，中国应对小微型服务企业实施全面免税负的优惠政策。为降低国内居民对外消费支出和增加国外居民对内消费支出，有效构建全球自贸区网络，中国就必须大幅度降低关税和消费税税率，到 2020 年，中国平均关税税率应降低到 3% 左右，针对奢侈品的关税和消费税率也应降低到 3% 以下，并实行外国居民购买国内商品退增值税和消费税的政策。

（5）深化服务领域国有企事业单位改革。这项改革的关键是清晰界定国有企事业单位提供的是何种服务品。在理论上讲，提供公共服务品的国有企事业单位应由政府兴办，无须市场化运营；提供私营服务品的国有企事业单位不应由政府兴办，必须实施市场化运作，即所谓在竞争性领域国企与私企要同台公平竞争，政府只能做裁判员，不能既当运动员又兼裁判员；提供准公共服务品的国有企事业单位可以采取公助民办的方式，民营资本可以参与其中。据此，国有企事业单位改革的重点，是对提供私营服务品和准公共服务品的单位实施产权结构界定，明晰国有资本出资方式和组织管理方式，建立以混合所有制为基础的资本运营体系，并实施企业职业经理人制和事业单位法人制，以提高经济效益、增强服务供给能力、实现国有资本保值增值。

四、加快中国服务业发展的主要战略措施

新常态下服务业作为中国经济增长的新动力，要顺应发展的新趋势、新要求，着力解决面临的突出问题，中国就必须依据供求均衡理论，借鉴国际经验，努力增加服务有效供给，有效满足多元化、个性化和高端化的服务需求。从供给维度讲，服务业发展需要提升自身供给能力和创新能力，也需要融入其他产业特别是工业和制造业，谋求融合发展，以完成"自身发展和融合发展"的两大中心任务。围绕这两大中心任务，中国应着力实施以下三大战略措施：

1. 实施服务业优先发展战略

（1）拓展多种融资渠道，优先安排财政资金，也可以设立政府主导的、以发债为主要来源的服务业发展基金，吸引民间资本广泛参与，不断完善服务基础设施。这包括基本基础设施（主要是指公路、铁路、空运、水运方面的设施）、以"云、网、端"为基础的新技术基础设施（主要是指电信、互联网、大数据方面的设施）、商务基础设施（主要是指商务用房及其服务）、文体基础设施、教育基础设施、医疗保健基础设施（主要是指医疗、养老和保健设施）、环境基础设施和能源基础设施等，都应依据规划，加大投资力度，尽快完善。同时，要根据服务基础设施的建设情况，合理配置和发展相应的服

务行业，有效形成有特色的、综合配套型的服务业功能区及其运营管理网络体系，切实提高服务基础设施的运营效能。尤其是在建设大城市的服务业对外开放功能区的过程中，要确保软硬件国际一流水平。

（2）对重点发展的服务行业（包括金融业、科技服务业、信息服务业、商务服务业、文体娱乐业、医疗保健业和运输仓储业）及相关服务企业，各级政府不仅要在市场准入、水电气供给、交通通信网络配置、教育、医疗、环保、社区服务等方面，提供优先便利的服务，而且要对相关服务企业的发展，提供包括税收、进口设备、土地供给（我国现在商业用地供给价要高于工业和住宅用地供给价，这种做法必须根本改变）、资金筹措、财政贴息、外资持股比例、政府采购等方面的优惠政策，以支持有竞争实力的服务企业做大做强，树立服务品牌形象。

（3）要优先扶持服务企业创新发展，按照"非禁即入"的原则，允许各种新型的服务理念、产品、方式、技术和组织的存在与发展。要允许初创型和成长型的中小服务企业发行公募债券，试点开办地方性的、专为中小服务企业服务的债券交易中心。要大力发展担保、风险投资、孵化器、股权众筹、股权交易等研发投融资平台，支持服务企业购买研发责任保险，引导服务企业建立研发准备金。要综合运用无偿资助、贷款贴息、股权投资和发行创新券等财政手段，对服务企业创新发展进行扶持。要完善创新创业人才的评价、培养、配置、激励和引进机制，允许服务企业搭建创新创业"社区"平台和实施股权激励的各种新办法。要对服务企业实行政府研发采购和创新导向采购办法。要引导服务企业加强科技创新载体的建设，包括在服务企业内部建实验室和技术研究中心，允许服务企业与高等院校和科研院所共建研发机构，推动高等院校和科研院所的科技资源向服务企业开放共享等。要支持服务企业，加强国际合作与交流，改进服务企业外汇管理办法，保证其合理用汇需求。要加大知识产权的保护力度，注重采用购并、合资、合作等方式解决知识产权纠纷的有效办法。

2. 实施服务业融合发展战略

（1）根本转变重工业、轻服务业的传统理念，明确树立服务业优先大发展的理念。在此基础上，大力促进服务业融入工业化、城镇化、信息化、农业现代化和绿色化的协同发展进程。

（2）工业要转型升级，着力提质增效、资源整合、提升科技含量和生态效益，走研发设计、众创、众筹、搭建交易平台、开展网络营销的新路子。特别是工业开发区的建设，绝不能搞成单纯的、"两头在外"的工业生产基地，必须在工业开发区之内融入现代服务业的内容，使之成为依托科技服务业支撑的、综合功能配套的产业集聚区。同时，工业企业发展一方面应专注占领产业价值链的高端，向拥有核心技术和品牌的服务企业方向发展，借助商品贸易的竞争力优势，积极承揽国际服务外包业务；另一方面要紧盯"+互联网"和"互联网+"的发展进程，着眼于同服务企业特别是众创、创客、极客的融合发展，用"工业+互联网"构成高技术创新服务体系，形成创新新机制，驱动知识信息充分流动，将全社会乃至全球的人才、资源都集中起来，以铸就资源优化整合、集成发展工业和制造业的新格局。

（3）工业作为科技研发成果和科技应用成果最为密集的产业，政府为促进科技成果向工业企业转化，应设立创新投资基金，以创新支付券的形式转交给工业企业，用其购买服务企业、事业单位和研发人员的创新科技成果；应在逐年提高财政研发经费支出的基础上，结合专项科技投资，设立科研成果产业化扶持基金和担保基金，用于支持科研成果的实际应用及其示范工程的建设；应加大财政支持工业企业自主创新的扶持力度，根据不同类型、不同规模工业企业研发投入占销售额比例指标的具体情况，由财政出资确立不同的研发资金注入办法和奖励、补贴办法。

（4）农业转型升级、提质增效。要着力提升农林牧副渔服务业占农业总产值的比例，走生态农业、科技农业、观光旅游农业、休闲娱乐农业、医疗保健农业、会展农业和网络营销农业等方面的新路子。但农业与服务业的融合发展，不仅要发挥农村自然资源和绿色农产品的比较优势，而且要配备较为完善的服务基础设施和吸引城镇人口"常住"。美国在20世纪70年代，曾出现所谓"逆城市化"现象。这一现象的本质是富裕阶层和大批产业向郊区转移，远离中心城市，使中心城市"空心化"，形成大都市区或大都市圈的发展格局。美国促成郊区化的主要成因，除资源环境和转移成本的因素外，土地私有制和居民自主建立市政府制，是两大驱动力。在土地私有制下，有钱的市民可以到郊区买地，自主建住宅；在居民自主建市政府制下，只要有2/3以上的居民同意，并经州立法机关批准后，就可以在当地建市，组建独立的市级政府，控制当地发展。[①] 借鉴美国的经验，中国在推进农业服务化的进程中，一方面

---

① 王旭 . 美国城市发展模式——从城市化到大都市区化 [M]. 清华大学出版社，2006：332-334.

要着力加大对农村服务基础设施的投资；另一方面要做好规划和及时总结试点改革经验，有效推出农村集体建设用地和农民宅基地市场化运作的具体办法，以吸引城镇居民长期落户农村，形成城乡居民可以双向流动的新格局。这种新格局，既有利于城镇化发展，也有利于新农村建设和加快农业服务化进程。

（5）服务业内部各行业也要融合发展，打破原有服务行业边界，借助互联网整合资源、集聚人才，形成科技金融、科技文化、科技商务、文化金融、互联网医疗、电子商务、智能化运输仓储等新兴业态，全面提升服务业的智能化、融合化、集约化、便捷化、差异化和多样化的水平，更好地服务于工农业生产和居民生活。

3. 实施服务业国际化发展战略

（1）加快国产大型飞机的研制和产业化进程。按照国际标准，运用互联网等高科技手段，创新服务模式，全力推进运输仓储业与金融业的融合发展，努力降低物流成本，提高服务管理水平。要尽快完成上海、天津、大连、青岛等国际航运中心建设，打造有品牌、有竞争力的国际航运船队。要鼓励把保税港区建成自贸区，加速对外服务创新。

（2）充分调动国内拥有旅游资源的中西部省市的积极性，在打造特色旅游景区的基础上，按照国内外规范的服务标准，全面提升运输、金融、医疗保健、住宿、餐饮、文体娱乐、商品零售和生态环境保护等方面的服务水平。要加大国际宣传力度，加强国际旅游合作，建立国内旅行社与国外旅游机构之间的产业联盟，开放国内旅游投资市场，鼓励外资投资国内旅游景区和景点的建设。要创新发展国际旅游组织和旅游方式，提供国际旅游便利，开发形式多样的国际旅游产品，包括工业旅游、会展旅游、商务旅游、文化节旅游、花卉节旅游、农业观光游、农家乐旅游、医疗旅游、教育旅游、休闲健身旅游、体验旅游、房地产旅游、奖励旅游等，做大有特色的国际旅游服务。

（3）认真总结以往开展服务贸易的经验，有效掌握国际服务贸易的方式、发展趋势、技术诀窍、市场规则、营销网络、组织办法和风险规避策略，坚定拓展服务贸易的信心和勇气，鼓励有实力、有品牌的领军型服务企业，全力参与国际服务市场竞争，努力建设适应国际服务贸易发展的市场体系，包括国际金融中心、国际研发设计中心、国际物流中心、国际商贸中心、国际信息服务中心、国际会展中心、国际旅游文化中心等。要集中力量，全力打造高端服务业，包括金融业、科技服务业、信息服务业、商务服务业和文体娱乐业，使之确立"龙头产业"地位，有效开展国际服务贸易竞争。

（4）大力实施服务企业"走出去"的发展战略，积极扶持国内有条件的金融保险机构，开展跨国经营活动。对商务服务业、信息服务业和文体娱乐业的服务外包，要开辟进出境通关的便捷通道。要加大对研发类和特许经营类服务企业的支持力度，设立政府专项基金，支持其搞跨国经营。

引领经济发展新常态的产业政策

钟 勇[1]

一、经济发展新常态下产业政策的生存空间

2012 年开始，中国经济出现了重大转变，GDP 增长率从 2011 年第四季度的 9.3%骤然降至 7.9%，跌破了国际金融危机爆发后"保八"的政策底线。此后，增长速度一直徘徊在 7%~8%，明显下了一个台阶。面对严峻的经济形势，中央做出了中国经济发展进入新常态的战略判断。这一战略判断意味着决策层对于中国经济发展形势判断发生了根本转变，认识到旧增长模式已经难以为继，必须转变。同时，也意味着中国经济发展战略将进行重大调整，从追求经济增长速度转变为追求经济增长质量。转变增长方式将从多年的口号变为实实在在的行动。

转变经济增长方式的理念早在 20 世纪 80 年代初被提出，此后多次强调，中共"十七大"还把转变经济发展方式正式写入了报告，但收效并不明显。增长方式转变之所以如此困难，根本原因在于经济体制转型的滞后，政府职能没有进行相应的转变。[2] 中央显然已经意识到这一点。中共"十八大"报告指出，"中国经济体制改革的核心问题是处理好政府和市场的关系，必须更加尊重市场规律，更好地发挥政府作用"。中共十八届三中全会《中共中央关于全面深化改革若干重大问题的决定》则更进一步指出，"经济体制改革是全面深

---

① 钟勇：北京市委党校经济学教研部副主任、副教授，经济学博士。
② 吴敬琏. 政府转型：转变经济增长方式的唯一出路 [J]. 江南论坛，2004（12）.

化改革的重点，核心问题是处理好政府和市场的关系，使市场在资源配置中起决定性作用和更好地发挥政府作用。市场决定资源配置是市场经济的一般规律，健全社会主义市场经济体制必须遵循这条规律，着力解决市场体系不完善、政府干预过多和监管不到位问题"。可见，建立社会主义市场经济体制将是中国经济体制未来的发展方向，而规范政府行为，减少政府对经济的干预，将是这项工作的突破口。

改革开放以来，中国从计划经济逐步向市场经济转型，从计划经济到有计划的商品经济，再到中国特色社会主义市场经济。经过多年改革，市场虽然得到了一定的发展，但中国仍然是一种既包含新的市场经济因素，又包含旧的统制经济因素的过渡性经济体制。政府仍然支配着矿山、海洋、城市土地等主要的经济资源。国有经济在国民生产总值中并不占有优势，但它仍然控制着"国家命脉"。政府在经济发展中居于主导地位，制约着市场发挥基础性作用。按照中共"十八大"和十八届三中全会确定的经济体制改革方向，必须改变这种政府主导的经济发展模式。政府要改变管理经济的方式，不但要大幅减少对经济的干预，还要改变干预的方式。那么，按照这种要求，作为中国政府控制经济常用手段的产业政策，是不是就没有生存空间了呢？

中国目前采取的产业政策——政府选择某些特定产业加以扶植，或者限制某些特定产业的发展——是与市场有冲突的。通常认为这种产业政策会扭曲市场行为，按照中国建设市场经济的要求应该取消，然而实现经济跨越式发展又需要产业政策。"在开放、竞争的市场中，赶超企业是没有自生能力的，不能预期这样的企业可以获得市场上可以接受的利润率。除非国家给予保护和补贴，这样的企业是不会有人投资的，也不会有人长期经营下去"。[1] 在经济全球化的背景下，企业竞争的背后是国家之间的竞争，产业政策仍是一国促进产业结构调整、提升产业国际竞争力的重要手段。即使在美国这样的发达国家也不例外。[2] 面对激烈的国际竞争，如果完全依靠市场机制来实现产业结构的高度化，不但可能难以实现，而且还有可能产生外国资本支配中国经济之虞。Naud（2010）认为，单靠自由市场机制的经济发展方式可能形成一种生产方式或技术"锁定"效应，典型的例子就是后进国家在国际产业分工中长期处

---

① Lin Y. , Liu M. , Pan S. , Zhang P. Factor Endowment, Development Strategy and Economic Institution in Less Developed Countries [J]. Working Paper, 2006.

② 金乐琴. 美国的新式产业政策：诠释与启示 [J]. 经济理论与经济管理，2009 (5).

于产业链的低端环节，这就需要强力的选择性干预政策予以纠正。20 世纪 60 年代日本正是基于这样的经济背景提出并实施新产业秩序。其实，后进国家进行政策性干预极为普遍。经济发展较为成功的后进国家和地区，如日本、新加坡、韩国、中国台湾等，在发展初期几乎都曾依赖产业政策来扶植工业。长期以来中国采用产业政策干预经济发展也正是基于这样的目的。那么，进入经济发展新常态，是不是中国经济就不再需要赶超了呢？虽然中国 GDP 目前世界排名第二，已经是经济大国，但还称不上经济强国。2014 年中国人均 GDP 仅 7593.9 美元，在全世界 213 个国家和地区中排名 73。[①] 按照世界银行标准，中国还只是中等收入国家。2014 年三产所占比重还没有超过 50%，离发达国家还有很大距离。[②] 中国目前在高科技领域也还比较落后，尚处于赶超阶段。显然，中国赶超发达国家的发展任务并没有完成，因此产业政策不可能完全摆脱追赶型特征，因此选择性产业政策还有其存在的基础。

中央在做出经济新常态的战略判断后，国务院又陆续出台了一系列产业政策。如 2015 年 5 月发布的《中国制造 2025》（国发〔2015〕28 号），2015 年 7 月发布的《国务院关于积极推进"互联网+"行动的指导意见》（国发〔2015〕40 号）等。可见，经济发展新常态并不排斥产业政策。实际上，中国产业政策必要性问题不在国家层面，而是在地方层面。20 世纪 80 年代改革开放以来，随着中央政府对地方政府放权让利，地方政府推动地方经济发展的积极性大大提高，在稳定经济、发展生产中承担的责任不断加强。这种改革使得中国经济在取得巨大成就的同时，也导致了地方政府各自为政，激烈竞争，"一亩三分地"的地方保护主义盛行，阻碍全国统一市场的形成。各地基于自身利益制定自己的产业政策，这种政策在干扰市场运行的同时，却又不具有国家层面战略赶超的价值，因而失去存在的理由。

发展市场经济，并不是简单的一放了之，任由市场自由发展，而是要在尊重市场规律的基础上发挥政府的作用。从欧美等发达国家来看，市场经济也可以有旨在弥补市场不足的产业政策。看到政府和市场之间的矛盾，也要看到它

---

① 资料来源于世界银行公布的数据（http：//data.worldbank.org.cn/indicator/NY.GDP.PCAP.CD/countries/1W?display=default）.

② 2001 年发达国家三产所占比重达 71.3%。其中，美国、英国、法国、德国、意大利和日本，分别为 75.3%、72.4%、72.8%、69.4%、69.5%和 68.3%。资料来源：陈耀. 世界发达国家第二、第三产业关系的演变与启示 [J]. 经济纵横，2007（8）.

们之间的互补。市场会失灵，政府也会失灵，但政府和市场都具有纠正彼此失灵的能力。从系统的角度看，政府和市场都是能把社会个体组织起来的力量，市场运行需要建立在良好的制度设计和维护的基础上，产业政策与市场竞争之间并不必然矛盾，两者能否有效协调在于产业政策设计的好坏。因此，问题的关键不是要不要产业政策，而是要什么样的产业政策。

由于中国渐进式改革更多的是建立在经验主义基础之上，需要政府的直接参与才得以推行，因此，产业结构调整不是一个市场机制自发作用的过程，而是不可避免地受到市场与政府行为的双重影响。中国在存在政府调节不足的同时，也存在市场发育不足的问题。经验表明，背离市场经济原则的结构调整，不仅难以取得理想的绩效，而且也越来越难以得到产业部门的支持和响应，而单纯依靠市场机制尚不足以对失衡的经济结构进行调整。2014年中央经济工作会议也明确提出要认识新常态，适应新常态，引领新常态。这说明在建立市场经济、转变增长方式的经济发展新常态中，政府依然要发挥主导作用，通过自身改革来引领经济发展。

二、引领经济发展新常态的产业政策特征

引领经济发展新常态的产业政策，要服务于两个目标：一是要有利于增强中国企业的国际竞争力，实现经济的跨越式发展；二是要有利于市场机制的发挥与完善。结合中国的实际情况，引领经济发展新常态的产业政策应该具有以下特征：

1. 产业政策制定去地方化和部门化，上升为顶层设计

旧常态下，产业政策由中央政府负责制定，由地方政府具体执行。在实践中存在如下问题：一是缺乏完整规划政策的机制，产业政策难以真正体现国家利益。中国产业政策一般由部门制定，规划过程易受部门和地方政府影响。在产业政策的制定过程中，地方政府和中央部门并没有呈现出主要从"全局利益"出发考虑问题的特征，而是作为本地区、本部门利益的代言人出现。出台的产业政策往往表现出一种在各个部门、各个地区之间循环分布和平均分布的倾向，难以真正体现国家利益。二是由于放权让利的改革，地方政府有很大的自主权，中央政府很难对其有效控制。地方政府会根据自己的利益制定地方产业政策。这些政策会对中央政府的产业政策有选择性地执行，有时甚至是违背

中央政府的产业政策。因此，有学者认为中国的产业政策即使无害，但已失效（Naughton，2007）。在中国，真正对经济发生作用的是地方政府的产业政策，尤其是基层所认可的产业政策。这些地方产业政策在保护本地经济发展的同时，严重阻碍全国统一市场的形成。

产业政策要真正体现国家赶超战略，其设计必须独立于地方和部门利益，上升到顶层设计的高度。产业政策的执行，也必须要由中央政府来负责。通过合理的政策设计，来调动地方政府的积极性。对于地方性产业政策，则要全面清理和禁止。国务院已经于2014年12月印发《关于清理规范税收等优惠政策的通知》，开始部署全面清理已有的各类税收等优惠政策、切实规范今后各类税收等优惠政策。这些作为政策工具的优惠政策一旦被清理，地方性产业政策就将成为"空中楼阁"、"无米之炊"，从而退出历史舞台。

2. 产业政策实施注重市场作用的发挥

中国传统采取的是政府直接干预的选择性产业政策。政府不但有选择性地扶持或者限制产业的发展，而且还干预产业的竞争结构，促使产业内部资源的优化配置。这种产业政策主要在第二次世界大战后的东亚与拉美国家被采用，通常被称为"旧式"产业政策。这种产业政策虽然对经济赶超有一定作用，但其对市场的破坏也是显而易见的，因此，赶超成功的国家都随着经济的发展不断调整政策，逐步过渡到市场经济。例如，日本在不同经济时期采用了不同的产业政策，政策调整服从国家战略。日本第二次世界大战后恢复期和经济高速增长期都采用选择性产业政策，并且为政府干预立法。经济全球化时期，以竞争性政策为主，产业政策由战略性转为辅助性，同时产业政策从选择性政策转向弥补市场不足的功能性政策（石俊华，2008）。经济新常态以市场为主导，其产业政策也必然要建立在市场机制的基础上。

随着经济新常态时代的到来，中国产业政策必然也要从"旧式"向"新式"转变，逐步从主导转向辅助，让位于市场。这种转型主要体现在三个方面：

一是政府放松对市场的控制，开放更多的产业领域，产业政策涵盖范围缩小。为了建立市场经济，新一届政府上任以来一直在致力于简政放权。到2014年底，国务院2年内共取消、下放了1/3共537项行政审批权。2014年3月17日，60个国务院部门在网上公布了"行政审批项目汇总清单"。李克强总理2014年9月10日在夏季达沃斯开幕式致辞中提出三张施政"清单"：政府要拿出"权力清单",明确政府该做什么;给出"负面清单",明确企业不该做什么;理出"责任清单",明确政府该怎么管市场。上海自贸区也开始试点对市场的负面清单管理等。这表明中央正在强力采取措施规范政府行为,明确政府与市场的边界,形成新的政府与市场的关系。此外,国务院还在进一步开放市场,允许社会资本特别是民间投资进入一些具有自然垄断性质、过去以政府资金和国有企业投资为主导的领域。在铁路、港口等交通基础设施,新一代信息基础设施,重大水电、风电、光伏发电等清洁能源工程,油气管网及储气设施、现代煤化工和石化产业基地等方面,推出80个项目向社会公开招标,并决定下一步将推动油气勘查、公用事业、水利、机场等领域扩大向社会资本开放。① 这表明,政府将逐步退出经济发展的主导地位,让市场自身发挥作用,让市场来决定产业的发展方向。旧常态下,中国产业政策几乎覆盖国民经济全部大类行业,有很多针对单个行业的产业政策。例如,1981年的"十二个不准",限制纺织、汽车、电视机等12个"重复建设行业"发展;2009年提出的"十大产业调整振兴规划";2004年以来,限制产能过剩行业的发展,原则上不再批准扩大产能的项目等;显然,这样的产业政策不符合市场经济的要求,经济新常态下产业政策的干预范围必然要大幅缩小,为市场的发展腾出空间。同时要按照比较优势来选择优先发展产业。②

二是产业政策减少对企业的直接干预,在统一的产业政策框架下,鼓励企业之间的公平竞争。旧常态下,延续计划经济的强大惯性,中国各级政府在产业政策执行过程中,往往用很具体的指导或指令来直接干预企业的行为。例如,对同一产业内的企业按照所有制性质、规模大小或地区等标准分类,对不同类型的市场主体采取不同的措施,人为地挑选出"赢家和输家"进行扶持和限制,或者强行要求企业合并重组以形成规模③,以政府选择代替市场机制和限制竞争。一些地方政府以《国务院关于促进企业兼并重组的意见》等纲领性文件及一些部门性产业政策作为促进所辖区域企业兼并重组的政策依据,大力推进企业兼并重组、提高产业集中度,导致一些地区部分行业格局出现重大改变,争议颇大。特别是在企业兼并重组过程中的一些不尊重企业独立法人主体地位、不尊重产权、不尊重企业意愿等一些不规范的做法,引起诸多批

① 2014年4月23日,国务院总理李克强主持召开国务院常务会议做出的决定。
② 林毅夫. 按照比较优势选择产业政策 [J]. 中国发展观察,2005(7).
③ 项安波,张文魁. 中国产业政策的特点、评估与政策调整建议 [J]. 中国发展观察,2013(12).

评。经济新常态下，为发挥市场的力量，产业政策就必须保持中立，避免对企业的直接干预，让市场竞争去决定企业的优胜劣汰。

三是政策落实将主要采用市场化政策手段，行政性手段更加规范。旧常态下，中国产业政策实施主要以行政性强制手段为主。例如，用强制命令的行政手段，配置资源到政府指定优先发展的产业部，限制不鼓励发展产业部门获得资源，以此来调整产业结构；以"关停并转"等强制性行政措施来调整产业组织；以对特定技术、工艺进行选择性扶持等手段来推进产业技术政策；以行政审批、价格管制、数量控制等手段来管理市场。新常态下，这些行政手段将逐步为市场化手段所取代，如政府采购、产业发展基金、税收优惠、企业补贴等，政府用经济手段来引导企业行为。中共十八届四中全会明确提出依法治国，政府对产业的干预必须要有法律依据，因此行政性强制手段将受到很大制约，更加规范。

3. 产业政策着眼点是创新能力建设

中国产业政策的目标主要是提升产业的竞争力，实现经济跨越式发展。在政府主导经济发展模式下，产业政策的着眼点主要是模仿西方发达国家的产业特征确定发展目标，通过制定直接促进产业发展和产业结构升级的政策来实现这一目标。在市场经济条件下，经济发展受多种复杂因素影响，具有不确定性，政府很难准确把握其发展方向，根据理论和发达国家经验制定的产业发展目标未必符合市场发展的内在要求。因此，产业政策的着眼点不是直接为市场指定方向，而是弥补市场的不足。政府通过帮助完善市场功能，促进市场发展，提升产业的竞争力。

从欧美发达国家的经验来看，虽然它们没有直接干预的选择性产业政策，但是有旨在弥补市场不足的水平型产业政策和功能型产业政策。水平型产业政策是指跨部门的一般性刺激政策，通过改革新制度、资助研发和鼓励企业培训来改善投资环境，促进产业发展。这种产业政策由于不针对特定产业，对推动既定产业发展目标作用有限。欧美对产业推动比较显著的是功能型产业政策。这种政策起源于国际竞争的压力。20 世纪 80 年代，随着国际竞争的日益激烈，以欧美为首的发达国家，开始通过引入国家创新体系来促进本国的创新发展，以维持本国的国际竞争优势。例如，美国 20 世纪 90 年代以来相继推出信息基础设施建设和信息技术长期研究的重大项目。这包括：1993 年《国内信息基础设施计划》；1994 年"全球信息基础设施"的倡议；2000 年《面向 21

世纪的信息技术计划》。又如，欧盟 1983 年为推动信息技术的发展，开展了《欧洲信息技术研究和开发战略计划》；1985 年提出了涉及光电子、人工智能等高科技领域，以市场为导向的《尤里卡计划》；2000 年发布了《数字欧洲计划》；2009 年开展了《欧盟物联网行动计划》；2010 年公布了《欧盟数字计划》。① 这些政策以国家创新能力建设为核心，虽然并不直接作用于产业，但是通过创新政策对本国的一些战略性部门提供系统的政策支持，在这些战略性部门相关的领域内产生正的外部效应，从而对本国的经济增长产生积极的刺激作用。

功能型产业政策定位于由于信息外部性和协调外部性而导致的市场不足。政府需要通过产业政策对建立新产业及其相关创新活动进行必要的支持，以保持产业不断进步的动力。其对象不是针对某些特定产业，而是聚焦于产业创新能力的建设，通过增强企业"自我发现"的能力来促进产业创新活动。通过"匹配赢家"而非"选择赢家"来使企业不断提升对新环境的适应能力。② 这种政策关注的不是单个的产业，而是产业集群。政策设计着眼点从增加资源的投入转向对现有的资源运用能力进行整合，即通过与创新活动相关的各种组织之间的协调，产生系统协同效应，从而提高整个区域的创新能力。政府在推进产业集群过程中的角色是促进者和调节者。政策发挥的主要功能是诱导和激励而不是干涉。政府的主要职能是营造一种稳定的、可预测的经济政治氛围；为市场机制的平稳运行创造有利的框架条件，如提供基础设施、竞争政策和机制改革以及战略信息；为合作提供支持和适当的激励，创建网络的中介机构和媒介，促进活动主体的集聚、正式和非正式知识的交流；培育（公共）机构（尤其是学校、大学、研究机构）与产业界的联系；确保政策规则和条例在最大程度上保持对市场条件变化适应的灵活性，促进创新和集群发展以及升级。③

传统的产业政策以产业部门为界，主张优先发展重点产业来提升竞争力。这种政策在注重相似企业的战略群体的同时，忽视了生产网络内的相互联系和知识流动，会使区内的产业孤立、发展滞后，最终影响区域经济。集群政策认

---

① 刘澄，顾强，董瑞青. 产业政策在战略性新兴产业发展中的作用 [J]. 经济社会体制比较，2011（1）.

② 金乐琴. 美国的新式产业政策：诠释与启示 [J]. 经济理论与经济管理，2009（5）.

③ 黄花叶. 集群政策与传统产业政策之比较分析 [J]. 科技管理研究，2004（5）.

为不存在重点产业一说，任何产业都可以是理想的集群。如果使用先进技术，有受到良好培训的人员，都能提高生产率，只要使用先进的方法从事这些行业，所有的集群都是好的。一个充满活力的集群可以帮助任何产业内的任何公司采用最先进的相关技术、最复杂的方式参与竞争（Poter，1998）。①

三、经济发展新常态下产业政策转型

增长方式转型能否成功，产业政策能否转型，关键都在于政府能否转型。从目前情况来看，虽然中央政府下了很大决心，但是简政放权的效果并不令人满意。对政策落实情况进行评估的第三方评估报告直言不讳地指出，"许多政策互相打架、政策工具效果不尽如人意、缺乏'精耕细作'、体制机制严重滞后、不同程度存在'上面踩油门、中间挂空挡、基层不松刹车'等现象"。②地方政府"懒政"现象非常明显。"转变政府职能"自1988年政府机构改革中提出以来，已经有20多年，但是进展一直缓慢，其原因在于触及作为改革主体的政府和政府官员自身的权力和利益，因而阻力巨大。与此同时，"三期叠加"的经济形势不容乐观，经济增长速度面临进一步下滑的情形，稳增长成为中央政府的重要目标。如何处理好推进改革和经济发展之间的矛盾，成为中央需要迫切面对的难题。对此，有人认为经济困难是改革造成的，也有人认为是改革不够深入的结果。对此，中央的态度很明确，"要高度重视应对下行压力，但也不必惊慌失措……走出困境，化危为机，归根结底要靠创新，靠转方式调结构……宏观政策要把握好分寸，不过头，也避免不及。既要加大力度稳增长，又要坚定不移调结构、防风险、化解过剩产能、治理生态环境、努力改善民生，正确处理好这几者之间的关系"。③从中我们既可以看出中央深化改革的坚定决心，也可以看出中央在处理矛盾时把握分寸和平衡的态度。由此可以预期，政府转型和经济增长方式转变可能需要一个较长的过程，对此要有耐心。

对于产业政策转型而言，主要的有两点，一是产业政策的制定能否体现经济新常态的要求；二是产业政策能否得到有效的落实。从新一任中央政府出台

---

①　黄花叶. 集群政策与传统产业政策之比较分析 [J]. 科学管理研究，2004（5）.

②　陈翰咏. 李克强送给部长们的"厚礼"是啥 [EB/OL]. 中国政府网，2015-08-28.

③　正视困难　保持定力　前景光明 [N]. 人民日报，2015-05-25.

的产业政策来看，经济新常态的特征非常明显，无论是《中国制造 2025》、《国务院关于积极推进"互联网+"行动的指导意见》，还是《促进大数据发展行动纲要》（国发〔2015〕50 号），体现的都是对创新能力的关注而非单纯产业的振兴。在政策手段上，一再强调简政放权，充分发挥市场的作用。同时强调要打破地方"一亩三分地"思维，要求地区政府合作。《京津冀协同发展规划》中明确提出要把京津冀打造成区域整体协同发展改革引领区。能否打破地方保护主义，加强政府间合作，将是决定产业政策落实的关键。目前，京津冀协同发展已经取得了一定进展，但尚处于探索阶段，其经验对于构建中国新型中央与地方关系以及产业政策的落实将有很大影响。

四、结束语

在全球化竞争的背景下，产业政策仍是中国促进产业结构调整、提升产业国际竞争力的重要手段。产业政策要服务于经济发展的目的，本身需要随着经济环境的变化不断修正调整。在经济发展新常态下，中国产业政策要在理念、手段和操作方式上有所突破。产业政策要逐步从选择型产业政策向功能型产业政策转变，从取代市场向辅助角色转变。产业政策转型的关键在于政府职能的转变，而政府职能转变的关键在于中央政府和地方政府关系的转变。在产业政策转型过程中，需要考虑平衡各种矛盾关系，因此，这一转变需要一个较长的过程。

探索新常态下中国竞争性企业崛起之路

——以京东方的崛起和争议为例

刘治兰^①　朱晓青^②

2014 年 11 月 9 日，习近平总书记在亚太经合组织工商领导人峰会开幕式上的演讲中首次系统阐述了新常态。近一段时间以来，"经济新常态"已成为一个热词，频频出现在各种主流媒体的报道中。以新常态来判断当前中国经济的特征，并将其上升到战略高度，表明了党中央对当前中国经济增长阶段变化规律的深刻认识与准确把握。中国经济呈现出新常态，有三个主要特征：一是从高速增长转为中高速增长；二是经济结构发生全面、深刻的变化，必须不断优化升级；三是从要素驱动、投资驱动转向创新驱动。总体而言，新常态下，中国经济增长既有机遇，也面临很多挑战，坚持改革、实施创新驱动是唯一的出路。当创新活动能顺利地发生在一个国家的各个经济领域，形成众多的高新技术产业，形成一大批具有核心竞争力的企业，为这个国家带来巨额财富，这个国家就是一个创新型的国家，创新也就成为了驱动这个国家经济增长的重要力量。因此，国家竞争在一定层面上表现为企业群实力的竞争，出现一批能在国内市场和国际市场上"与狼共舞"的竞争性企业，是创新驱动的主要标志之一，最终也决定了一个国家的整体竞争实力。

京东方科技集团股份有限公司（下称京东方）是中国 TFT-LCD（Thin Film Transistor-Liquid Crystal Display，薄膜晶体管液晶显示器）产业的一家竞争性企业，是中国内地唯一完整掌握 TFT-LCD 核心技术的企业，同时也是目前唯一能够以自主技术能力进行扩张的中国企业。京东方的崛起充满戏剧性和

① 刘治兰：北京市委党校经济学教研部副教授。
② 朱晓青：北京市委党校经济学教研部主任、教授。

启示性，这家企业的液晶历程足以折射出 30 多年来中国高技术产业发展的跌宕起伏。京东方艰辛又昂贵的追赶旅程是理解中国高技术产业发展问题的一把钥匙。本文通过追踪、厘清京东方的成长脉搏与发展脉络，分析中国企业在液晶显示产业竞争中所遇到的战略环境，分析政府驾驭国家创新系统的水平与能力，探索新常态下中国竞争性企业崛起之路，有助于我们更深层次地认识跨越性创新，从而为政府施政的重点与方式提供一些思路与启示。

一、液晶显示面板产业

TFT-LCD，中文全称是薄膜晶体管液晶显示器件，是一种与半导体芯片一样重要的基础电子器件。液晶显示器技术已经相对成熟，在台式显示器、笔记本电脑、大屏幕彩电、监视器、可视电话、掌上电脑、手机等领域得到广泛应用，目前最新的应用为穿戴式显示产品，同时也结合了许多人机交互的应用，前景十分看好。TFT-LCD 产业具有资金密集、技术密集、上中下游产业链联系紧密的特征。首先，生产投入大，液晶面板行业生产工艺复杂，设备昂贵，高精尖设备的投入远高于其他产业。高投资、高门槛的特点，决定了它需要规模效益，没有规模就只能等死。因此，在该行业里，企业只有快速加大投资，扩大产能，才能参与国内外市场竞争。其次，技术价值创造驱动，技术进步快，产品变化快，每天都有新的产品、专利被研发出来。企业必须要有不断追赶的能力。最后，产业链带动能力强。液晶显示产业上下游综合性很高，不仅自身是一个价值超过千亿元的大产业，而且像集成电路一样，是一个基础性的"粮食产业"。从液晶平板显示产业的纵向发展史和全球范围竞争的角度，可以明确概括出其产业规律：技术能力以及推动技术能力成长的投资战略，始终是决定竞争成败的关键因素。

二、京东方的崛起

1. 经历第一次技术替代危机与痛苦的改制

京东方成立于 1993 年，至今历经了多次产业尝试与转型。它的前身是一个 20 世纪 50 年代原电子部所属的曾经无比辉煌的老军工企业——北京电子管厂（也称 774 厂）。进入改革开放后的 20 世纪 80 年代，这家老牌国企"万人大厂"的根基迅速崩塌，直接的原因是半导体技术对电子管技术的替代。此外，由于体制原因，在市场经济大潮中消沉。1993 年 4 月，政府出面对北京电子管厂实施了股份制改造、重组。解决了体制问题后，京东方开始二次创业，把生产能力迅速转向 CRT（显像管）产业配套，成效显著。1997 年和 2000 年，京东方先后正式在中国深圳证券交易所 B 股、A 股市场上市（京东方 A：000725，京东方 B：200725）。

2. 通过并购吸收在 TFT-LCD 产业实现跨越性创新发展

现代工业技术是永远处于变化中的。在进入 21 世纪的短短几年之后，显像管的技术被以液晶面板为主的平板显示器替代，其替代速度之快令中国工业的决策者们措手不及。在这样的背景下，京东方做出了进入液晶面板领域的战略决策。2003 年 1 月，京东方以 3.8 亿美元的价格收购韩国现代显示技术株式会社 TFT-LCD 业务、相关专利及团队，获得了液晶面板制造技术。这一项目成为当时中国内地显示领域技术最先进、投资规模最大、启动速度最快的项目，京东方成为当时中国内地唯一一家拥有 TFT-LCD 技术的厂商，并肩负起了把 TFT-LCD 生产、技术向中国国内转移，引领国内 TFT-LCD 市场发展方向，直接参与该领域国际竞争的使命。

3. 昂贵的反周期扩张

通过并购从韩国现代显示技术株式会社获得液晶面板制造技术后，经过一系列设备、技术和人事等调整，京东方就迫不及待地启动了新生产线的建设。2003 年 9 月，京东方第 5 代 TFT-LCD 生产线在北京经济技术开发区破土动工并于 2005 年 5 月正式量产，5 代线结束了中国内地"无自主液晶屏时代"，也为京东方在 TFT-LCD 领域里技术和人才的积累打下了基础。5 代线的全部投资需要 103 亿元，其中 90% 都依靠贷款。此外，北京市政府非常支持京东方建 5 代线，并为其提供了 28 亿元的借款。后来证明这种资本金不足靠大量贷款投资驱动的模式风险是很大的。2004 年，京东方在上半年创造利润 5.21 亿元。但是自当年 7 月开始，形势急转直下，液晶周期进入衰退阶段，面板产品价格持续下降。整个行业都陷入巨亏，京东方的亏损增大至 17.7 亿元，股票被特别处理。连续两年的亏损给京东方造成巨大压力，由于 5 代线主要投资来自银行和政府的贷款，在此情况下，杠杆收购的恶果也展示出来。最后，是贷款展期、出售旗下资产、北京市政府同意 28 亿元的债转股等一系列措施挽救了危机中的京东方。2007 年京东方集团全年实现净利润近 7 亿元。但这个行业的"过山车"性质依然未改，节奏反而越来越快。2008年上半年，京东方盈利大概7亿元，但到了当年下半年，金融海啸来袭，全球液晶平板显示产业再次进入衰退期。

京东方管理层很清楚，在这个技术进步速度快、规模效应显著的产业中，没有规模产能的优势，就没有上下游合作的话语权，就没有抵御液晶显示行业周期性变化风险的能力，就无法参与液晶面板的全球竞争。

于是，就在这次液晶产业周期的衰退尚未结束之时，京东方却开始了大举的逆市扩张——这是一场牵动全球液晶平板显示产业神经的反周期扩张，在短短10年左右的时间里，斥资1400多亿元，从无到有建立起7条生产线（见表1）。即使巨亏之下，京东方的投资步伐依然不减。以鄂尔多斯第5.5代AMOLED生产线为例，2010年，全球电视市场增速放缓，面板行业再度陷入不景气周期。京东方2010年的净亏高达20多亿元。国产液晶显示"龙头企业"京东方又一次站在了被特别处理的十字路口。而2011年8月，京东方决定投资220亿元在鄂尔多斯建设国内首条5.5代AMOLED线，2014年7月京东方自主建设的第5.5代AMOLED生产线量产出货，标志着中国自主创新、自主技术的全球最先进新型半导体显示生产线进入生产运营阶段。

表1 京东方 TFT-LCD 生产线

生产线	北京5代线	成都4.5代线	合肥6代线	北京8.5代线	合肥8.5代氧化物生产线	鄂尔多斯5.5代AMOLED生产线	重庆8.5代新型半导体显示器件及系统项目
投资额（亿元）	103	34	175	280	285	220	328
量产时间	2005年5月	2009年10月	2010年10月	2011年9月	2014年2月	2013年11月	预计于2015年中
	结束中国内地无自主液晶屏时代	打破中国液晶电视屏全部依赖进口的局面	结束了中国内地无大尺寸液晶显示屏的时代	在氧化物技术方向的前瞻布局	标志全球最先进新型半导体显示生产线进入生产运营	抢占下一代显示技术制高点

资料来源：京东方公司提供。

4. 技术上的追赶

在近 20 年的漫长成长岁月里，京东方研发投入占销售收入比例在全球业内一直处于前列，即使在最困难的时候，公司仍坚持研发投入优先，每年都会拿出十几亿元的资金支持研发创新，约占营业收入的 7%，从而赢得先机。在政府的大力支持下，2009 年京东方在全球经济还在萧条的阵痛期仍投资建立了中国内地第一个 TFT-LCD 工艺技术国家工程实验室。目前公司可使用专利超过 26000 项，2014 年新增专利申请量 5116 项，全球首发产品覆盖率 38%。年新增专利数全球业内前二、研发人员人均和单位产值产出专利量全球业内第一。在强劲的技术创新力驱动下，京东方各类高端显示新品迭出：获吉尼斯世界纪录认证的"世界最大的液晶电视"——110 英寸超高清 ADSDS 液晶电视；全球最大尺寸 98 英寸 8K 超高清显示屏；全球首款 65 英寸氧化物 TFT 显示屏；全球首款 55 英寸超高清裸眼 3D 显示屏……

三、若干争议

自成立以来，京东方取得了很大的成效，但同时它又一直以高融资、高亏损、高补贴为资本市场熟知。京东方自 2005 年以来共亏损 22.0837 亿元，2005~2013 年共获得政府补助 37.1632 亿元，若剔除政府相关的补助，京东方共亏损 59.2469 亿元，平均每年亏损超过 6.5 亿元（见表 2）。京东方的净利润从 2005 年开始就主要靠政府补助支撑，如果没有政府补助，根据证监会的规定京东方早该退市了。除政府补助外，京东方还通过定向增发方式得到地方政府的大力支持。通过 2006 年以及 2008~2010 年 4 年的定向增发，京东方一共获得 176.7586 亿元的地方政府支持资金。而且，地方政府对京东方的支持呈现出多元化状态，包括巨额的股票、债权融资支持以及土地矿产等稀缺资源①。对于通过地方政府融资的办法在业界可谓是毁誉参半。为何政府如此热心京东方项目呢？业内分析认为，由于显示产业对当地 GDP 的拉动作用显著，加上中国是电子产品消费大国，市场前景广阔，地方政府难免对显示产业好感有加。同时，业内也有人士指出，这是创新的办法，相比海外的高科技产业发

---

① 步丹璐，黄杰. 企业寻租与政府的利益输送——基于京东方的案例分析 [J]. 中国工业经济，2013（6）：139.

展投入，我们还比较少。

表2　政府补助对京东方业绩影响的分析

单位：亿元

年份	净利润	政府补贴	扣除政府补助的净利润	政府购买的定向增发款	政府担保的贷款	土地使用权增长额
2005	−15.8709	1.1600	−17.0309	—	0.3842	—
2006	−17.2294	1.1600	−18.3894	18.6000	64.4536	
2007	6.9095	2.1701	4.7394	—	29.6574	0.4404
2008	−8.0753	0.6090	−8.6843	22.5000	45.9382	0.0686
2009	0.4968	6.9950	−6.4982	57.2361	0.3827	101130
2010	−20.0381	0.7641	−20.8022	78.4225	0.4503	2.3646
2011	5.6087	6.6645	−1.0558			0.1100
2012	2.5813	9.2577	−6.6764	—	11.5286	0.6320
2013	23.5337	8.3828	15.1509			
合计	−22.0837	37.1632	−59.2469	176.7586	152.7950	4.7286

资料来源：根据京东方2005～2013年年度报告整理汇总。

　　另一项争议来自融资与分红。上市以来，一方面京东方累计直接融资超过700亿元，不断建线扩张，意欲重构全球显示产业的版图；另一方面京东方却几乎没有给资本市场投资者带来多少回报和惊喜。上市10余年来，京东方总融资总额718.7570亿元，总派现总额1.2147亿元，总派现总额与总融资总额之比为0.17%（见表3）。在2011年中报发布之后，有财经评论员言辞激烈地表示，京东方不应该让投资者成为风投家，让资本市场成为亏损者弘扬民族大义的演讲场。

表3　京东方融资与分红

总融资总额（万元）	7187570.00
总派现总额（万元）	12146.77
总派现总额与总融资总额之比	0.17%

资料来源：表中数据采自二级市场交易系统。

四、京东方案例的思考与启示

1. 跨越式创新发展的价值

京东方的价值是显而易见的，2003 年通过并购从韩国现代显示技术株式会社获得了液晶面板的制造技术，成为中国第一家液晶面板制造企业，用短短的 10 多年从无到有成长为国内液晶显示行业的领导者。截至 2014 年 12 月 31 日，京东方总资产达到 1279 亿元，净资产达到 743 亿元，与创业初期相比增长超过百倍；全球市场份额上升至 13%（2013 年），超越夏普，成为全球排名前 5 的液晶面板厂商。京东方在北京、成都、合肥、鄂尔多斯、重庆等地拥有多个研发制造基地，营销和服务体系覆盖欧、美、亚等全球主要地区，员工人数 3 万余人，成为国内平板显示领域综合实力最强的高科技企业之一。

随着京东方等国内平板显示企业产能规模的逐渐扩大，中国液晶面板赶超和崛起呈现良好态势，对国家产业战略布局而言，不仅弥补了产业短板、逐步打破了日韩企业对中国的"面板技术封锁"，还带动了相关产业集群的发展。以京东方在北京数字电视产业园的两条生产线为例，北京 5 代线及 8.5 代线，目前吸引了康宁、冠捷科技和住友化学等诸多世界 500 强企业就近配套。产业园包括显示器件核心区、整机区、上游配套区、设备备件加工区、A/S 中心区、保税物流区 6 个功能区，总体投资额达 700 亿元，带动上下游企业 103家，年产值近千亿元，形成了全球为数不多的石英砂进去、电视整机出来的全球高端制造中心。以往不得不依赖进口的玻璃基板、偏光片、光学膜等关键原材料，目前已经开始国产化进程。目前中国平板显示材料与器件的国产化程度已接近 60%，预计 5 年内有望超过 90%。而在装备技术方面，通过多年的积累，国内已有数十家装备企业进入 TFT-LCD 装备制造领域，目前装备国产化率为 15%，未来 5 年有望达到 30%。

2. 京东方发展过程揭示的短板与面临的挑战

京东方的"追赶之旅"昂贵而充满风险，政府和二级市场投入了上千亿元的资金，从纯粹投入产出指标角度看，公司投资效率偏低是无疑的事实。不只是京东方，中国国有控股上市公司整体的真实净资产收益率在 2001～2009

年只有 2 年为正①。这种低效率的投资不能给上市公司带来收益，还损害了股东的利益，会给二级市场造成不好的示范效果。对于落后国家、地区而言，在创新跨越式发展过程中，由于企业弱小、实力不强，国家和政府必须起到强力支撑的作用。但在京东方案例中，政府的支持仅限于财政补贴等形式，在投入的科学性方面、在高科技产业发展上的战略方面、在政府与市场的界限等方面，均需要研究改进。

目前和未来，京东方面临的压力与挑战主要来自以下几个方面：首先，"产能过剩"的隐忧。最近几年，在政策普遍利好的形势下，国内各地、各企业液晶面板生产线不断上马。据拓墣产业研究所预测，到 2015 年第四季度中国内地将会有以下 8 座 TFT-LCD 及 8 代 AMOLED 线面板厂建成并逐渐释放产能，包括北京京东方 B4 厂、合肥京东方 B5 厂、重庆京东方 B8 厂、南京中电熊猫、深圳华星光电一厂、深圳华星光电二厂等。到 2015 年第四季度，全球将有 26 座 8 代液晶面板厂投产，未来行业竞争的激烈程度将进入白热化。其次，在技术层面，中国 TFT-LCD 产业上游控制力较弱，很多关键设备、材料产品目前仍基本由国外的企业控制主流技术和工艺。京东方液晶面板业务在部分核心技术、核心材料领域，还是没有完全摆脱落后于人、受制于人的窘境。据界内人士介绍，21 世纪以来，显示器更新速度明显加快，我们的 8 代线还在打桩的时候，日韩的 10 代、11 代生产线已经产出成品，新一代显示屏的大规模商业应用也就是 2~3 年的事了。最后，目前中国各个地方政府都给予了京东方良好的投资政策，其中包括一些税费的优惠政策。但随着政策的到期，京东方必须应对正常经营的费用。同时，国家在宏观财政的紧缩下，地方政府可以补贴投资企业的资源也在紧缩。

3. 启示

京东方是中国竞争性企业的一个代表，也是理解中国高科技产业发展的一把钥匙。应对发展中存在的问题，出路只有改革。就公司层面而言，京东方等企业必须看清自己的实力和整个市场的状况，提高投资决策水平；必须加快现代企业制度的建设，推进混合制改革；在公司内部建立起有利于创新激励的分配制度，加快创新步伐，在规模之上，建立起自己的核心竞争力，这样才能赢得未来的挑战。能帮助京东方真正崛起的，只有京东方自己。就国家政府层面

---

① 王雅颂．京东方政府补贴案例分析［D］．辽宁大学硕士学位论文，2013.

而言，政府应该提高科技创新的宏观调控水平，总结、摸索推进中国竞争性企业成长的措施和途径，学习发达国家的经验。划清政府和市场的边界，设定科学合理的地方政府业绩考核目标，避免 GDP 导向。建立有利于企业创新的体制机制与社会环境。

经济新常态下中国科技成果产业化问题研究

李诗洋①

当前，中国经济已经步入"新常态"。新常态下，中国经济增长速度由高速向中高速转换，产业结构由中低端向中高端转换，增长动力由要素驱动向创新驱动转换，资源配置由市场起基础性作用向起决定性作用转换，经济福祉由非均衡型向包容共享型转换。② 新常态经济是创新驱动型的经济，在现阶段，中国必须发挥创新驱动的原动力作用，实现创新驱动经济新常态，必须将提升科技创新能力和应用转化能力放在促进形成新常态经济的核心位置。改革开放30多年来，中国的科技事业蓬勃发展，科技实力持续增强，基础研究和原始创新得到加强，自主创新能力稳步提高，在部分领域已经取得了一系列举世瞩目的科研成就。然而，诸多的科技成果转化为生产力的比例却十分低下，科技创新驱动经济发展的功能和作用未能完全发挥出来。

在将技术转化为生产力的过程中，中国技术转移和科技成果产业化还存在诸多问题需要加以解决。

一、中国科技成果转化和产业化存在的问题

（一）科技成果供给方面存在的问题

1. 缺乏有利于成果转化的科研管理体制

科研院所和高等院校是中国科技成果的主要产出单位，由于原有体制和固

① 李诗洋：北京市委党校经济学教研部副教授，经济学博士。
② 张占斌. 如何实现创新驱动新常态 [N]. 经济导报，2015-01-09.

有观念的制约，外部的竞争压力与内在的生存危机不严重，无论是对学校或教师水平的评价、教师职称的评聘，还是评审博士点、硕士点、重点学科、重点实验室等都以科研学术水平为主要依据，而成果转化工作少有纳入评价指标。这就导致科研人员倚重学术成果，重视理论研究，忽视应用开发研究，更不重视成果产业化。科研项目选题不能适应市场需要。近几年，随着科技管理部门一系列政策（如中关村"1+6"政策①）的出台，许多科研院所实行体制改革，情况有了较大好转，但在高等学校中，仍存在这类问题。

2. 政策、法规不完善，缺乏科学的成果评估标准和利益分配机制

科技成果产业化牵涉高等院校、科研院所、企业三个方面，正确处理好三者之间的利益是成果转化的关键。尽管国家相关部委、地方政府各层面都出台了许多政策法规，但只是粗线条的，缺乏相应的配套实施细则，加之部门分割现象的存在，这些都影响科技成果的转化。由于科技成果具有无形资产的独特性，其价格难以准确地合理确定，操作时又缺乏对科技成果价值科学的评估标准和原则，且合作中还牵涉到许多具体问题，造成供需双方在价格和利益分配上的分歧，导致成果转化过程漫长，甚至失败。在知识产权归属一体化的国际大环境下，部分科研成果由于成果的劣势或相互冲突，已失去了产业化的实际意义。

3. 科技成果孵化资金不足，缺乏中试基地

一项新技术成果的产业化，一般经历实验室成果、中间放大试验、工业化或产业化三个阶段。科研院所和高校虽有一大批国内领先、国际先进的高水平新技术成果，但大部分成果基本上都是实验室成果，需要经过中试或小批量生产后才能进入实际应用。但是中国各地区（哪怕是科技投入水平最高的中关村地区）普遍存在中间试验和小型工业性试验环节即成果转化环节投入资金不足的现象。科研单位没有能力从事科技成果的中试（小试），生产企业因中试（小试）的风险较大而不愿投入资金。科研院所和高校缺乏中试基地，往往不能进行中试和生产"实证"，只能做一台或几台样机，而且往往不计成本，因此尚不能准确表明成果的成熟度和适用性，使企业对成果转化的成功缺乏信心，导致很多科技成果因无条件中试而不能实现产业化。

---

① "1+6"政策中，"1"是指搭建一个首都创新资源平台，"6"是指支持中关村深化实施先行先试改革的6条政策，包括股权激励、税收优惠、中央级事业单位科技成果处置权和收益权改革、高新技术企业认定、科研经费管理改革和建设全国场外交易市场。

4. 主要科研成果提供者动力不足，热情不高

由于高校、科研院所与企业价值追求的差异（高校和科研院所的一个基本理念就是追求科学知识的增长和学术价值的实现，而企业恒久不变的目标则是利润最大化，是其商业价值的实现），高校教师和科研院所研究人员普遍缺乏技术转移热情。因为在现行体制下，技术商品能否完成最后的"惊险一跳"与研究者关系不大，即使这一跳跃失败，摔坏的不是技术商品的研究者，而是技术商品本身。无论研究成果最终能否转移，课题费都必须支付，所有的成本最后总是由国家买单。这是由科研院所和高校的评价体制和管理体制所决定的。科研人员职称、奖励等评价过程中，高校往往只将学术论文、获奖等级、专著等作为硬指标考核，即主要是考核所谓的成果水平，而对科研成果的转化推广及其产生的经济、社会效益摆在次要位置。同时，各高校在横向课题经费的管理上，基本沿用纵向课题经费管理的办法，把科研经费的使用管理得很死，使用不灵活。这种评价体制和管理体制，一方面不利于从经济角度调动科研人员从事成果转化的积极性，使科研人员不能从科技成果转化工作中获得足够的经济效益；另一方面不利于横向课题经费的申请、实施等过程，降低了课题申请成功率和课题实施进度。另外，高校更多的是关注科学研究提高学校排名、声誉，未能把科技成果转化、发展高新技术产业放在与教学、科研同等重要的位置。

（二）科技成果需求方面存在的问题

1. 企业管理行为短期化不支持科技成果转化

企业是科技成果转化的主体，长期以来，中国大部分企业仍然通过资金、人力投入来实现量的扩张，通过上规模增加企业效益，而以科技进步为主的内涵式扩大再生产还没有成为企业发展战略的主流。科技成果转化为现实生产力，需要长期大量投资，风险很大，而中国目前的国有企业基本都实行任期制，任期时间一般为 2~3 年。加之考核国有企业领导的重点是任职期内的成绩，这就必然导致管理决策人在任职期内，不注重长期投入，对吸收科技成果往往采取"现实"、"功利"的做法。

2. 企业对科研成果的接收消化能力欠缺

企业作为技术成果产业化的最终实现者，其对于先进技术的接收和消化能力的高低直接决定着技术转移效果的好坏甚至是成败。接收能力主要看两个方

面：一方面是对技术本身的消化能力。企业要成为技术方面的专家，可以准确预见市场的需求和走向，从而对技术的进一步发展提出可行性建议；同时，企业也要为技术转移配备足够的研发团队，进行后续的跟踪研发，还要有强大的生产能力和市场开拓能力，以支撑整个技术转移活动的顺畅进行。另一方面是企业的风险准备意识。一般而言，越是中小企业越愿意购买成熟的技术，但有时企业意识不到高校和科研机构的大量成果都是不成熟的科研成果，在转化为大批量的工业性大生产之前，必须承担风险。大多数企业都只需要短、平、快的项目，希望能在短期见效，风险意识差。事实证明，成功的技术转移，技术的承接方均有相当强的技术消化吸收能力和后续的研发团队，以及强大的生产能力和市场开拓能力，同时还具有强烈的风险意识和技术转移的欲望。但是，大量的中小企业却不具备这样的条件，也不能苛求它们具备这样的条件。受人才、资金及配套技术等因素影响，企业对引进的高新科技成果难以进行二次开发以及后续技术的改进，这种状况严重影响了企业对高新技术成果的吸纳、应用和产业化。另外，一些企业由于经济实力有限，工艺设备落后，人员素质较低，致使企业依靠科技进步的实力不足。

（三） 科技成果的技术转移中介体系存在的问题

技术转移过程是一个十分复杂的巨系统，涉及市场调研、可行性分析、技术研发、小试、中试、技术评估、风险投资、知识产权、价格谈判、合同履行等方方面面，需要各种类型的中介机构间的协同配合。只有打造一个完整的技术转移服务链，才能有效地促进技术转移的顺利进行。所以，技术转移不仅是高校、研究院所和企业的对接，还需要有中介机构的介入，才能提高技术转移的效率。但是，中国现有的技术转移中介机构存在着以下问题，使其举步维艰、生存困难，影响着其健康发展。

1. 机构功能单一，未形成服务链条

现有的技术转移中介机构规模小、功能单一，没有形成相应的服务链条，机构之间也缺乏有效的合作和配合，企业必须去一一购买这些服务才能完成技术转移的前期准备，这就致使企业对购买中介服务望而却步。更为重要的是，技术转移中介机构良莠不齐、鱼龙混杂，有部分机构坑蒙拐骗，信誉缺失，这就导致中介机构口碑不佳，所以一些有技术需求的企业宁可自己瞎扑腾，也不愿意中介机构介入。例如，中关村科技园区的一次调查显示，中介服务在大多数企业技术转移活动中缺失，80%的企业没有利用过中介服务。

2. 技术转移中介机构发掘有市场潜力技术成果的能力不足

近年来，中国科技成果的转化陷入了两难境地：一方面，高校和科研院所取得的科研成果转化难，蕴藏在科研院所、高等学校中的科技条件资源社会共享程度还很低，科技成果转化效率 20 年来没有得到根本提高，大量科技成果在大学和科研院所自我循环，积压严重；另一方面，高校和科研院所的成果大多数仍然停留在实验室水平，可利用程度低，无法满足市场需求。这种两难境地使得科技经济"两张皮"的状况没有得到根本改善，形成了中关村科技发展的"瓶颈"。造成这一局面除了产学研结合机制应用不定的缺陷外，还有一个重要原因就是技术转移中介机构发掘具有市场潜力科技成果的能力差。

3. 技术转移中介机构人才缺乏、流失严重

技术转移中介机构的人员数量少、素质不高，已成为制约技术转移中介机构发展的"瓶颈"之一。在缺乏全国性的法律、法规规范的前提下，中国各地区技术市场管理部门一直在坚持依据地方性法规和地方科技管理部门、税务部门的规定，规范地进行技术经纪人的资格培训和认证工作。但由于技术经纪人被边缘化，每年全国约有超过 1/3 的技术经纪人流失，而又有大量不具备科技成果转化能力的人员进入技术市场；许多技术经纪人不懂知识产权，或只了解很少，所以技术转移机构在工作中捉襟见肘，有相当大的局限性；至于高级评估师、资深律师、风险投资家等更是凤毛麟角。近年来，中国各级技术市场协会为突破这一"瓶颈"做了大量培训工作。但是，这种培训也存在一些问题：教材不固定；教师队伍不稳定，知识更新速度慢；培训方式不稳定，短期培训的多；培训对象不稳定，难以形成固定的培训对象和品牌效应；同时，"技术经纪人"未能列入国家的职业系列，其培训、认证工作实际上一直处于非常尴尬的地位，而不得不暂停。这对技术转移服务业来说，更是雪上加霜。另外，伴随着国际知名创新型服务机构入主中国，高薪、高福利吸引本土人才的策略被广泛应用，造成技术转移机构人才严重流失，这一现象愈演愈烈。因此，如何体现人才价值、发挥人才潜能，是技术转移机构必须正视的一个问题。

4. 缺乏市场化、专业化的技术转移中介机构

有相当一批技术转移中介机构属于法人内设机构（如高校和科研院所的科技处、科技开发部等）、由政府职能转变而衍生的机构（如生产力中心、技

术交易中心等）、由官办协会主办的机构（如科技开发交流中心、科技咨询服务部等），而真正市场化的民营科技中介机构则很少。这些内设机构、有官方背景的机构在很大程度上还未完全市场化运作，或依靠行政事业拨款，或依靠政府部门课题，或依靠政府部门指定为其办事而生存，一旦在完全市场化前提下与其他机构平等竞争，则很难在市场上存活下来。因此，这部分机构面临转制的严峻挑战。

（四）　配套的投融资体制存在的问题

1. 缺乏资金仍是老大难

从目前的情况来看，虽然中国各级政府为了推动和促进科技成果的转化，大力发展高新技术产业，支持或参与组建了一些风险投资公司、风险投资资金和融资担保资金，且资金总额已达 400 多亿元，但是由于体制和管理方面的原因，这些资金在实际运作中基本上还是秉承传统的方式，在促进科技成果转化的实践工作中还未能很好地发挥作用。很多企业反映，想申请得到这些资金往往比向银行申请贷款还要难。从社会方面看，由于政策和法律法规不够完善，不能引导大量社会闲散资金投向科技成果转化。因此，缺乏资金仍是影响科技成果转化的一个重要原因。

2. 已投入的资金运作不合理

已经投入的资金运作不尽合理也导致科技成果转化效益不高。目前政府每个年度在科技成果转化方面投入的资金数目不小，但是由于这些资金分散在各有关部门，在成果转化项目的选择上各部门自行其是，分散零乱，数目过多。项目多、资金分散的结果造成科技成果转化的效益不高，绝大多数难以形成产业化规模，无法对经济和社会发展产生大的促进作用。

3. 企业承担的转化风险缺乏相匹配的资金支持

科技成果产业化的资金来源有国家拨款、企业自筹、银行贷款等，科技成果转化是一项高风险、高投入、高收益且周期长的活动。科研院所和高校没有资金投入，一般情况下，这些风险主要由企业承担。由于成果产业化所需的资金是技术小试或中试阶段的十几倍甚至几十倍，而且成果在形成产品后市场开拓和规模扩展也需要相当多的资金，这些资金仅靠企业自筹比较困难。企业面对承担风险的巨大压力，往往对高新技术成果望而却步。企业希望国家通过有关政策或风险投资机构、金融机构介入共同承担风险。对一些转化周期长与技术、市场风险大的项目，银行贷款、非金融机构贷款等常规资金也不敢或不愿投入，致使科技成果转化的融资渠道不畅。

（五）法律实施中存在的问题

1. 缺乏专业的知识产权管理队伍，知识产权管理执法不严

目前中国的知识产权市场评估体系、中间服务体系以及无形资产评估机构不完善，加之高校缺乏专业的技术转移和推广队伍，因此在实践中，大多数的技术转让或技术入股都是由合同双方自行协商，这种方式很难保证价格的合理性。知识产权的估价缺乏科学的法律依据，客观上影响了学校、科研人员的经济利益，也容易因利益分配不合理而产生各种纠纷。因此，针对科研人员对技术价格认识方面存在的不足，需要政府通过建立科学的评估方式确定技术的合理价格，推动技术转化。同时，中国在知识产权保护意识、手段及专业的管理队伍等方面还有所欠缺。

2. 关于激励和奖励的法律方面存在的问题

奖励和报酬是激励科技人员推动科技创新和加快科技成果转化的重要措施。中国的《转化法》、《专利法》等法律法规建立了科技人员在成果转化中获得奖励和报酬的基本制度。在这一制度框架下，企事业科技人员从事科技创新并进行成果转化的积极性不断提高，并取得了显著的成效。但总体上看，在实践中仍存在着突出问题，主要表现为以下两个方面：其一，权益得不到保障，机制缺乏。高校、科研院所、企业的科技成果转化利益共享机制缺乏，科技人员获得奖酬的权益得不到保障，股权激励措施落实不到位等原因，导致科技人员推动成果转化的积极性没有被充分调动起来。其二，激励政策落实与国有资产管理的冲突。对北京、上海、南京、武汉等地公立高校科研院所和国有企业的一份调研报告显示，虽然很多地方在国家政策的基础上提高了激励的幅度，但落实激励政策时，考虑国有资产管理相关规定，往往有导致"国有资产流失"的顾虑和现实困境，而难以推进。为此，很多科技成果宁可闲置，这也导致各类"地下转化"现象的出现。而且近年来针对科技人员奖酬执行出现的法律纠纷和案件屡见不鲜，有逐年上升的趋势，其背后暴露出的激励政策法规标准执行不一致等问题都需要引起重视。

二、提高科技成果产业化效率的建议

（一）加大对科研管理与激励体制的改革

必须转变观念，加快科技体制改革，加强科技与经济结合，提高科技对经济的贡献率，规范科技转化活动，大力加强科技成果的转化。通过创新资助方式加强对科研团队的稳定性资助，积极推进科研经费管理体制改革，加大对科技人员的支持，探索推进科技人员年薪制改革。引导推进科研机构和高等院校考核评价机制改革，强化对产业化研究成绩的认可和鼓励，加强对产业化创新的支持和奖励，如可以将科研团队在成果转化收益中的占比提高至70%。同时加强对产业化的投入支持和有效保障，建设开发和转化技术支撑人才队伍，培养既懂技术又善于经营的复合型人才，完善股权激励政策。通过保留岗位和基本福利待遇的方式鼓励科技人员自主创业，通过开放研究岗位、建立社会保障对接机制、双边认可科技创新成绩的方式支持科技人员的双向流动。另外，还要建立和完善科技人员服务体系，加强对科技人员落户、工作、居住、生活以及子女等各方面的保障，并通过多层次的社会网络建设促进科技人员之间的交流互动。同时，针对一些地方层面难以解决的问题，建议可先选择一个高新技术园区（如中关村国家自主创新示范区）为试点，建立科技人员法律保障制度，加大对科技人员的稳定性支持，系统推进科技体制改革，并争取科技人员年薪制改革、股权激励税收优惠政策、科技人员创业税收优惠政策以及国有资本投入科技成果转化等试点改革。

（二）完善科技中介服务体系

政府与行业协会要根据技术中介服务的特点，积极引导行业分工和协作。已有的各类技术转移服务机构存在各自为政的状态，尚未形成一个完整的技术转移服务体系。应建立和完善以公益性服务为主和以市场有偿服务为辅的技术服务体系。要从认识上纠正科技中介服务不属于科技创新的错误认识，并将技术转移中介机构归入科技创新型企业。其实，技术转移中介机构所转移的技术大都属于高新技术，这类机构应当属于科技创新型企业。解决技术转移人才缺乏问题，首先，政府要高度重视。应当把加快培养具有创新素质和技术经营能力的复合型人才作为当务之急，由相关政府部门共同商讨，加以落实。教育部门要树立现代大学理念，使学科设置的改革尽快与社会现实需要相结合。其次，开展试点，大胆创新人才培养模式。加深政府部门对技术转移工作的认识，及时调整优化技术转移管理人员的专业知识结构，打造一支高素质、高效率的政府部门技术转移管理人才队伍。完善和提升现有的技术经纪人培育体系，实施技术经纪人守信工程。组织相关协会、技术转移机构、大学和企业联合培训技术经纪人，保证技术转移队伍的专业素质和工作水平，使技术经纪人真正成为适应技术经纪需求的人才。实施技术转移人才培训认证和注册机制。组织专家、学者，对技术转移服务机构从业人员进行职业资格培训，在区域内统一认证标准、统一教材、统一考试、统一考核。对取得职业资格证书的人员，每年进行年审、注册登记。

（三）大力支持创业投资体系发展

1. 加快股权市场建设，完善创业投资环境

积极拓展股权投资空间发展环境，鼓励各高新技术园区所在的驻地政府开辟一定区域为入驻股权投资机构提供集中办公、会议洽谈、融资对接、宣传展示等一站式服务。一要探索支持创业投资聚焦发展，建立和完善以政府资金为引导、社会资金为主体的创业资本筹集机制和市场化的创业资本运作机制，完善支持创业投资发展的政策环境和退出服务机制。二要大力培育天使投资人，继续深入研究制定鼓励天使投资的有关政策，引导鼓励境内外个人开展天使投资业务，继续加大宣传力度，营造有利于天使投资发展的区域氛围。三要鼓励创业投资机构与科技企业孵化器、加速器等机构开展合作，引导其对在孵项目提供金融服务和创业指导支持。四要大胆鼓励民间资本参与设立创业孵化机构，提倡地方政府在资金、土地、人才引进等方面给予政策优惠，以降低其运营成本。

2. 完善知识产权投融资体系，促进科技成果产业化

一要创新知识产权投融资方式，拓展专利权、商标权和著作权等各类知识产权的投融资服务。推广知识产权质押贷款，扩大已有的知识产权质押贷款的规模，完善相关的信用激励和风险补偿机制。继续鼓励银行、保险公司等金融机构设立知识产权融资服务专营部门，鼓励发展知识产权投资和运营公司。二要建立知识产权投融资配套服务体系。加强科技成果信息数据库建设，探索建

立知识产权质押登记制度，健全知识产权价值评估体系；引导知识产权中介服务机构集聚发展，支持知识产权代理、价值评估、技术评价等中介服务业的发展；促进知识产权中介服务机构与各类金融机构的合作。三要深入建设技术交易市场，鼓励各类技术交易所创新技术交易服务模式，促进科技成果产业化。鼓励全国各地的区域性股权交易平台，① 开展创业投资业务和知识产权转让业务，拓展股权投资的进入和退出渠道。

（四）完善相关法律法规的建设

1. 相关法规与政策的先行先试

要推进技术转移和产业化就必须制定一系列技术转移的法律法规，以法律、法规的形式明确高校、研究机构、企业及其他组织技术转移的责任。为了更好地推动和促进技术转移工作，中国需要制定《技术转移促进条例》、《技术转移机构组织法》、《企业技术创新促进条例》等法律法规，将技术转移的运作、促进技术创新、加强产学研合作、强化知识产权权属、提升区域竞争力等方面统一协调起来，建立完善的技术转移法律体系。在国家层面的法律法规未出台的情况下，应允许各高新技术园区在管辖范围内做出相应的规定，促进技术转移的健康发展。

2. 加大知识产权保护宣传力度，增强知识产权保护意识

通过宣传，提高全社会知识产权保护意识。在知识产权法律规定的基础上，针对中国实际情况，细化知识产权归属和利益分配的规定，完善知识产权制度的激励机制；为企业提供平等的市场竞争环境；根据科技企业发展的实际需要，完善各种产权制度的执行规范，尽快制定出保护企业知识产权的有关规定，如加强企业知识产权工作的规定、高科技产品进出口的知识产权保护规定等；各个高新技术园区应在遵守国家知识产权法律法规的基础上，结合园区及区内企业的实际情况，制定相应的实施细则。具体实施中，一要大力培养高素质的执法人员，通过请专家授课和送出去培训、自学等形式，培养出具有执法资格的知识产权保护执法人才。二要坚持依法行政，严厉打击一切知识产权侵权行为，做到有案必接、有案必查、接查有果。在执法中，既要打击侵权，又

---

① 目前，全国已经有 33 个省、直辖市、自治区依法设立了区域股权交易私募市场，即俗称的"四板"市场。

要防止侵权；在查处工作中，坚持集中查处与日常查处相结合、主动查处与群众举报相结合。可以鼓励各高新技术园区设立知识产权接待日和举报电话，集中解答知识产权方面的问题，随时受理群众提供的各种举报案件。三要主动了解知识产权权益人的保护状况，协助依法维权。采取走访企业、定期召开知识产权保护座谈会等形式，积极主动了解权益人的知识产权保护情况，对发现制造、销售、使用、进口侵权产品的行为，帮助权益人依法维护权利，及时制止侵权行为，使知识产权真正成为受法律保护的独占权。四要建立执法联动体系，提高反不正当竞争力度。要充分发挥法院和检察院具有知识产权案件管辖权的有利条件，加大司法保护力度；各地政府要建立知识产权办公会议制度，联合专利、法院、检察院、海关、商检、技监、工商、版权等部门形成联动机制，携手打击违法行为。

新常态下中国产业重构的新态势与新思维研究

王兆宇[①]

"新常态"（New Normal）一词最早由美国风险投资家 Roger McNamee 于 2004 年提出[②]，最初表达的是在互联网泡沫破灭后 21 世纪全球经济将进入一个不容乐观的时代，难现过去辉煌；2009 年，美国太平洋投资管理公司（PIMCO）的两位首席投资官 Bill Gross 和 Mohamed A. El-Erian 首次用"新常态"一词来描述 2007~2008 年次贷危机后美国经济恢复所呈现的既缓慢又痛苦的过程。由此可见，源于国外的"新常态"意指经济的持续衰退。

与此不同的是，2014 年 APEC 峰会和中央经济工作会议上，习近平同志全面阐述了中国经济发展的"新常态"，其内涵之丰富、逻辑之严谨，使得新常态论的表述系统成型。在增长速度换挡期、结构调整阵痛期和前期刺激政策消化期"三期叠加"阶段下，中国经济新常态的基本特征是速度变化、结构优化和动力转换，即经济增速从 10% 左右的高速增长转向 7% 左右的中高速增长，经济发展方式从规模速度型粗放增长转向质量效率型集约增长，经济结构从增量扩能为主转向存量调整、增存并举的深度调整，经济发展动力从要素驱动转向创新驱动，从主要依赖高投入、高消耗、过度依赖外需转向更多依靠提高劳动生产率、节能环保和扩大内需。同时，新常态论从需求角度分析了国民经济"三驾马车"的主要特征，从供给角度描述了生产能力、产业组织方式以及生产要素相对优势的主要变化，从市场竞争特点、资源环境约束和经济风

---

① 王兆宇：北京市委党校经济学教研部讲师，经济学博士。

② Roger McNamee. The New Normal: Great Opportunities in a Time of Great Risk [J]. Portfolio Hardcover, 2004.

险化解方面阐释新的阶段性特征，从资源配置模式和宏观调控手段方面解读新的政策方向。

其中，特别强调了产业结构从中低端迈入中高端，发展动力从传统增长点转向新的增长点，即传统产业相对饱和，模仿型排浪式消费阶段基本结束，而基础设施互联互通和一些新技术、新产品、新业态、新商业模式的投资机会大量涌现，个性化、多样化的行业消费渐成主流；大数据、云计算、物联网等新一代信息技术加速发展，新兴产业、现代服务业、小微企业作用更加凸显，生产模式的小型化、智能化、专业化将成为产业组织方式的新特征；在形态更高级、分工更复杂、结构更合理的产业发展新常态阶段，未来要通过供给创新满足需求，全面化解产能过剩，通过发挥市场机制作用，在新型工业化、信息化、城镇化和农业现代化中发掘新的产业增长点。

一、发达国家产业发展的新趋势

在全球化加速的背景下，适应新常态既要准确把握国内情况，也要密切关注国际经济形势。虽然世界发达国家各自的产业基础和国内需求不同，但是其产业发展的新趋势具有共同特征：自 2008 年全球经济危机以来，欧美国家产业发展战略进行了重要调整，主要转变趋势是"再工业化"，其实质并不是传统制造业的简单回归，而是以技术创新为核心，对制造业和服务业进行全产业链的整合和重构，涉及数字化、新材料、新能源、节能环保和生物医药等改变全球竞争格局的"高精尖"行业领域，其中新一代信息技术与先进制造业融合是重要攻关领域。

（一）美国

"再工业化"计划源于奥巴马政府上台后提出的重振制造业战略构想。2009 年 2 月以来，美国政府陆续出台了《美国复苏和再投资法案》、《重振美国制造业框架》、《制造业促进法案》、《先进制造伙伴计划》、《先进制造业国家战略计划》等法规和政策。这些法案与措施以科技创新为突破核心、以高端制造业为发展重点，目的是吸引高端制造业回流，重塑工业竞争的新优势。自 2013 年以来，奥巴马政府已出资 10 亿美元作为启动资金，计划建立 15 个制造业创新中心，以充分调动和利用大学和企业的技术研发与生产能力。截至

2014 年底已由国防部、能源部和航空航天局等部门牵头成立了国家增材制造业创新中心、数字化制造和设计创新中心、轻量级现代金属制造创新中心、下一代电力电子制造创新中心、先进复合材料制造业中心和集成光子制造技术创新中心 6 大中心，未来筹划组建的中心还将涉及生物医药、基因技术、新能源等前沿领域①。特别地，GE 公司提出的工业互联网概念被政府上升为国家战略，其核心要义在于以大数据、云计算和物联网等新一代信息技术改造传统制造业，实现先进制造业的异地协同制造，以数据驱动制造业生产的智能化转型，试图构建网络制造生态系统，实现社会化协作大生产格局。

同时，学界对美国高端产业的研究也在不断深化。例如，布鲁金斯学会针对界定美国高端产业提出了两大标准，一是每位从业者的研发支出应超过 450 美元；二是行业内获得科技、工程和数学学位的从业人数应高于全美平均水平或在本行业占比超过 21%。根据此标准，全美共有 35 个先进制造业、3 个先进能源业和 12 个先进服务业共 50 个高端行业，这与美国政府重点发展的产业领域高度重合。这些高端产业对美国总产出和就业贡献巨大，1980~2013 年美国高端产业产出年均增速为 5.4%，远高于美国经济年均增速；高端产业每年直接创造约 2.68 万亿美元的增加值，占到全美 GDP 的 17%。截至 2013 年该 50 大高端产业雇用了约 1227 万名美国劳动力，占全美就业量的 9%；云集了全美 80% 的工程师、90% 的私营研发部门、85% 的专利以及 60% 的出口额。同时，高端产业的带动性较强，与高端产业相关的行业提供了约 2710 万个就业岗位，因此高端产业直接或间接地提供了约 3937 万个就业岗位，占美国就业总量的 25%。见表 1。

表 1 美国 50 大高端产业（截至 2013 年）

先进制造业	先进制造业	先进能源业
航空航天产品和零部件	汽车制造	电力生产、运输及分配业
农业、建筑业和采掘业设备	导航、测绘与控制仪器	金属矿石开采业
铝制品及其加工品	其他化学制品	石油及天然气开采业
视听设备	其他电力设备及组件	先进服务业
基础化学制品	其他通用机械设备	建筑与工程

---

① 邱晓华，管清友. 新营态经济 [M]. 中信出版社，2015：210-216.

续表

先进制造业	先进制造业	先进服务业
黏土制品	其他杂项制造	有线电视和其他订阅节目
商业和服务业设备	其他非金属矿制品	计算机系统设计
通信设备	其他交通运输机械设备	数据处理及托管
计算机及其辅助设备	农药、化肥等农用化学品	医用及诊疗实验室
电气照明设备	石油及煤产品	管理、科学和技术咨询
电力设备	制药业	其他信息服务业
引擎、涡轮和动力运输设备	铁路机车车辆	其他电信业
铸造业	树脂与合成橡胶，纤维与长丝	卫星通信
家用电器	半导体及其他电子元器件	科学研究及发展
工业机械设备	船舶制造	软件出版
钢铁及铁合金材料	医用设备及用品	无线通信运营
汽车车身及挂车制造	光伏行业	
汽车零部件制造		

资料来源：Mark Muro, Jonathan Rothwell, Scott Andes, Kenan Fikri, Siddharth Ku lkarni. America's Industries：What They Are, Where They Are, and Why They Matter［R］. The Brookings Institution, 2015-02.

（二）德国

纵观西方发达国家的经济结构调整历程，"德国模式"是长期重视发展高端制造业的典范。在其他欧美国家不断提升服务业占三次产业结构比重的同时，德国却力争维持制造业占比在较高水平。2001年德国制造业占GDP比重为28.86%，之后政府通过产业政策进行积极干预调整，到2010年该比重上升至30.29%，使其汽车制造、精密器械、电机电气、生物医药、节能环保等制造业在全球市场的地位举足轻重。将制造业作为国民经济核心支柱的产业战略也使德国颇为受益，特别是在2008年次贷危机后大多数发达国家失业率骤增的情况下，其失业率自2009年却不断下降，到2014年仅为6.7%，[①]制造业的持续稳定运行无疑是力保德国就业的重要基础。同时，德国服务业增长与制造业紧密相连，特别是具有高知识技术密集型、高人力资本密集型、高劳动生

---

① IMF eLibrary Data［DB/OL］. http：//www.elibrary.imf.org/, 2015.

产率型特征的生产性服务业的蓬勃发展高度依赖本国制造业开拓的巨大市场。

德国保持制造业的竞争优势并非孤立而为，而是抓住了互联网信息技术跨越式发展的战略性机遇，极力推动制造业和服务业的融合发展，其典范是在2013年4月汉诺威工业博览会上正式推出的"工业4.0"计划。德国政府将其上升为国家战略，旨在支持以智能制造为主导的革命性技术的研发与创新。"工业4.0"计划旨在通过充分利用嵌入式控制系统（以信息技术为基础，整合软硬件的系统），实现创新交互式生产技术的联网，相互通信，即物理信息融合系统（Cyber- Physical System），[①] 将传统制造业向智能化生产系统转型，由集中式控制向分散式增强型控制的基本模式转变，其目标是建立一个高度灵活的个性化和数字化的产品与服务的生产模式。在智能工厂和智能生产的主题下，传统的行业界限将消失，数字世界和物理世界无缝融合，从而产生各种新的活动领域和合作形式，创造新价值的过程会逐渐发生改变，产业链分工也将被重组，不仅企业与企业间纵向一体化程度会加深，横向一体化的各个环节也被紧密联系起来。该项目特别强调中小企业的参与，重视对人机互动、3D技术等方面的应用。据推算，截至2025年，"工业4.0"计划在德国将产生约788万欧元的经济效益。

（三）其他发达国家和地区

多数发达国家陆续部署"再工业化"战略，以不断改善现有制造技术、提高资源利用效率、降低工业化成本、加快商业化应用，从而推动新技术和新产业的发展。近年来，英国出台的《发展先进制造业的主要战略和行动计划》、《促进先进制造业供应链发展》、《生物科学投资计划》、《新能源法案》具体部署在航空、汽车、化工可再生能源、碳捕获与封存技术等领域投入巨资进行研发和商业化应用。日本的《制造业竞争战略》等政策将机器人、生命科学、新材料、太空和海洋开发、3D打印技术等方面作为产业发展的重点，特别在3D打印技术方面，2014年日本经济产业省投资45亿日元启动实施"以3D打印技术为核心的产品制造革命"项目。法国则重点发展新能源汽车、可再生能源等领域。此外，服务业也是发达国家和地区产业发展的重点。例如，欧盟发布的《2020战略》致力于推动创意产业、高等教育产业、老龄化

---

① 乌尔里希·森德勒. 工业4.0 [M]. 机械工业出版社，2014：6-12.

产业、可再生能源及低碳环保产业的可持续增长。

二、新常态下中国产业重构的新态势

由于发达国家的服务业发展已经达到一定高度，因此"再工业化"是其未来产业调整的重点领域，这对于中国具有重要的借鉴意义。而中国作为人口大国，农业发展不可放松，应进一步加快转变农业发展方式。由于服务业吸纳就业的能力较制造业更强，加之中国正处于工业化进程的中后期阶段，故未来服务业的发展仍应作为重点。

（一）不断加快转变农业发展方式

对于中国而言，无论经济结构如何调整升级，着力解决"三农"问题始终不能有丝毫动摇。面对农产品价格"天花板"、成本"地板"挤压、生产和价格补贴"黄线"、农业资源环境"红灯"约束形成农业发展四大障碍，转变农业发展方式是唯一出路。根据不同地区的资源禀赋比较优势，结合市场需求，将农产品向市场紧俏和优质特色的方向调整，注重农业技术创新，深入拓展种养加销全产业链，向日韩学习"接二连三"，推动农业与制造业、服务业融合发展，大力开展农业产业化经营，提高农业生产效率，推行农业标准化清洁生产机制，积极发展生态循环可持续发展农业体系，走产出高效、产品安全、资源节约、环境友好的现代农业发展道路。

在农业结构方面，大力推广轮作和间作套作，逐步发展种养结合循环农业，加快发展草食畜牧业；大力发展农产品加工业，特别是推动马铃薯等主食产品开发，加大标准化生猪屠宰体系建设力度，支持粮油加工企业节粮技术改造，提升农产品精深加工水平；创新农业营销服务，特别是推动农业经营主体与电子商务平台积极对接，培育新型农产品流通业态，大力提高农产品营销效率；提升休闲农业和农村旅游行业发展水平，积极融入科技、景观、创意、历史、文化等元素，深度开发农业多种功能。

（二）加快制造业内部的战略性结构调整

对传统制造业而言，要全面化解产能过剩问题。目前钢铁、水泥、电解铝、平板玻璃、船舶仍是产能过剩最为突出的行业。此外，在新能源产业中，光伏、风电产业也存在产能过剩问题。化解产能过剩，要严格按照"消化一批、转移一批、整合一批、淘汰一批"的原则分业施策。在"消化一批"中，要注意政策目的是"解产业之危"而非"脱产业之困"，否则可能引发新一轮产能扩张；在"转移一批"中，要结合"一带一路"，深度挖掘海外市场潜力，通过海外建厂和营销的方式消化国内产能；在"整合一批"中，要通过调整税收政策、建立跨区域利益协调和共享机制，来推进企业兼并重组；在"淘汰一批"中，要通过能耗、污染、安全等强制性标准和统一的企业推出扶助基金，以"软硬结合"的方式切实有效控制增量，保证产能过剩企业有序退出，积极稳妥化解存量。

对先进制造业而言，《中国制造2025》指出了未来发展的新方向。同美国工业互联网、德国"工业4.0"类似，《中国制造2025》强调了新一代信息技术同制造业的深度融合，目的是构建信息化条件下的产业生态体系和智能制造模式。要迈上《中国制造2025》的既定轨道，很多企业必须跨越从电气化到自动化再到网络信息化这两大鸿沟，其中一些企业可重点推进"互联网+"行动框架下的协同制造、智慧能源和节能环保建设。在强化工业基础能力方面，要加强核心基础零部件、先进基础工艺、关键基础材料和产业技术基础的创新能力建设；在具体行业领域，将新一代信息技术、高档数控机床和机器人、航空航天装备、海洋工程装备及高技术船舶、先进轨道交通装备、节能与新能源汽车、电力装备、农机装备、新材料、生物医药及高性能医药器械作为战略重点，以增材制造（如3D打印）、人机交互等创新理念为依托，加快智能制造装备和生产线的组织研发，在智能生产方面取得突破。事实上，在国务院曾发布的《关于加快培育和发展战略性新兴产业的决定》中，节能环保、新一代信息技术、生物、高端装备制造、新能源、新材料和新能源汽车就被确定为七大战略性新兴产业。两个文件的最终目的都是促进产业结构转型升级，发现和培育更多新的经济增长点。当然，不同地区根据自身比较优势应设定各自的重点发展领域，如北京的《战略性新兴产业目录》在国家目录的基础上增加了航空航天产业。

（三）将生产性服务业和文创产业等高端服务业作为三产发展重点

根据发达国家产业优化升级的经验，生产性服务业和文化创意产业等高端服务业应是第三产业发展的主导方向。

一是随着制造业规模的扩大，部分流程的外包价格小于内部执行成本，此时生产性服务业就应运而生，其具有附加值含量高、人力资本密集度高的特点，是服务业内部调整的重点。根据国家统计局的生产性服务业分类（2015），其具体包括研发设计与其他技术服务，货物运输、仓储和邮政快递服务，信息服务，金融服务，节能与环保服务，生产性租赁服务，商务服务，人力资源管理与培训服务，批发经纪代理服务，生产性支持服务10个大类行业。特别是在"互联网+"背景下的普惠金融、高效物流和电子商务具有较好的市场前景。

二是文化创意产业也是很多国际化大都市的支柱产业，例如，伦敦的创意产业增加值占比达7%，占全英创意产业总产出的25%。根据北京市统计局的分类标准（2006），文化创意产业包括文化艺术，新闻出版，广播、电影、电视，软件、网络与计算机服务，广告会展，艺术品交易，设计服务，旅游、休闲娱乐，其他辅助服务，其中软件、网络与计算机服务和设计服务等是生产性服务业的重要组成部分，其他行业则同居民的生活质量息息相关。此外，针对中国具体情况，结合"互联网+"行动模式发展的康体医疗、养老服务、高等教育等行业也是未来着力发展的服务业类型。

三、新常态下中国产业发展的新思维

（一）以革命性理念引领产业发展

支撑产业可持续发展的源泉是技术，但技术研发工作不能"就创新谈创新、就技术谈技术"，否则很容易陷入定式思维。放眼全球技术创新浪潮，革命性技术无不是来源于全新的思维理念。例如，区别于"等材制造"和"减材制造"，"增材制造"理念推动3D打印等技术由理论成为现实，更贴合具有低人均资源禀赋量特征的中国产业发展需求，同时，这种"自下而上"的制造理念也非常适用于小批量定制型生产模式，有助于降低制造成本，提高生产效率，及时应对市场变化的需求。

又如，过去对于产业优化升级目标的表述普遍是提高第三产业比重、逐步降低第二产业比重，而金融海啸后发达国家"再工业化"行动有力地抨击了这种观点。事实上，产业结构的比重变化并非那么重要，而提高劳动生产率和资本回报率、优化资源配置才最为关键。在这种理念的指导下，促进横向价值链上的产业融合发展成为可能。在新常态下，农业、制造业和服务业之间的行业边界会逐渐模糊，利用能源技术、互联网信息技术、先进制造技术等手段，可连接不同行业的价值链环节，有助于发现和培育新的产业增长点。"互联网+"框架下的人工智能领域即是范例，通过制造业的硬件设计和服务业的软件开发协同融合、互动发展，可推动智能汽车、智能终端、智能家居和机器人等领域的产品创新。

（二）由市场决定创新产业资源配置

承载产业的主体是企业，企业活力赖以存在的基础就是市场竞争。在供求关系日益复杂的背景下，很多新技术、新产业和新产品往往不是政府发现和"指导"出来的，而是企业在市场竞争中不断探索和试错的结果。毫无疑问，政府干预过多容易造成市场价格扭曲和资源配置劣化。如果大多数企业仅仅在政府的"指导"下发展生产，那么最后的结果往往是现在要解决的重要问题之一——产能过剩。造成这种问题的根源在于在纷繁复杂的供求变化中，政府无法做到信息完全对称，而信息不对称问题会直接影响产业政策的执行效果，并具有很大的副作用。因此，只有让企业真正成为市场主体，让市场真正决定创新资源的配置，才能不断发现和培育具有广阔市场前景的产业增长点。

在市场决定创新资源配置的过程中，充分调动社会资源是关键。纵观美国的创业者分布结构，高校、孵化器、家庭各占约 1/3，渠道多样、成果丰富。作为具有 9 亿劳动力的人口大国，中国每年有 700 多万大学生毕业，通过"大众创业、万众创新"的方式来调动社会资源的潜力巨大，因此要支持创新工场、创客空间、社会实验室、智慧小企业创业基地等新型众创空间发展，强化创新创业支撑，构建开发式创新体系。同时，注重发挥小微企业在产业创新中的作用。特别是在新常态下，小微企业凭借自身灵活的生产和服务模式更容易满足市场上个性化定制、小型化生产、多样化服务的消费需求。

（三）营造利于创新孵化的政策环境

产业重构变革不仅在于技术革新，还在于体制机制创新。外围的政策和制度环境对于提升产业创新水平、加快技术创新速度至关重要。市场在资源配置中起决定性作用的同时，政府的主要职责就是进一步简政放权，强化金融创新支持，建立差异化激励机制，注重人才培养和吸引，营造公平竞争的大环境，其最终目的是加快创新成果转化速度，提高技术成果产业化质量。

事实上，在政府履行服务市场职能的同时，市场上出现的科技创新成果反过来也会影响政府服务，特别是提高政府的行政管理效率。例如，"互联网+"背景下的政府网络化管理和服务充分利用了大数据、新媒体等信息技术手段和平台，有效整合了公共信息资源，快速提高了政务服务响应速度，从过去的实时单向信息沟通改造成了实时的双向互动沟通模式，有助于探索社会化的网络治理和服务新模式，提升政府治理能力的现代化水平。

新常态下互联网金融的影响、问题与对策

衣光春[①]

一、经济新常态下的金融发展

"新常态"一词，最初是为了总结 2008 年国际金融危机后世界经济所发生的变化，特别是发达经济体增长乏力、失业率持续高企、私人部门去杠杆化、公共财政面临挑战以及经济增长动力和财富活力从工业化国家向新兴经济体转移等情况，由美国太平洋投资管理公司首席投资官比尔·格罗斯和穆罕默德·埃尔埃利安提出的。受全球范围的金融危机以及由此引发的世界经济衰退的影响，中国经济也进入了一个新的发展阶段。2014 年，习近平总书记针对中国经济基本面长期趋好，但正处在从高速到中高速的增长速度换挡期、结构调整阵痛期、前期刺激政策消化期"三期叠加"的客观形势下，提出了要从经济发展的阶段性特征出发，适应新常态，保持战略上的平常心态。这一重要论述，对推动中国改革的全面深化、促进经济社会持续健康发展提出了应遵循的新的基本原则。2014 年 12 月，中央经济工作会议在北京召开，会上进一步对中国经济新常态的九个基本特征进行了系统阐述。中国经济的新常态将深刻改变中国经济发展的格局：经济增速正在从高速增长进入中高速增长；产业结构正在从工业主导转向服务业主导；增长动力正在从投资驱动转向消费驱动；资源环境的约束不断强化，绿色、可持续的发展正在成为新的增长导向。

[①] 衣光春：北京市委党校经济学教研部讲师，经济学博士。

经济增长新常态的客观要求，首先是在经济结构上形成新常态，在转型改革上形成新常态。否则，原来的经济结构和经济体制不仅难以支撑经济增长的新常态，反而会使发展中的矛盾和风险越积越多，甚至积重难返。其次是增长动力上需要实现从投资驱动向消费驱动的转变，否则，由投资冲动所推动的发展，动力会越来越衰竭，经济的发展将难以为继。最后是环境外在约束下经济发展的可持续性。在形成结构、体制、增长动力和环境约束新常态的过程中，作为现代市场经济核心的金融，尤其要加快改革，形成新的金融结构和金融体制。金融发展的基础是实体经济，经济的新常态为中国金融业发展提供了新的机遇，同时也提出了新的挑战，金融业必须因时而变、因势而变，不断开拓新的增长点与业务面。在新常态下，金融业改革应当以消费为主导，这不仅是金融业自身发展的必然要求，更是中国经济增长获得长期动力的重要保证。消费的持续增长，需要消费金融的创新，需要金融产品不断推陈出新。环境的保护，污染的治理，生态的修复，攸关经济发展的可持续性，也需要一个新的金融环境与之相适应。随着绿色产业的持续发展和传统产业绿色改造的不断推进，在新常态下，"绿色金融"将成为金融发展的新趋势和潮流。

二、互联网金融与经济新常态

（一）互联网金融的定义及其发展

根据谢平①在《互联网金融模式研究》一文中的定义，互联网金融是受互联网技术、互联网精神的影响，从传统银行、证券、保险、交易所等金融中介到无中介瓦尔拉斯一般均衡之间的所有金融交易和组织形式。互联网金融的形式既不同于商业银行的间接融资，也不同于资本市场的直接融资。这一定义体现了互联网金融去中介化的特点。互联网金融是在移动通信技术与互联网技术不断发展的基础上，通过对搜索引擎、移动支付、云计算与社交网络等工具的利用，真正实现了网上支付、网络融资与信用中介的功能。但是，互联网金融并不是互联网与金融的简单结合，而是在互联网技术发展的过程中，形成安全并且可移动的技术手段，并在用户消费需求的基础上产生的。互联网金融的主

① 谢平，邹传伟.互联网金融模式研究［J］.金融研究，2012（12）.

客体都具有更强的参与和协调能力，并且互联网金融操作简捷，中间成本不高。目前，互联网金融已经有效地实现了中小企业融资、第三方支付、网上银行与个人贷款等功能。不难看出，互联网金融已经逐渐具备传统商业银行的功能，并且与商业银行的部分服务产生了竞争关系，一定程度上给商业银行的发展带来了压力和挑战。

到目前为止，互联网金融的演进发展大致经历了三个阶段：第一阶段是互联网出现以后，传统金融机构网络化，运用互联网向客户提供金融产品和服务。在中国互联网金融起步阶段，即传统金融机构网络化时期，主要是传统金融机构将互联网信息技术融进自身金融业务里面，不断进行金融业务创新，诸如 ATM 机、POS 机、自助终端等。第二阶段是互联网与金融的融合阶段，同时专业的互联网金融作为一种业态正式出现。互联网作为金融居间平台，即互联网企业开展关联金融业务就是居间人以互联网技术为依托，对委托人进行调查、分析和审核，以降低交易的风险，委托人通过居间人来融通所需资金，居间人从中获取服务费用的交易行为。这主要体现以下两个方面：一方面是以支付宝、财付通为典型代表的第三方支付模式，依托自有 B2C、C2C 电商网站，向用户提供具有担保功能的第三方支付服务。另一方面是 P2P 网络借贷平台。第三个阶段是互联网金融创新的阶段。在这一阶段中，互联网和传统金融业逐渐融合。互联网企业结合自身的优势不断向金融业务渗透，与此同时，传统商业银行也看到电子商务的发展前景，开始推出自己的电商平台。这一阶段主要产生了大数据金融和商业银行电商平台，互联网金融呈现加速发展态势，创业者、互联网公司以及非金融机构开始涌入互联网金融领域，互联网金融的模式日益丰富，互联网对金融业的冲击和重塑效应开始显现。

（二）互联网金融具备的优势和存在的问题

互联网金融相较于传统金融，具有如下优势：

第一，降低了交易成本。互联网金融平台对用户一般是开放的、免费的，对办公场所等硬件条件要求较低，相比传统金融交易模式具有很大的成本优势。互联网的普及和大数据采集与分析技术的发展，使得支付方式从银行的柜台延伸到电脑及手机终端，并且不需要构建物理网点、雇用大量员工，这就大大降低了交易成本。这主要体现在当前互联网金融产品的收益率（如余额宝）或利率（如 P2P 网贷）等方面，有助于解决"融资难、贷款贵"的问题。

第二，实现了信息的对称。互联网信息的公开化程度更高、范围更广、效率更快，可以有效降低金融活动的信息搜寻成本，降低金融信息的生产和传播成本，有助于缓解机构和个人之间金融信息的不对称。同时，依靠强大的客户信用数据积累及挖掘优势以及互联网、移动支付、搜索引擎、大数据、社交网络和云计算等先进技术手段，突破时空限制，减少中间环节，支付方式更加便捷有效。金融活动各方参与者通过互联网平台有了更直接、更有效的接触，信息透明度更高，通过信息的对称使市场更加充分有效。

第三，提高了市场效率。利用开放、分享的技术优势，互联网金融的交易方式更加自由便捷。通过撮合交易和降低交易成本，使市场效率大幅度提高。互联网金融的出现，使得金融交易基本上不受时空的限制，提高了交易成功的机会和交易的规模。传统商业银行融资手续复杂，周期漫长，而且成功率往往很低。相比之下，互联网金融平台利用最新的大数据、云计算等技术，能够立即对其客户进行信用审核，几分钟甚至即时放贷，能够更有效地服务于实体经济。据统计，2011~2014年，网络借贷成交量从31亿元增长至2528亿元，实现了几何倍数的增长。

第四，优化资源配置。在大数据技术及互联网平台的支持下，互联网金融的信息存储和处理能力空前强大，在降低融资成本的同时提高了资源配置效率。通过整合社会金融资源，互联网金融降低了参与门槛。例如，余额宝仅在2014年就吸收了来自全国各地的存款共计5789亿元。其中，涉及的资金投入小到几元大到上万元，其服务主体更加多元，服务范围更加广泛，业务主体和业务对象也更加灵活。同时，互联网金融有助于归集使用社会闲散资金，聚少成多，提供给对资金有需求的融资者，实现资金的优化配置，并且有利于消除资金流动中的不稳定因素。

互联网金融作为新生事物，也难免存在一些问题：

第一，创新无序混乱，有些领域甚至野蛮生长。互联网、大数据、云计算等方面技术的发展推动着互联网金融的创新，推动着产业、思想观念和整个金融业的变革。互联网金融的衍生金融产品在快速推陈出新的同时，受政策引导不够、征信体系不完善、财务信息不透明、风控措施不得力等多种复杂因素的影响，互联网金融风险事件频繁发生。2013年以来，互联网金融的快速发展，带来的行业风险与产品风险有愈演愈烈的趋势。以第三方支付市场为例，自2011年被中国人民银行纳入牌照管理，业务范围和市场份额迅速扩张。据统计，以 PC 端支付、移动支付、预付费卡、POS 收单等为主要形式的第三方支付行业 2014 年总交易量约 23 万亿元，预计 2015 年市场交易规模将达 31.2 万亿元，2016 年将达 41.3 万亿元。但与此同时，第三方支付机构渐渐不满足于小额支付，曾试图通过产品创新和技术创新推出二维码支付和虚拟信用卡的业务，被有关部门叫停。

第二，法律法规不健全。其一，中国有关金融的法律法规主要针对传统金融领域，无法涵盖互联网金融的方方面面，更无法规范不同互联网金融模式的独有特性，形成一定的法律盲区。网上银行在有关服务承担者的资格、交易合同的有效成立与否、交易规则、交易双方当事人权责明晰及消费者权益保护等方面，比传统银行更加复杂和难以界定。其二，互联网金融在中国尚处于探索发展阶段，缺少相关的法律法规约束和明确的监管主体。有关互联网金融市场的企业准入标准、运作方式的合法性、交易者的身份认证等，尚无详细明确的法律规范。在互联网金融交易双方的身份认证、电子合同的订立、电子签名的合法性等方面存在规则缺失或不完善，涉及民间融资方面的法律法规更是缺乏。由中国人民银行会同有关部委牵头、起草、制定的互联网金融行业"基本法"——《关于促进互联网金融健康发展的指导意见》，于 2015 年 7 月 18 日对外发布。该指导意见确立了互联网支付、网络借贷、股权众筹融资、互联网基金销售、互联网保险、互联网信托和互联网消费金融等互联网金融主要业态的监管职责分工，落实了监管责任，明确了业务边界。现在亟须有关部委制定相应的实施细则，否则指导意见中的原则很难落地。其三，互联网金融企业极易游走于法律盲区和监管漏洞之间，进行非法经营和监管套利，甚至出现非法吸收公众存款、非法集资等现象，存在一定的风险。很多互联网金融业务处于法律的灰色地带，网民在借助互联网提供或享受金融服务的过程中，也面临法律缺失和法律冲突的风险，容易陷入法律盲区的冲突之中，不仅增加了交易费用，还影响互联网金融的健康发展。

第三，行业监管缺位。其一，没有明确互联网金融的监管机构，也就没有监管机构对互联网金融机构的资格进行审查，互联网金融行业也就没有准入门槛，更没法对互联网金融机构的资金安全进行监督，如 P2P 互联网借贷模式、众筹等，目前仍基本游离于监管之外。其二，互联网的无边界性、虚拟化、高科技化导致难以按传统监管模式与手段对互联网金融进行监管。互联网金融业务模式多样，产品种类繁杂，对于法规和监管的规避性较强，商业银行、互联网公司、第三方支付平台等多元化的业务主体也给传统的监管方式和监管政策带来了挑战。其中，尤以互联网借贷监管缺失问题最为严重。近两三年以来，已发生了数十起互联网信贷平台"非法集资"和"携款潜逃"事件，给互联网信贷的声誉带来极坏的影响。其三，互联网金融行业自律规范也远未成形。虽然有一些有资金实力、技术实力的 P2P 和众筹平台想通过行业自律实现规范发展，但是由于缺乏统一标准、有效约束力和执行手段，致使从业者素质参差不齐，行业进入和退出随意性大，互联网金融行业依然存在较大风险隐忧。

（三）互联网金融对经济发展方式转变的影响

目前，中国经济呈现出不同于以往的特征，进入经济新常态。与经济新常态相适应，社会融资方式不断变化，多层次金融市场不断发展，民营金融和普惠金融迅速发展，互联网金融创新层出不穷。互联网金融作为全球新兴的互联网技术与金融业务融合创新产生的产业，将形成爆发式的驱动力，颠覆传统金融的经营手段与经营理念，推动中国经济发展方式转变，是一次深刻的经济变革。

1. 互联网金融推进产业结构优化升级演进

随着中国经济进入新常态，产业结构持续优化，逐步进入新的优化再平衡阶段。2013 年，中国三次产业结构比例为 10∶43.9∶46.1。第三产业首次超过第二产业成为主体，今后这一比例还将继续上升。互联网金融将在产业结构的演进中扮演重要的角色。从三次产业结构比例的合理化演进来看，其一是互联网金融将有利于制造业减低生产成本，促进制造企业的生产方式变革，加快第二产业的转型升级。在制造行业，由于互联网金融迅速及时的快速反应，制造行业的厂家正在由过去对市场的预期判断向市场的实际需求去组织产品生产方式，避免了过去生产厂家的预期和市场真正需求的非对称性，降低了库存甚至达到零库存，降低了企业资金链压力，从而带动社会效率的不断提升。例如，2013 年底，海尔和淘宝聚划算合作推出了"定制更划算"C2B 模式活动，淘宝网友 5 天定制 4 万余台家电。消费者根据需求在网上以团购方式定制海尔家电，购买人越多价格越便宜，而海尔公司根据真实需求订单安排生产和发货。消费者和海尔公司都实现了效用合理化。其二是互联网金融有利于第三产业比重不断上升，实现三次产业结构比例的合理化演进。互联网金融冲击了传统经济结构的流通渠道，促进了社会分工，大批新兴行业，如网络购物、第三方支付、第三方物流、互联网融资、互联网理财、互联网保险等行业相继产生，互联网金融服务于实体经济已经成为常态，强势构建了新型现代服务业体系，改变了过去的传统服务业结构。

2. 互联网金融有利于促进居民消费增长和消费方式升级

国内外经济发展的实践和经济理论表明，消费需求是经济健康协调发展最持久的原动力，在经济发展中应发挥越来越重要的作用。中国政府高度重视消费需求的作用，2004 年以来每年的中央经济工作会议都将扩大消费需求作为经济稳步发展的重要举措。扩大消费的重要因素是普通居民财产收入增加。只有财产收入增加了，普通居民才敢于消费。

一是互联网金融通过普惠性金融服务，为普通居民财产性收入增加提供了一个渠道，从而拉动消费增长。受金融服务成本的影响，传统商业银行一般将金融资源投向高端客户，在风险可控的情况下，有利于高端客户增加财产收入，而广大中低端客户很少能享受到这样的服务。在互联网金融冲击下，互联网金融提供的金融服务能覆盖到社会所有阶层和群体。例如，以余额宝为代表的各种"宝宝类"网络理财产品，具有小额、低风险、高流动性、收益率明显高于银行存款的理财特点，切合了广大中低端人群的理财需求，有利于普通居民增加财产性收入。

二是互联网金融快速发展正在不断改变人们的衣、食、住、行等日常生活习惯。大部分年轻人群选择网络消费替代到购物中心现场消费。网络消费对经济增长的作用已经越来越重要，中国零售业已经开始迈入线下实体店、线上网店、移动商务相互融合的全渠道互联网金融营销时代。可以这样说，互联网金融网络消费正在成为中国老百姓最重要的消费方式之一。从发展趋势来看，互联网金融网络消费将成为拉动中国经济增长的强大驱动力。

3. 互联网金融发展有利于中国实施创新驱动战略

在经济新常态下，经济增速放缓、结构优化升级的同时，经济发展的动力由过去的主要依赖要素投入转向更多地依靠改革推动与创新驱动。创新将发挥越来越大的作用，关键是推动以科技创新为核心的全面创新。互联网金融创新是中国经济在要素驱动向效率驱动、创新驱动转型的关键历史阶段出现的一种新的业态，与中国经济转型发展的目标方向是相一致的，并将有利于中国实施创新驱动战略。互联网金融作为全球新兴的互联网技术与金融业务融合创新产生的产业，包含了互联网技术和金融业务创新两个方面，这两个方面都与中国创新驱动方式紧密联系在一起。从互联网技术来看，作为人类历史上最深刻的科技革命，互联网信息技术革命对经济社会的影响是不可估量的，其应用使科技知识作为一种生产要素投入生产过程，人们借助信息技术开拓新领域，在提高劳动生产率、降低成本、抑制通货膨胀、减少存货等方面发挥着越来越大的作用，是当前中国经济发展最重要的创新驱动力之一。从金融业务的创新来看，金融是现代经济发展的核心，金融业务的创新自然在创新驱动战略中具有重要作用。互联网技术和金融业务创新组合形成的互联网金融效应将是革命性的颠覆性创新，对中国创新驱动转型将发挥重要的作用。金融业务的创新需要以信息技术创新作为支撑，但与美国、日本等发达国家相比，中国互联网金融的发展还存在一定差距。有差距就有后发优势，中国互联网金融的快速发展将对互联信息技术提出更高的要求，推动着信息技术不断创新。而历史上每一次信息技术的突破，都会带来金融业务的创新发展。当前，借助于信息技术的突破，互联网金融从支付体系的升级到金融消费者市场的构建都取得了重要成果。如借助于搜索引擎技术、云计算技术、大数据、移动互联网等技术创新，互联网金融正不断地创新传统金融业务，对推动中国经济发展意义重大。

4. 互联网金融业务有利于中小微企业稳健发展

中小微企业是国民经济和社会发展的重要基础，无论是改善民生、增加居民收入，还是吸引民间投资、完善市场结构，中小微企业都发挥着重要的作用，因而是经济转型升级极其重要的载体。中小微企业发展的好坏，影响着中国经济发展方式转变的进程。目前，中国中小微企业发展面临的主要问题是"融资贵、融资难"。中小微企业因其经营规模小、信用等级低、缺乏有效担保物，难以获得传统银行的青睐，导致融资难度大，融资渠道狭窄。互联网金融恰好弥补了中小微企业需求，以其低成本服务、服务订单化、风险管理不断创新的优势，打破了传统的以资本市场直接融资与商业银行间接融资为主的融资方式，拓展了中小微企业新的融资途径。这些新型的互联网金融融资模式以P2P、P2B、众筹融资等为代表。其一，降低了借款者和投资者之间的信息不对称性，容易形成较完整的信用评价体系，可以便捷高效地满足中小微企业的资金需求。如阿里小贷通过网络数据模型和在线资信调查模式，利用客户在支付宝、淘宝等电子商务平台上交易积累的行为信用数据，及时评价企业和个人的交易信用。其二，互联网金融简化了小微企业融资的手续、环节，可以同时向大批量的小微企业提供全天候金融服务。其三，通过大量数据运算，判断买家和卖家的信用和风险等。互联网金融符合了国内小微企业数量庞大且融资需求旺盛的特点。

5. 互联网金融有利于缩小城乡差距，推动中国城乡一体化发展

城乡二元结构不断转换，缩小差距，向城乡一体化方向发展，有利于劳动力、资本、土地、技术进步等生产要素的自由流动和优化配置，不仅在一定程度上促进经济增长，同样也是实现经济发展方式转变的重要内容。互联网金融有利于城乡市场差距不断缩小，减少城乡市场分割程度，形成大统一的城乡大市场；有利于农村居民享受城市同等的金融服务待遇，城乡金融资源分配不均的难题将在互联网时代得到有效缓解。其一，通过对接大市场，帮助农民降低销售成本。在传统农村集贸市场形态上，农民主要通过面对面销售农产品，销售渠道狭窄，这样的传统农村集贸市场形态难以满足农业集约化生产经营的需要。在互联网金融的市场形态下，农村居民通过自建电子商务平台，或借助第三方电商平台直接销售农产品，增强了农村经济活力。其二，通过互联网金融的支撑，农民在家就可购买全国各地的产品；同时，城市居民也可以通过互联网金融购买高品质的农产品。其三，互联网金融将有效补充当前中国传统银行农村信用体系，缓解支农贷款的难题，促进支农信贷优化配置。其四，改善农村支付服务环境。目前，中国农村地区非现金支付资源仍显不足，现金交易在农村地区仍占绝大部分，支付结算效率相对低下，影响了农业流通。互联网金融创新将非现金支付资源向农村有效配置，促进城乡金融资源均等化，扩大了农村消费。

三、推动互联网金融发展的对策建议

(一) 加强顶层设计，完善互联网金融政策法规，明确监管责任

互联网金融作为新兴的金融模式，原有的金融监管体系难以适用也无法完全覆盖，应及时修改已有的法律法规，出台具有针对性的法规对互联网金融进行监管。通过尽快出台相关规章，重新明确互联网金融业监管部门的监管职责和分工，重新制定市场准入、退出与资金流动方面的规则，以便形成覆盖面广、高效运作的监管体系。如前文所述，《关于促进互联网金融健康发展的指导意见》是由中国人民银行会同有关部委牵头、起草、制定的互联网金融行

业"基本法"，2015 年 7 月 18 日对外发布。该指导意见制定后，当务之急是有关部委加紧制定有关实施细则，让指导意见的原则和要求落到实处。

（二）政府应加强对政策的引导，推动建立自律组织，形成行业规范

中国互联网金融的爆发式增长，很容易扰乱金融秩序，在明确监管责任的基础上，政府有必要进行政策引导，推动建立自律组织，引导更多的互联网金融企业加入协会，建立奖惩机制，遵守协会公约，明确登记、信息技术标准、风险控制体系和信息披露制度，形成行业规范，促进互联网金融健康发展。在政策引导方面，积极探索和建立必要的风险补偿、财政补贴、税收减免等正向的激励措施，加大对互联网金融备案登记的力度，充分发挥备案登记的积极作用。在建立自律组织方面，应该加强科学指导，将国家相关政策逐步渗透到自律组织、行业协会的日常工作中，充分发挥互联网金融专业委员会和互联网金融协会这两个自律机构的作用，推动行业内的服务规则和标准达成统一。

（三）普及互联网金融基础知识，强化金融理念和认识

应积极倡导互联网金融的普惠理念，其一，政府的相关部门、金融机构及互联网企业应当通过网络、媒体开展金融知识宣传教育，对金融知识进行普及。其二，通过媒体、网络曝光互联网金融安全信息欺诈行为，引起消费者的重视，向用户普及保护自身信息安全的知识，提高自我保护能力，维护自身的利益。其三，要提高互联网金融在农村地区的渗透率。农民在专业知识储备、电脑的操作技能方面有所欠缺，风险防范意识较弱，金融机构应发挥在县域地区的作用，加强营销宣传，积极推广网上银行、手机银行等在线支付工具，让互联网金融真正进入农户的日常生活。

（四）加强互联网金融在农村领域的应用，挖掘农村市场潜力

发展线上融资，增强农村经济活力。针对农户贷款难的突出问题，要努力探索一条符合"三农"发展需要的线上融资模式。充分发挥第三方平台的作用，同时大力建设电商金融配套设施。发挥电商金融的引领作用，促进农业产业发展。着力解决农产品的销路问题，鼓励农村个体户在开放式电商平台上开店。鼓励农业产业化"龙头企业"自建网上销售渠道，主动拓宽产品销路。相关部门、金融机构应重点关注快速成长型涉农企业，对其信息化建设给予资

金与技术支持。尝试以农产品加工企业为核心的线上供应链融资，以核心企业作担保，为上游种养户提供生产经营贷款，从而将金融机构的目标客户群体转化为全产业链。借助线上融资中介机构，在农村地区广泛开展 P2P 模式贷款服务。

（五）完善互联网金融信用信息共享平台

尽快建立互联网征信子系统，允许互联网金融全面接入人民银行征信系统，建立广泛的互联网信用信息共享机制，打通线上线下、新型金融与传统金融的信息壁垒，实现支付平台、网贷企业等互联网金融企业信用信息更为全面的共享。健全和完善失信惩罚机制，在行政、司法、社会、市场等方面出台政策和制度，真正建立健全互联网金融失信惩戒机制。互联网金融企业要加快发展数据征信技术，深挖大数据，依靠数据征信完成客户信用评估。

参考文献

[1] 北京市第六次全国人口普查领导小组办公室，北京市统计局，国家统计局北京调查总队. 北京市 2010 年人口普查资料 [M]. 中国统计出版社，2012.

[2] 北京市统计局. 北京统计年鉴（2014）[M]. 中国统计出版社，2014.

[3] 蔡继明. 解决"三农"问题的根本途径是加快城市化进程 [J]. 经济纵横，2007（7）：2-5.

[4] 陈光庭. 中国城市化进程中面临的若干紧迫问题——《城市问题》编委笔谈会 [J]. 城市问题，2008（1）：1-3.

[5] 陈柳钦. 基于产业视角的城市功能研究 [J]. 唯实，2009（1）：79-83.

[6] 陈明星. "加速城市化"不应成为中国"十二五"规划的重大战略抉择——与陈玉和教授等商榷 [J]. 中国软科学，2011（3）：1-9.

[7] 戴安娜·法雷尔. 提高生产率——全球经济增长的原动力 [M]. 朱静译. 商务印书馆，2010.

[8] 丁成日. 城市"摊大饼"式空间扩张的经济学动力机制 [J]. 城市规划，2005，29（4）：56-60.

[9] 杜鹰. 我国的城镇化战略及相关政策研究 [J]. 中国农村经济，2001（9）：4-9.

[10] 费景汉. 增长与发展 [M]. 商务印书馆，2014.

[11] 冯建超. 日本首都圈城市功能分类研究 [D]. 吉林大学博士学位论文，2009.

[12] 冯秀珍. 技术评估方法与实践 [M]. 知识产权出版社，2011.

［13］傅正华. 地方高校技术转移研究［M］. 知识产权出版社，2012.

［14］顾朝林，于涛方，李王鸣等. 中国城市化：格局·过程·机理［M］. 科学出版社，2008.

［15］郭微. 北京市企业自主创新财税激励机制研究［J］. 广州广播电视大学学报，2012，12（1）：100-106.

［16］简新华，何志扬，黄锟. 中国城镇化与特色城镇化道路［M］. 山东人民出版社，2010.

［17］简新华，黄锟. 中国城镇化水平和速度的实证分析与前景预测［J］. 经济研究，2010（3）：28-39.

［18］姜怀宁. 沿海地区制造业密集区产业迁移的区位选择——以广东为例［J］. 国际经贸探索，2012，28（2）：77-89.

［19］寇静等. 我国服务贸易逆差不断扩大的原因及对策［J］. 新视野，2014（1）.

［20］李大明，尹磊. 支持自主创新：税收政策之比较——以韩国、印度、新加坡和中国台湾为例［J］. 涉外税务，2006（10）：36-40.

［21］李国平，薛领. 产业与空间：北京市产业用地分析、评价与集约利用研究［M］. 中国经济出版社，2008.

［22］李建强. 创新视阈下的高校技术转移［M］. 上海交通大学出版社，2013.

［23］李佐军. 引领经济新常态　走向好的新常态［J］. 国家行政学院学报，2015（1）：21-25.

［24］厉以宁等. 新型城镇化与城乡发展一体化［M］. 中国工人出版社，2014.

［25］柳卸林，何郁冰，胡坤. 中外技术转移模式的比较［M］. 科学出版社，2012.

［26］陆大道. 中国城镇化发展模式：如何走向科学发展之路［J］. 苏州大学学报（哲学社会科学版），2007（3）：1-7.

［27］马凯. 转变城镇化发展方式　提高城镇化发展质量　走出一条中国特色城镇化道路［J］. 国家行政学院学报，2012（5）：4-12.

［28］梅月华. 关于促进自主创新的税收政策及相关税政管理体制研究［D］. 财政部财政科学研究所博士学位论文库，2012.

［29］倪鹏飞，颜银根，张安全．城市化滞后之谜：基于国际贸易的解释
［J］．中国社会科学，2014（7）：107-124.

［30］綦勇，田海峰等．产业迁移后城市环境政策与土地利用的最优化分
析——基于非单一中心空间构造［J］．产业经济评论，2011（12）：91-105.

［31］石俊华．日本产业政策与竞争政策的关系及其对中国的启示［J］．
日本研究，2008（3）.

［32］石正方．城市功能转型的结构优化分析［D］．南开大学博士学位论
文，2002.

［33］世界银行.1984年世界发展报告［M］．中国财政经济出版社，1984.

［34］首都科技发展战略研究院.2013首都科技创新发展报告［M］．科学
出版社，2014.

［35］苏东水．产业经济学［M］．高等教育出版社，2000：66-78.

［36］孙建国．论城市功能演进与产业迁移：日本京滨工业区经验与启示
［J］．河南大学学报（社会科学版），2012，52（5）：91-97.

［37］孙启明，白丽健等．区域经济波动的微观动态基础：企业迁移和产
业转移［J］．经济学动态，2012（12）：60-66.

［38］W.W.罗斯托．经济增长的阶段［M］．中国社会科学出版社，2001.

［39］王昌林．支撑7%的产业发展新动力［N］．光明日报，2015-08-02.

［40］王德利，方创琳，杨青山等．基于城市化质量的中国城市化发展速
度判定分析［J］．地理科学，2010（5）：643-650.

［41］王宏起，孙继红，李玥．战略性新兴企业自主创新的税收政策有效
性评价研究［J］．中国科技论坛，2013（6）：63-69.

［42］王宏伟，李平，朱承亮．中国城镇化速度与质量的协调发展［J］．
河北学刊，2014（6）：95-100.

［43］王旭辉，孙斌栋．特大城市多中心空间结构的经济绩效——基于城
市经济模型的理论探讨［J］．城市规划学刊，2011（6）：20-27.

［44］王一鸣．适应新常态　必须转机制［N］．人民日报，2014-09-01
（17）.

［45］魏后凯，张燕．全面推进中国城镇化绿色转型的思路与举措［J］．
经济纵横，2011（9）：15-19.

［46］吴良镛，吴唯佳."北京2049"空间发展战略研究［M］．清华大学

出版社，2011.

[47] 吴一洲，吴次芳等. 城市规划控制绩效的时空演化及其机理探析——以北京 1958～2004 年间五次总体规划为例 [J]. 城市规划，2013，37 (7)：33-41.

[48] 习近平. 关于国防和军队建设重要论述选编 [M]. 解放军出版社，2014.

[49] 杨本建，毛艳华. 产业转移政策与企业迁移行为——基于广东产业转移的调查数据 [J]. 南方经济，2014 (3)：1-20.

[50] 叶裕民. 走出控制城市人口规模的认识误区 [N]. 人民日报，2015-03-25.

[51] 张宝秀，黄序. 中国城乡一体化报告（北京卷）[M]. 社会科学文献出版社，2015.

[52] 张宏翔，熊波. 促进企业自主创新的税收政策——基于国际比较视角的思考 [J]. 科技进步与对策，2012，29 (22)：140-142.

[53] 张士运. 技术转移体系建设理论与实践 [M]. 中国经济出版社，2014.

[54] 张英洪. 北京市城乡发展一体化进程研究 [M]. 社会科学文献出版社，2015.

[55] 张占斌. 新型城镇化的战略意义和改革难题 [J]. 国家行政学院学报，2013 (1)：48-54.

[56] 中华人民共和国国家统计局. 国际统计年鉴（2014）[M]. 中国统计出版社，2014.

[57] 中华人民共和国国家统计局. 2015 年第一、第二季度我国 GDP 初步核算情况 [EB/OL]. 国家统计局网站，2015-07-16.

[58] 中华人民共和国国家统计局. 中国统计年鉴（2014）[M]. 中国统计出版社，2014.

[59] 中华人民共和国国家统计局. 中国统计摘要（2015）[M]. 中国统计出版社，2015.

[60] 中华人民共和国国家质量监督检验检疫总局. 国民经济行业分类 GB/T 4754-2011 [M]. 中国标准出版社，2011.

[61] 周天勇，张弥. 城乡二元结构下中国城市化发展道路的选择 [J]. 财经问题研究，2011 (3)：3-8.

［62］周一星. 城镇化速度不是越快越好［J］. 科学决策，2005（8）：30-33.

［63］Chenery H.，M. Syrquin. Patterns of Development（1950-1970）［M］. London Oxford University Press，1975.

［64］David E. Bloom，David Canning，Gunther Fink. Urbanization and the Wealth of Nations［J］. Science，2008（319）：772- 775.

［65］Friedmann J. Four Theses in the Study of China's Urbanization［J］. International Journal of Urban and Regional Research，2006，30（2）：440- 451.

［66］Fujita M.，Ogawa H. Multiple Equilibria and Structural Transition of Non-monocentric Urban Configurations［J］. Regional Science and Urban Economics，1982，12（2）：161-196.

［67］Gabe M. Todd. Establishment Growth in Small Cities and Towns［J］. International Regional Science Review，2004，27（2）：164-186.

［68］Hall P.，Hay D. Growth Centres in the European Urban System［M］. London：Heinemann，1980.

［69］John M. Quigley. Urban Diversity and Economic Growth［J］. Journal of Economic Perspectives，1998，12（2）：127-138.

［70］Matthew Kahn. Does Sprawl Reduce the Black/White Housing Consumption Gap?［J］. Housing Policy Debate，2001，12（1）：77-86.

［71］Mitchell Andy. The ESRI Guide to GIS Analysis，Volume 2［M］. USA：ESRI Press，2005.

［72］Naud E. W. Industrial Policy：Old and New Issues［J］. Working Papers，2010.

［73］Naughton Barry. The Chinese Economy：Transitions and Growth［M］. Cambridge，MA：MIT Press，2007.

［74］Northam，Ray M. Urban Geography［M］. New York：John Wiley & Sons，1975.

［75］Sedgley et al. The Geographic Concentration of Knowledge：Scale，Agglomeration and Congestion［J］. International Regional Science Review，2004（27）：111-137.

［76］Yan Song，Chengri Ding. Urbanization in China：Critical Issues in an Era of Rapid Growth［R］. 2007.